隐藏的本能

探索人类行为新模式

〔美〕鲍勃·罗利（Bob Raleigh）著

黎安高 译

中国科学技术出版社

·北 京·

The Search for Why: A Revolutionary New Model for Understanding Others, Improving Communication, and Healing Division by Bob Raleigh/ISBN:978-1982130558.
Copyright©2021 by Bob Raleigh.
Original English language edition copyright©Bob Raleigh.
All rights reserved.
Published by arrangement with the original publisher,Tiller Press,a Division of Simon & Schuster,Inc.
Simplified Chinese translation copyright©2022 by China Science and Technology Press Co.,Ltd.

北京市版权局著作权合同登记 图字：01-2022-4705。

图书在版编目（CIP）数据

隐藏的本能：探索人类行为新模式 /（美）鲍勃·罗利著；黎安高译 . — 北京：中国科学技术出版社，2022.9

书名原文：The Search for Why: A Revolutionary New Model for Understanding Others, Improving Communication, and Healing Division

ISBN 978-7-5046-9668-7

Ⅰ.①隐… Ⅱ.①鲍… ②黎… Ⅲ.①社会人类学—研究 Ⅳ.①C912.4

中国版本图书馆 CIP 数据核字（2022）第 122870 号

策划编辑	赵 嵘	责任编辑	庞冰心
封面设计	仙境设计	版式设计	蚂蚁设计
责任校对	张晓莉	责任印制	李晓霖

出　版	中国科学技术出版社
发　行	中国科学技术出版社有限公司发行部
地　址	北京市海淀区中关村南大街 16 号
邮　编	100081
发行电话	010-62173865
传　真	010-62173081
网　址	http://www.cspbooks.com.cn

开　本	880mm×1230mm　1/32
字　数	255 千字
印　张	11
版　次	2022 年 9 月第 1 版
印　次	2022 年 9 月第 1 次印刷
印　刷	北京盛通印刷股份有限公司
书　号	ISBN 978-7-5046-9668-7/C·207
定　价	69.00 元

（凡购买本社图书，如有缺页、倒页、脱页者，本社发行部负责调换）

杰西卡·罗利（Jessica Raleigh），我的女儿、同事、伙伴，在本书的创作中，你给予了我超乎寻常的支持、热情与奉献。简而言之，没有你的坚定不移，没有你的精益求精，就没有本书的完稿。

谢谢你。

目录

隐 藏 的 本 能

—————————— 引言 ——————————

科学是个奇怪的东西。在某些时刻，人们会觉得科学枯燥无味——除非你对烦琐工作、重复劳动和屡屡挫败感兴趣。但对热衷于挑战未解之谜，并会被探索未知所吸引的人们而言，科学有时又使他们欢欣振奋。

我一直被一个话题吸引着，即科学如何对世界做出合理的描述。尽管大众不完全理解科学演化的全部诀窍，但大众能认识到，科学家就是科学发展道路上的英雄。那么，科学家的主意从何而来？他们是怎样坚持不懈地求索？又是如何克服求索旅途中的艰难险阻？

对于天文学，我没有特别的兴趣。但2020年6月24日的《自然》（*Nature*）刊载的一篇文章的标题《中微子揭示了太阳核剧变的终极奥秘》（*Neutrinos Reveal Final Secret of the Sun's Nuclear Fusion*）[1]，吸引了我的注意力，这则标题完美地展现了科学叙事的魅力。一百多年以来，众多科研团队致力于有关太阳能量的研究，并构建了大量的相关理论。在这篇文章中，科学通讯员戴维·卡司塔维奇（Davide Castelvecchi）写道："通过捕获产生于太阳核心的中微子，物理学家找到了阐释核聚变如何为恒星提供动力的最后一块拼图。"对此，我深感震撼。约一个世纪前，剑桥大学天文台的亚瑟·爱丁顿（Arthur Eddington）出版了《恒星内部结构》（*Internal Constitution of the Stars*）[2]，那是人类推测恒星的能量来源于核聚变的起点。如今，科学家们终于补齐了这最后一块拼图，破解了困扰人类长达一个世纪的谜题。

这般锲而不舍的求索与对终极奥秘的揭示，是人类罕有的成功。它冲击着我的内心，并给予我面向未来的希望。在当前人类笼罩在未被有效控制的疫情、由来已久的种族歧视、祸及全球的经济萧条这些阴霾中时，那段关于恒星能源来源研究的故事表明科学建立在前人的见解和论点上，向世人展示了科学的协作力量。这正如把1000块拼图中的最后一块嵌入属于它的位置时，完整的拼图仿佛形成了有灵智的生命。最终，整体远远超过了它的各组成部分之和。

本书的主要任务是理解那些"拼图的过程"。**我的目标是去解释我们为什么做我们做的事情，即理解人类行为**。诚然，这是一个没办法在当代透彻解答的具有高度复杂性的问题。但我们可以运用我们迄今所知的一切，向这个目标推进。在本书中，我提供了一个具备可操作性并且建立在可靠理论与实践调研基础之上的模型，致力于帮助我们应对人类正面对的重大问题。

我认为我们拥有与生俱来的"先天本能初稿"（instinctual profile）。"先天本能初稿"与我们的后天经历相融合，共同塑造了我们的世界观。如果我们可以识别并理解其他人的"先天本能初稿"，我们就能超越先天与后天的两极分化，取得某种形式的和解——这种和解先是建立在个体与个体之间，再逐渐延伸到整个社会层面。

本书将探究以下三类问题：

（1）在2020年，我们看到几乎所有热点议题——甚至关于一种在全球肆虐的致命病毒——都变得政治化，并且伴随着不同群体的人认同截然不同的现实的情况。这条歧途还将继续延续吗？我们能做些什么以阻止这样的发展趋势？这种行为是习得行为，还是某种更具系统关联性的本能行为？我们人类会在日复一日的斗争中毁灭吗？

（2）为什么有些人投出了似乎意味着违背自己利益的选票？为什么有些生活在贫困农村地区的人投票反对《平价医疗法案》？为什么相当多的女性将总统选票投给了受到多项指控的特朗普？为什么富人投票赞成提高他们自己的应缴税额？

（3）为什么在美国，关于诸如死刑、边境控制、全球气候变化等各项议题，许多人固执己见，对其他理性的声音充耳不闻？为什么新的信息与逻辑鲜少能改变公众对于上述议题的意见分歧——我们又能寄望以何种方式消弭不同人群之间的隔阂？

在这么多危机并发的关头，美国这个曾经克服过重重险阻的国家越来越让人难以理解。当一切事物皆可成为争端的源头时，文明社会仿佛就瘫痪了。我们要如何寻回公共利益与共同利益？本书提出的原因分析模型将解释症结所在，以及我们能为此做些什么。

尽管2020年美国总统选举民意调查结果显示，拜登占得先机，但特朗普也有不俗表现，并取得了包括非裔与拉丁裔男性群体的认同[1]。鉴于此，我们不得不承认，对于一个国家而言，我们的民意调查结果已经不再是预测选举投票的可靠指标了。然而，我们途景预测科学公司（PathSight Predictive Science，简称途景公司）并不为此感到惊讶。因为尽管诸如年龄、性别、民族、教育水平、收入水平、居住地等人口统计指标的数据意义显著，但它们并非决定包括投出选票

---

① 本书写于2020年美国总统选举之时。——编者注

在内的各种人类行为的唯一要素。**民意调查的核心缺陷是没有考虑我们的生物本能，即人们与生俱来对公平、忠诚、权威等概念的感受，从而忽略了生物本能对人们的影响。**事实上，这些本能将极大地影响人们对"于我而言，何物为重"这个命题的判断。我们如何回应社会正义、气候变化、经济体制乃至民主政治的运作等议题，都能通过追溯"我们的生物本能如何塑造我们的信念"这个命题来查考。

一、情境为王

需要强调的是，我们相信任何单一学科，无论是社会学、物理学还是生物学，都无法提供全部的答案。相反，唯有集社会心理学、临床心理学、演化心理学、神经心理学、社会学、经济学、人类学、数据科学、冲突调节学、政治科学等学科的百家所长，才能揭示人类行为动因。我们也寻求对个体差异心理学的超越，换言之，我们不相信人是仅通过语义分析就能认清其行为动因的属性集合体。实际上，我们经常发现如年龄、民族、性别等个体间属性差异，完全无法阐释我们的行为动因。当今，有许多公司希望通过挖掘人口统计的相关数据，洞悉人们如何投票、购物或加入某个集体。然而，这些公司的结论极少经得起推敲。

其他模型，如社会认同理论，则主张一个人的个体身份认知和社会身份认知的差异——"我"这个身份认知与"我们"这个身份认知——给予同一个人不同的行为动因。社会心理学家坎贝尔·利珀（Campbell Leaper）曾写道："社会认同理论强调，社会身份认知影响人们对内群体和外群体①的态度和行为方式……涉及宗教、国家、职业、民族与性别等。"³这段论述听起来简单且直观，其实不然。

关于年龄，我们来看看年龄对内群体和外群体所产生的影响。思考一下，身为最伟大的一代（1901—1927年出生）中的一员意味着什么？身为婴儿潮世代（1946—1964年出生）、X世代（千禧世代，1965—1980年出生）、Y世代（1981—1996年出生）、Z世代（1997—2010年出生）又分别意味着什么？

关于性别又当如何呢？全美人口普查关于性别的选项只有男性和女性。但对于性别认知障碍者，该如何归类呢？

接下来以居住区域为例，它可被归类为农村地区、城区、近郊、远郊。关于收入，情况是怎样的呢？你属于贫困人群、低收入人群、中等收入人群、富裕人群还是超级富豪？

当你填写人口普查表格时，你会为自己勾选以下哪个选项：白人？亚裔？黑人或非裔？西班牙裔或拉丁裔？美国印第安裔？阿拉斯加原住民？夏威夷原住民？还是太平洋岛民？

你有爱的人吗？你是一名丈夫，还是一名妻子？你是一家之主吗？你处于离异或再婚的状态吗？顺便再问一句，你是否已经为人父母？

---

① 内群体（ingroup）又称"我群"，指个体经常参与的、关系密切的，个体对之忠诚并有较强归属感的群体。外群体（outgroup）与内群体相对应，成员之间彼此怀有厌恶、怀疑、偏见甚至仇恨心理，彼此产生矛盾时，极易发生冲突。——译者注

你认同当今商住用房租金过高吗？你是背负耻辱还是胸怀荣耀？你是否身有残疾？你是否过度肥胖？你是纽约人吗？你是退伍老兵吗？你退休了吗？你是孤独症患者吗？你靠着政府救济生活吗？你有心理疾病吗？……

可以看到，这些问题异常复杂，想要回答并不轻松。你如何区分哪项因素重要，哪项又无关紧要呢？

在我们的原因分析模型中，我们的生物属性和社会属性交织融合，提供了一个去观测这些属性的相互作用是如何发生，进而如何影响我们生活的窗口。我们在出生时就拥有了某些印记，不仅有个人特质的身体属性，还有影响我们如何应对和理解生活经历的本能模式。

需要澄清的是，我们并不认为人类天性对后天发展具有如同膝跳反射那般的决定性影响。我们认为这种错误的观点与实际情况相去甚远。但我们确实认为这些模式足够重要。我们可以通过它们预测一名成年人如何应对自身的生活境况和考验。举例来说，如果你是一名生活在纽约的32岁白人女性，在了解你本能模式的情况下，我们能大概理解你的选举投票行为、你的购物行为和你加入特定群体的理由。同样，如果你是一名生活在亚特兰大近郊的45岁非裔男性，我们也能基于对你本能模式的了解，取得对你的行为同等程度的理解。诚然，人类行为产生的原因是人类的未解之谜之一，我们的研究离终点尚远。但我们相信我们的研究成果能够帮助世人深入理解人类行为。我们也希望，我们的研究成果能帮助人们重新连接起这个碎片化的世界。

二、顺变时代

我们所处的世界正在经历变革之痛。从许多方面看，人类延续至今的发展，都是一段值得称道的漫长旅程。我们所取得的伟大成就让我们喜悦，也让我们对未来充满希望。现在距离上次世界大战已过去了70多年，我们仍维系着世界和平。过去的40年间，人类平均寿命增加了10年。世界范围内的识字率已由1960年的42%上升至2015年的86%。伴随着全球中产阶级的增加，我们在消除贫困这一方面也已取得了重大进展。

然而，有一些事件，尤其是发生在前几年间的一些事件，着实不能让我们感到乐观。如今的我们正经历一场全球性疫情，它让我们的国家濒临崩溃。有人经历苦难，有人遗憾逝去。我们的文化分崩离析，分裂的群体甚至不再佯装彼此间尚存共同的追求。乔治·弗洛伊德在明尼苏达州明尼阿波利斯市被一名白人警察杀死的事件发生后，引发大规模抗议活动，美国的原罪——种族主义再次被推上风口浪尖。

作为社会成员，美国人在族群层面对世界变革做出的回应，一如美国人在个体层面对其做出的回应。过去的百余年间，随着美国从工业经济升级转型为服务经济与知识经济，许多人丢失了生活的方向。但忙于应付两次世界大战和一次大萧条的美国人没有时间去关注那些平凡生活中的压力源。如今回想，像温水煮青蛙一样，美国人在这期间积压了太多不满的情绪。谁也料想不到，当水烧开的时候，会是这样一种苦果。

　　早在20世纪60年代，一群进取的社会科学工作者开始整理美国公民生活衰退的时间线。这一趋势是持续稳定下行，而在2000年，哈佛大学的社会科学家罗伯特·帕特南（Robert Putnam）的著作《独自打保龄》（*Bowling Alone*）[4]引发广泛的关注。帕特南提到，从1960年起，"我们的社会资本，也就是那些我们让彼此联系的根本要素，正在急速衰落。"他的研究显示，"社群组织的会员数量，换言之也是社群组织的活跃程度下降了58%，家庭晚餐的频率下降了43%，且每十分钟的通勤时间都将耗损10%的各类社会资本"。[5]随之而来的是，邻里之间疏远隔绝，机遇差异导致阶层分化，还有水火不容的贫富对立。这些困局体现在现代生活的方方面面：预期寿命、医疗保障、教育资源、财富收入、生活环境，更不用说长期存在的数字鸿沟。

　　《纽约时报》的时事评论专栏作家托马斯·弗里德曼（Thomas Friedman）写道"世界燥热、平坦、拥挤"[6]，并补充说"联系在一起是现代生活方式的一大挑战"。我认为，"联系在一起"改变万物。作为人类，我们生活在内群体和外群体中，但我们从未有过与13亿人〔脸书（Facebook，现更名为元宇宙"Meta"）的现有用户数〕联系在一起的经验。这一状况改变了我们的身份认知，也改变了我们对美国的期待。美国的立国纲领拥护美国各州的联合，是美国国家制度的基石，但在推特（Twitter）和脸书已成为新的社会身份认知的当今，似乎就此失去了永恒的神圣光辉。如今的我们总是细心打理自己的社交媒体形象，我们中有多少人愿意放弃道德高地，与我们的人类同胞和解呢？

　　我们如今的安全感归于何处？所有的报告都指出，公众对政府、媒体、政客的信心都已降至历史低点。我们正生活在"顺变时代"，这个概念由组织机制咨询师沃伦·本尼斯（Warren Bennis）于1968年在他的著作《短暂的社会》（*The Temporary Society*）中提出。顺变时代指的是一种组织机构模型，它的特征包含"不以恒常为前提，且具备自发性的行为。这些行为还有具有适应性、创造性、灵活性，并蕴涵了人们诠释周围世界的意图"。[7]我们的信息世界一直持续快速地进化着，过载的信息导致我们只能漫无目的地寻找着一条纽带，寄望它能将我们与心中的理想国紧密联系起来。我们的理想国应重现往日荣光，应值得我们敬仰，更重要的是，应赋予我们共同的期盼。我们必须认识到，现代生活中名为"联系"的神奇戏法令我们产生了自己在操控一切的错觉。实际上，你我都只是人类的78亿名成员之一，而所有成员都期待着相同的特权。这意味着，我们迫切地需要在诸多观念上达成共识。

　　这就是笔者撰写本书的终极原因。我们相信，数据与理论的交汇能够突破瓶颈。当然，我们应用了现有的先进数据研究方式、人工智能方案以及其他的先进工具。但在本书中，我们不会过分强调这些技术的应用，我们更聚焦于我们提出的原因分析模型，深入探讨它带来的启示。我们的研究结果表明，人们不会仅因逻辑、喜好或一句时髦的俏皮话就改变他们的行为。我们发现，诸如文字、图像、主题等信息与刺激人类大脑中控制非语言部分的信号共同运作，是引导人类行为的最可靠方式。构建原因分析模型的全部目的，就是识别对于个体而言，哪些信号、图像、主题最能与其形成联系，唤醒其深层次共鸣，甚至改变其行为。

简而言之，我们不需要挖掘更多的数据。我们只需要运用我们已掌握的数据去回答那些正确的问题。

三、前情与导读

对人类行为动因的兴趣可以追溯到我初涉职场的时候。当时，我是纽约州雪城亨廷顿家庭中心的一名青年工人。我十分熟悉这个位于雪城最贫穷的街区的家庭中心，因为我的祖母就是它的创始人之一。

我的祖母是一位有智慧、公正待人且富有同情心的人。她是我最初的，也是最重要的榜样与导师。1947年，我的祖父去世后，祖母勇敢地做出了一个对那个年代的女性而言极不寻常的决定：她赴雪城大学求学并取得了社区工作专业的文凭。在那期间，她认识了一对从德国移民的夫妻。当时那二人正计划在本地创建一所面向贫困市民的社区服务机构——亨廷顿家庭中心。亨廷顿家庭中心坚持进步主义时代睦邻运动的道德观，向城市中心的贫困家庭提供包括食物与其他生活必需品、托儿服务、医疗服务、教育服务与职业技能培训等方面的支持。其服务对象大多是所谓的社会边缘群体：美国原住民、非裔、拉丁裔和白人贫民。祖母胸怀公平、正义与关怀，这样的社区服务机构自然是她最理想的工作单位。我很欣慰，亨廷顿家庭中心至今仍在雪城持续运营。

正如诸位读者能想到的，亨廷顿家庭中心的工作，不是一份朝九晚五的安逸工作。整个童年，我目睹着祖母对抗那些普遍存在于她所属社区的社会顽疾：贫困、种族歧视、文盲、流浪汉和饥饿。她相信每个人都值得去爱他人，也值得收获他人的爱；相信每个人都需要工作，也渴望工作；相信所有人都应该有理由去期待生活将赋予我们幸福——再不济，生活也应让我们感受到满足。在雪城学习期间，我始终与祖母保持着联系。无论我在学校学到的知识多么深奥，她总是提醒我不要忘记从人性中得到的启示，且永远不要低估一个人能对另一个人产生的影响。时至今日，祖母的教诲仍是我行事的准则。

我认为自己在亨廷顿家庭中心的工作更像是在接受一段非正式的项目培训。在那里，我总会和其他社工先复习一遍规章后，再去接触服务对象。我们会去服务对象的所在地拜访他们，地点一般都是在街边。不管他们是否有犯罪前科，我们都不会用诸如犯罪者或者有犯罪倾向的人等冷漠的言辞去贬低他们。我们摒弃先入为主的观念，着手去理解他们，逐渐对他们每一个人有了清晰而完整的认识，并获得了他们的信任。我们的工作仅仅是走入他们的生活，支持他们，给予他们发自内心的关怀与同情。时间证明，这个方法成效显著。

在亨廷顿家庭中心，我意识到我可以进入一个于我而言完全陌生的世界，并且在不改变自己潜意识中世界观的条件下，短暂地成为这个世界的一部分。我的价值观与人生经历以某种难以言说的形式交织融合，指引我前行。同时，我也愈发相信自己确有能力去影响他人。在那时，我还不懂得任何关于行为改变的专业知识，我仅仅是依靠自己的直觉开展工作。

接下来的故事顺理成章。后来，我取得了心理学博士学位，尽管当年我并不因此有多兴奋，但我确实得到了一个去感受和理解世界的不同视角。当时我和一个科研团队合作，开展建立在适应性疗法（prescriptive psychotherapy）早期成果之上的相关研究，并据此撰写自己的博士论文。适应性疗法是一套以客户个性化需求为出发点的新式心理治疗方法。它广泛吸纳各种有效的手段，比如谈话治疗、肌体治疗、技能发展训练等。这套以客户为中心的方法需要我们确定"哪位患者约见哪位医生，通过何种治疗手段会产生怎样的成果"。[8]适应性疗法不采用单一治疗手段，不迷信它是治疗客户所有疾病的灵丹妙药。正是这种突破传统的个性化方式吸引了我。

在我攻读博士学位期间，以及后续在相关应用领域继续学习的十年间，围绕有意义的行为改变开展的相关研究是科学最复杂的领域之一。心理学实践，如果在受控环境下进行，能够取得更非凡的成就。但是，绝大多数情况下，现实世界并非受控环境。正如亨廷顿家庭中心的经历让我领悟到的，我们面对的考验通常没有量身定做的标准答案。

在当今世界变革之源——互联网出现的时候，我倏然回忆起了当年的领悟。突如其来地，我们被无时无刻地联系在一起，而且世间万物都处在巨大的不确定性中。我心中涌现出似曾相识的感觉，这种感觉就像在没有地图的情况下进入一个新宇宙。不久之后，我离开电视行业，回归初心，全职投身于心理学研究，满怀热诚地探索我们人类要如何去适应这个扁平化的新世界。随后，我的公司途景预测科学诞生了。我们聚焦于一个从我还在亨廷顿家庭中心工作时就一直驱动着我的问题：我们是否明白，我们为什么做我们做的事情？我们能否寄望于我们能够理解彼此的行为动因，以此去创建一个更好的世界，就如同我的祖母在她的工作中所做的一样？

我试图在本书中回答上述问题。当今时代比以往任何时候都更需要人们达成共识。

我的写作目标列示如下：

（1）展示为什么在当今这个文化持续快速流动的时代中，正在经历前所未有的全球健康危机与经济危机的我们，亟待以新的叙事方式、新的信息和新的模型来理解人类行为，尤其是在市场调研和消费者洞察领域。谁将讲述这些关于未来的故事？如果我们处理不当，哪些人将因此获利，哪些人又将蒙受损失？

（2）介绍一个用以理解人类行为的模型。这个模型有助于全面深入解构人们的行为动因。随着世界人口持续增长和人们逐渐变得愈发极端，面对当今的严峻问题，唯有全球协作才是解决之道。因此，更好地理解人类行为也愈发重要了。

（3）通过展示我们能够怎样与彼此更好地沟通并消弭存在于彼此之间的隔阂，解决社会的极化问题。

（4）指导市场营销师、社会活动家、作家、艺术家和其他需要磨炼说服技巧的人，在学会倾听并尊重各方不同立场的基础上，如何表达可满足他人需要的信息。

（5）确保原因分析模型的基本框架与现有的知识体系相适应，并赋予其与未来的新研究、新情报兼容的能力。这个模型需要随着文化的发展而不断迭代更新，从而为相关研究持续提供框架指引。毕竟，这不是结束，而是开始。

本书提及了一些理论知识，不过我更感兴趣的还是现实场景中的实践活动。我阅览过研究报告，直接接触过受访者，也帮助过客户寻找新的市场与用户。这些经验让我明白理论和实践的结合是理解人类行为的最佳途径。我至今还铭记着祖母过去给予我的教诲。而在当今这个正处于人类历史转折点的时代，那些教诲弥足珍贵。我诚邀读者和我共同踏上这段阅读之旅，希望能以此帮诸位更好地应对自己的工作和生活，更好地认识自己。

本书的第一部分将阐释原因分析模型的理论背景和发展历程。本书不是凭空搭建的空中花园。多年以来，在我尚未明确以这项研究作为主要方向之时，就一直对预测人类行为的科学抱有浓厚兴趣。我一直相信，理解与我们对谈之人的特性是深入理解人类行为的出发点，这一部分将阐释与之相关的背景（第一章至第二章）。

本书的第二部分将阐释何谓原因分析模型。我将说明这个模型的基本特征以及不同的见解是如何有机融入这个模型的（第三章至第六章）。

本书的第三部分将结合相关案例分析，介绍我们是如何在实践中应用原因分析模型的。我们着手将这个有实用价值的模型应用于不同市场的多个次级组成部分，并收获了显著的成果和经验。我们意识到我们正在进行的工作具有巨大潜力，也深知它极为复杂（第七章至第十章）。

本书的第四部分将介绍如何超越传统思维模式，运用原因分析模型引导世界做出改变。到这里，我们已经逐渐感受到我们能够影响其他个体、社群和族群。鉴于此，我们为自己踏过的轨迹感到欣慰，但我们明白，要想去除当前美国文明中的粗野与部落主义①，回归充满信任的理想世界，前路迢迢，绝非一日能至（第十一章至第十二章）。

就让我们从这里出发吧！

---

① 部落主义指忠于内群体，对外群体抱有强烈的负面情绪。——译者注

第一章

因何寻因

我们为什么做我们做的事情？这个问题值得深思。长久以来，对答案的求索驱使人们踏上各种各样或平凡庸常，或意义深远的旅程。自人类文明伊始，伟大的思想者们就围绕人类选择决策和行为动因的起源问题，以及与理性和感性相关的话题，展开了持续至今的争论。

我不确定自己是在童年的何时意识到并非所有事物都是可知的。当时的我同样十分惊讶地意识到我的父母与老师也并不知道所有问题的答案。我下定决心，要尽己所能去理解人们为何如此行事，为何如此决策，无论这些行为是对是错。我们如何评判对与错？我在亚里士多德、柏拉图、洛克、克尔凯郭尔、孔子和康德的哲学理论中找寻答案，也在达尔文和爱因斯坦的科学理论中找寻答案。我在马克思、弗洛伊德、梭罗的著作中找寻答案，也尝试在美国建国者们的辩论中找寻答案。通过广览群史，了解从古至今那些关于战争、和平与文明兴衰的往事，我深切认识到了历史的教育意义。随着阅读量的增加，我愈发体会到人类行为动因和道德观念的复杂性。尽管我的追寻尚未完全成功，我仍渴望整理并分享我现有的部分答案。

数不胜数的理论和研究方法支撑起了心理学、社会学、人类学、经济学、生物学和神经科学。在过去的16年，我广泛学习了上述诸多学科，寄望于它们能帮助我理解人类行为。我曾尝试整合可以运用的全部信息，以赋予这个不断流变的世界一个合理的解释，在世界多样的可能性之中寻找启示。最终，我相信任何单一学科都不可能解答全部的问题。但我确实相信我们正在进入一个突破边界的时代。如今，越来越多的概念在学科间交融，助力各个学科的发展与革新。我怀着对人类历史与人类未来的重视踏上这段旅程。我对人类未来的关注，就包括数据科学带来的伟大技术革新，尤其是人工智能，这项技术对人类思想和情绪活动机制的解读越来越透彻。

要"理解人类为什么做他们做的事情"并不简单。我同意神经生物学家、灵长类动物学家罗伯特·萨波斯基（Robert Sapolsky）的观点："如果你对生物学知识感兴趣，比方说候鸟如何识途，母仓鼠在排卵期与求偶行为相关的本能反应，这些相对而言比较简单。但这些并非我感兴趣的领域。我关注人类个体行为、常规社群行为以及反常社群行为。这确实是个异常复杂的领域，涉及的知识包含脑化学、激素、神经感知线索、母胎环境、婴幼儿生长发育、基因等，研究主题覆盖的范围包括生物进化、文化进化、生态压力等。"[1]简而言之，理解人类行为是一项复杂的任务。

一个复杂（complex）的问题与一个繁复（complicated）的问题有显著差异。我们关注复杂性科学，并非仅仅为了据此解答复杂与繁复这两个定义之间的差异，而是希望为理解人类行为提供一个必要的切入点。否则，我们得出的任何答案，只不过是缺乏科学根据的臆测，或者个体偏见的延伸。正是在与科学交流研究所（Institute for Scientific Interchange，ISI）共事期间，我体会到了科学的复杂性。科学交流研究所位于意大利都灵市，是世界领先的数据科学实验室。自1983年创建以来，它参与的科研活动多次在数据科学领域取得重大突破，其中就包括混沌理论、量子计算、复杂网络等。当今的它仍在持续发展，创新向上。

2014年，我受邀为科学交流研究所下一阶段的发展规划提出建议。对科学交流研究所而言，在发展壮大的同时保持组织文化至关重要。科学交流研究所创建的核心理念是"以好奇心驱动科学"，这是一种不拘泥于学科边界限制，以摆脱成见的姿态去面对、求解复杂问题的理念。

这段经历让我开始认识数据和理论之间的平衡。"无界理念"让科学交流研究所"在无穷无尽的时间、空间、学科和研究领域里遨游"[2]，也启发我去不同的领域寻找答案。科学交流研究所提出："面对那些至关重要的复杂性科学问题，我们重视平衡运用数据和理论，以避免科学研究过于闭塞。数据、理论、作用三者的结合是科学交流研究所全部成果的精要。"[3]我常常思考，打破数据与理论之间的平衡是否其实就是打着科学方法的名号进行自我分析。如果天平朝着数据和理论的任一方倾斜，我们都将面临失去少许人性的风险。

不了解复杂性科学的读者，可以参考专家意见来理解复杂任务和繁复任务的区别。就职于科学交流研究所的马里奥·拉塞蒂博士（Dr. Mario Rasetti）曾言："如果把一架波音777飞机的全部零件分散摆放在一个足球场上，再让一个人把这些零件重新拼装起来，我们说这件工作是一件非常繁复、困难且枯燥的任务；但拼装工作本身，尤其是在有安装手册指引的情况下，不会被认为是复杂的。解决问题的办法是一个线性过程。与之相反，预测某种全球性传染病的传播方式是一个复杂问题。这需要我们通过数量庞大的变量去理解诸如天气、交通、风力与风向、疾病传播率与潜伏期等传播方式的特征节点，以得出一系列以时间变量和位置变量为输出值的预测。也别忘了，无论病毒是否对应一种能在空气中传播的病毒，疾病的传染率和被感染的人口都是研究者需要纳入考虑的变量。另外一个说明复杂性和繁复性区别的例子是理解天气变化和预测天气模式，前者是繁复问题，后者则是复杂问题。复杂性无关难度，它仅仅意味着一个系统受多种因素共同影响以至于系统内的因果关系几乎不可能被证明。"

直白地说，数据显示的真值与我们期待的真值之间总是存在偏差。这种偏差指引着人类追寻所有的知识，而没有任何一个学科能提供足够广阔的视角，以定义我们遇到的所有问题和我们提出的所有答案。因此我们必须采取多学科的方法来进行研究，这样才能真正地学到所有知识。

关于这一点，萨波斯基有话要说。他主张"区分行为中哪些要素是生物要素、心理要素或文化要素是无意义的，因为这些要素彼此紧密相连"。[4]换句话说，我们必须借助生物学来理解人类行为，但也不能将全部希望寄托于生物学之上。

复杂性的另一个特征源于知识的不完备性。也就是说，假设时间足够长，我们给予任何复杂问题的解答都将被证明是错误的，或者说，至少是不完备的。新知识的获得总会带来新的洞见和对现有问题更完备的理解。这就如同在举目无尽的层峦叠嶂中向上攀登。每座山峰都将提升你的眼界，但没有任何一座山峰可提供关于未来的完整知识。

举例来说，假设我们渴望理解病原体所在的微观世界和病原体对我们健康的影响。一开始，探究人类生物学中的因果关系就是一件典型的复杂问题，因为我们复杂的生物系统中有众多需要纳入考虑的变量。后来，制造一种让科学家和研究者可以在微观层面观察那些引发疾病的细菌、病毒、真菌、寄生虫的工具同样被认为是一项复杂问题。要理解这有多复杂，我们需把目光放回到1590年。那时查卡里亚斯·詹森（Zacharias Janssen）和他的儿子汉斯·詹森（Hans Janssen）把一叠镜片和一个筒状物组装在一起，发明了第一架显微镜[5]。它的放大效果并不理想，但它为未来放大显示倍数等有关显微镜的升级改良打下了基础。在1665年，物理学家罗伯特·胡克（Robert Hooke）使用了简单的单镜筒显微镜，并且成为识别细胞结构的历史第一人。随着显微镜制造家们逐渐认识到传统光学的局限性，他们意识到必须更深刻地理解光学原理，并且需要制造出具备分辨构造世界的每个粒子的电磁镜头，他们推动显微镜研发制造进入高速发展的时代。1986年，诺贝尔物理学奖项授予了电子显微镜和扫描隧道显微镜的发明者。2014年，诺贝尔奖的授予再次与显微镜相关成就有关，这次是超分辨荧光显微镜，一种通过它可以"看见"尺寸小于0.2微米物质的显微镜。[6]还有人以为这条发展道路存在终点吗？我相信人机交互的复杂性预示未来发展前途的复杂性更胜以往，我们则需要为此做好长途旅行的准备。

一、构建新的方法体系

我在雪城大学学习心理学的期间，遇见了一些让我措手不及的状况。在我们这一届学生完成基础阶段的学习后，学院做出了在我看来不是很妥当的安排，即以正统心理学派的知识观点引领学生们下一阶段的学习。自然而然，大部分学生都会被特定的研究视角所吸引，据此探究如何以最优的方式帮助他人。我的同学中有弗里茨·皮尔斯（Fritz Perls）格式塔疗法的信众，有卡尔·罗杰斯（Carl Rogers）当事人中心疗法的信众，有阿尔伯特·艾利斯（Albert Ellis）和他的理性情绪行为疗法的信众，还有支持分析心理学的弗洛伊德派。当时我没有意识到，这其实是一种自我归类行为。学生们这样选择一定程度上是因为他们认为自己选择的这些理论与自己的世界观之间存在一致性。而今再想，当时的我其实应该意识到，这些思考正是我探究人类为什么做他们做的事情的第一步（声明一点，当时我认为弗洛伊德学派的分析模型应该是几种学派中最完备的，它提供了多种途径去解决人类的各种现实问题）。然而，当时的我没有选择和众人相同的道路。我加入了一个将适应性概念融入心理治疗的研究团体。将适应性概念融入心理治疗即是说根据具体病人的不同需要和特征调整诊疗方案。以今天的眼光来看，这是理所当然的。但当时的情况并非如此。

适应性疗法会考虑以下因素：

（1）患者：患者在疗程中展现了怎样的特征？

（2）疗法：基于这些特征，应该采用哪些疗法？

（3）疗效：什么疗效意味着诊疗取得成功，或者，至少意味着取得了一定的成效？

上述每一个因素，都应该被纳入诊疗方案是否成功的评估标准。将研究重心聚焦于变量之间的相互作用，切实地帮助我认识到了交叉性概念。本书后续章节会阐述什么是交叉性。

因为我意识到单一理论无法解答我的问题，所以我的目标是构建一个可以用于评估基础理论、模型是否与正在使用的研究工具兼容的方法体系。我们可以借鉴学习哪些其他模型，并将其与我们的模型整合为一？如果我们应用了一整套的模型体系，其他模型又能和我们的模型实现何种程度的兼容呢？

二、深入探究人类行为

尽管我们对这项研究的复杂程度（而不是繁复程度）有所认识，且尝试用多种观点去解释人类为什么做他们做的事情，但理解人类行为仍然不是一件简单的事情。从根本上讲，这件事的挑战源于任何从普适理论获得的与全局性人类行为相关的观点，都有适用范围向特定场景回归的趋势。要发现某种不在任何一个群体中体现的属性特征是很困难的。举例来说，我们常常提出一些声称能够帮助人们戒除那些会妨害他们职业生涯的恶习的理论。这些看起来包治百病的灵丹妙药其实只对那些认为世界上存在明确的激励–回报机制的人群才有效。不如此思考的人就不会去应用这些理论。不过，这不是要否定这些理论的有效性，而是要说明这些理论不具有普适性。

（一）错误的启发法，为何我们善于自欺

我们的研究找到了一项人类的共性，即认知偏误。关于人类如何决策的研究也支持这一结论：人们并非像古典经济学家所主张的那样，总会做出理性的决策，或者以自身利益最大化为原则而行动。包括选择性记忆、注意力局限、喜好与厌恶等在内的认知偏误，总使我们的大脑试图去简化信息处理流程，从而影响到我们的思考、反思、

评价与决策等行为。理性选择理论假设，人类事实上缺乏合乎逻辑地做出正确决策的能力。在丹尼尔·卡尼曼（Daniel Kahneman）和阿莫斯·特沃斯基（Amos Tversky）两位心理学家的研究成果的基础上，经济学家理查德·泰勒（Richard Thaler）教授进一步发展了行为经济学，我极力推荐他与法律学者凯斯·桑斯坦（Cass R. Sunstein）共同撰写的著作《助推：如何做出有关健康、财富与幸福的最佳决策》（*Nudge: Improving Decisions About Health, Wealth, and Happiness*）。行为经济学回答了一系列关于人类经济行为的问题，并深入分析了认知偏误对决策的影响，质疑被市场广泛接受的经济学原理。如果我们想要更好地做出与个人生活相关的决策，我们需要清醒地意识到我们的内在偏误和错误推理。消极偏见就是其中之一，它是指人们对损失的担心程度比人们对收益的期盼程度更强烈。或可将其表述为，人们对事物消极面的关注多于对事物积极面的关注。读者可以设想，假设他人在肯定你的工作成果的同时，也对你后续的工作提出了小小的改进建议，你会更关注哪一方面呢？如果你有消极偏见，那么消极评价的效力会大于积极评价的效力，下一次你开展工作的时候恐怕不会如这一次那般自信了。在卡尼曼的著作《思考，快与慢》（*Thinking, Fast and Slow*）中，他提到人们的骨子里都是厌恶风险的，就如同我们生来就"把威胁看得比机遇更紧迫"[7]，从而揭示了连接经济学和心理学的重要纽带。纵观历史，这个特殊的偏误提高了人类物种延续的概率。因此与这个偏误有关的基因也就此一直遗传至今，让人类的子孙后代能赢下这场适者生存的跨物种竞争。

另一种认知偏误是虚构，赋予人们做出决策之后，为自己的行

为构建正当解释的能力。 神经科学家迈克尔·加扎尼加（Michael Gazzaniga）在他的著作《谁说了算：自由意志与脑科学》（*Who's in Charge? Free Will and the Science of the Brain*）中写道："当我们着手解释我们的行为时，我们总是基于事后观察进行事后解释。不仅如此，我们的左脑还会虚构一些东西，将它们拼凑成看似合理的故事。"[8]心理学家把这种行为称作推论。这一系列拼凑而成的推论对我们而言似乎全然合乎理性，而且它们呈现得如此浑然天成，难以观察出拼凑的痕迹。或许加扎尼加会说，可能我们永远无法明白我们为什么做我们做的事情！

罗伯特·赖特（Robert Wright）在他的著作《道德动物》（*The Moral Animal*）中，基于达尔文的进化论以及进化心理学提出：由大脑生成并输出的意见，从本质上而言只是对我们已经相信的事情再次背书。人们的大脑会排斥与自己认同的观念相斥的观念，尤其是在他人正尝试改变我们的意见的时候。[9]赖特主张："人类的争论往往缺乏深层原因，在一段争论开始的时候，实际上就已经结束了。人类的大脑，类似一台以胜者为王为原则的机器。这台机器总是尝试说服其他人自己的主人是对的。与此同时，它也会尝试说服自己的主人同样的事情。"[10]百万年来的进化塑造了人类的情绪与价值，它们成为人性的核心组成部分。正如加扎尼加所言，"道德推理有利于人类生存。"[11]

现在，好消息是我们明确了认知偏误作为人性特征的普适性。坏消息是认知偏误意味着我们有自欺欺人的潜质，这增加了理解人类动因的难度。认知偏误会混淆我们的思考。当我们尝试理解人们为什么做他们做的事情时，很难想象如果认知偏误不存在，他们会如何理性决策。现实中更常见的情况是，人们会选择那些与他们既有信念一致或者与他们既有世界观相契合的选项。人们不太会主动寻找那些冲击他们既有观念的意见。明智的企业会采取措施阻止这种不好的思维习惯在企业内部蔓延，这样的企业绝不会认为现状是最好的或唯一可行的选项。他们鼓励跨部门的观点分享，并会设立以创新为职责的工作岗位并建立研究团队，要求相关岗位的职员跳出思维定式并采取冒险行为。

另一个应对认知偏误的办法是应用科技。不同于人类，机器可以保持客观、识别异常，解析数以百万计的数据并侦测数据中可能存在的规律和模式。看起来，消除了个体偏误和消极偏见的电脑，不同于被自然选择塑造的人类，不会因接受海量信息而过载，也不会对信息加以主观价值判断。然而，我不认为现在的机器就能做到毫无偏误，因为机器是由人类发明和制造的。但是通过在机器的运行程序中嵌入数据检验办法，应用更公开透明的数据收集与数据解析过程，选取更具代表性的数据样本，并在组建研究团队时注重人员构成的多样性，数据科学家们有效地减少了机器偏误。而幸运的是，电脑不会因为庞大的数据量而困惑或崩溃。不同于人类，数据量的增加不会影响它们的工作质量，也不会让它们不堪重负——至少到目前为止，情况仍是如此。

大数据能够有效捕捉并识别那些借由哲学思考无法触及的精微个体差异，这是因为个体差异产生的庞大数据量远远超过了哲学家们能想象的程度，而我们的现代工具恰好具备处理大数据的能力，允许现代人扩展哲学观点。这并不意味着哲学家、社会科学家、市场营销师、市场调研师就应被遗忘。恰恰相反，读者将在之后的论述中见到，有广度的数据和有深度的数据相结合，才能够帮助我们从数据中得到对现实更精微的理解。如果不能为洞悉是什么驱动着人们去做他们做的事情（这个议题最终会促成一种市场策略或机制）提供线索，堆砌在一起的数据本身是没有太多价值的。我们正在寻找的是一种能合理有效解释我们当前处境的基础理论，它将帮助我们形成全面的认识。

或许，上述提到的理论都没有将那些决定我们世界观形成的因素纳入考虑。或许不如市场营销师所愿，数据科学不是通天法宝，依靠数据科学找寻决定人类行为动因的决定要素可能本身就是行不通的。我们可以通过数据识别并描述某种结果实现的充分条件，但数据不能说明这些条件是否是必要条件，条件与结果之间是否存在因果关系，结果的发生是否仅仅是随机现象。我们需要一种能够最大化解释为什么一个事件会发生的基础理论。正因如此，无法将观点与观点之间的节点有机连接的数据研究手段无法让我们满意。迄今为止，我们一直以审慎的态度审视数据科学。数据科学可以让我们更接近问题的答案，但无法直接给予我们答案。

（二）消费者洞察与研究的作用

不出所料，确定人类如何定义彼此成了一个发展潜力巨大的行业。理解人们的动因、明白人们在乎什么、了解人们怎么行动是一项繁复而又困难的工程，但这不是不可实现的。益博睿（Experian）、艾可菲（Equifax）、埃森哲（Accenture）、第一资本金融（Capital

One）、尼尔森（Nielsen）和无数初创公司都以类似的策略手段，即以大数据和先进数据科学建模为支撑，实现了公司发展和市场扩张。这些公司正在广告、市场营销、政治影响、产品研发等方面培育各自的竞争优势。你能举出一个不曾受到一众咨询公司全面深入分析和调研的当代美国政客吗？或者举出某个不曾借由分析调研当代政客的方式展示自身业务能力和竞争优势的咨询公司吗？

具有讽刺意味的是，尽管投入了大量资金，上述的大多数调研技术和模型并不能有效说明为什么人们做他们做的事情。表1–1显示了过去一百年来，消费者洞察与研究的迭代进化。

表 1–1　人类归类描述方式的变迁

归类描述方式	传递的信息
不加区分	每个人都一样
生命阶段	与年龄有关
性别	男性 / 女性，包含传统性别角色的印象
各种文化差别	非裔、亚裔、拉丁裔等概念被提及
不同的特征属性	不同的特征属性对应的不同生活方式
大数据细分	构建复杂的形象变得可行

三、一码不可通吃

以理解大众市场为目标的市场营销学与沟通交流法则都是从"不加区分"为起点，即以简单的"一码通吃"（one size fits all）为纲领发展至今。由于大众市场具有高度一体化特征，许多模型都基于传统人口统计分类方法构建，将年龄、性别、民族三项属性作为主要变量纳入考虑。虽然有的公司还关注家庭规模、教育水平、收入水平等属性，但年龄、性别、民族三种属性仍会作为各种群体细分的定位指标而存在。在试图定义客户人群，或者试图针对性地影响人类行为时，年龄、性别、民族都是需要详细斟酌的关键要素。

以尼尔森公司为例。尼尔森是全球最著名的收视测评公司之一，它在分类描述观众特征的业务领域也已深耕90余年。[12]在以广告调研业务为人所知之前，尼尔森就一直为电台、直播活动、电视节目及数字平台测评其受众的规模大小和构成情况，通过"尼尔森收视率"对每家媒体进行测评。1965年，尼尔森发布新产品站点指数服务（Station Index Service），其功能是向美国广告商提供电视节目的收视率。不出所料，这款产品也是基于人口统计学构建的。其首要指标就是年龄，全部的观众被划分为18~24岁、25~54岁与55岁及以上三个年龄群体。其次，站点指数服务将根据观众性别对数据进行区分，之后还将根据民族、教育水平、收入水平进一步细分。这套逻辑在当时极具开创性，也让尼尔森登上了全球市场大舞台。1979年，尼尔森研发了新产品"扫描和追踪"（Scantrack），使用者能通过这款产品追踪选定市场的变化走势，形成定制报告，从而更好地做出有关市场营销和资源配置的规划。

上述举措正是探寻人类行为动因并深入理解人类行为的基石。它们看起来或许不那么有趣，却是必备的工序。当尼尔森的测评结果公布后，其业务实现了快速扩张发展。这个过程伴随着新业务的拓展，即定位对具体的一篮子商品有较强购买欲望的目标受众群，帮助商家实现广告的精准投放。一篮子商品是指消费者能够在给定市场中购买到的一系列常用的产品，比如日用品、玩具或服装。市场营销师希望得知为了确保能实现营销目标，应确定的合作媒体种类和数量。尼尔森收视率对各家媒体采用了量化测评的方式。需要明确的是，尼尔森收视率的相关数据展示了特定人群的某种特征（如教育水平）的分布情况，这些数据迄今仍是细分市场规划分析的关键组成部分。人群的特征反映出与其行为相关的某种逻辑，但这些特征本身并不能告诉我们为什么具有这些特征的人会去购买特定的商品。

尽管大量的公司因此赚得盆满钵满，但它们都未曾考察一些构成人类行为动因的复杂因素。实践证明，对诸如年龄、收入等数据指标的对比分析，尚不足以捕捉到那些难解的"人为因素"。消费者心理细分为相关研究提供了新的方向，即将诸如人格、兴趣、业余爱好、态度、生活方式等特征的定性数据纳入了分析模型。市场营销师还借鉴了社会科学家对人类世界观的研究成果，将有相同世界观的消费者归于一类。互联网为人们结识志同道合之人提供了便利，高度活跃的虚拟社群更是鼓励其成员扩大自己的在线社群。与传统社群不同的是，虚拟社群的建立并不基于相近的年龄、相同的民族或者相邻的居所（这种高度个人化的社交模式显著地推动了当今社会的极化。我们之后会展开讨论这个话题）。理解群体细分（分得越细越好）有助于我们的研究。

过去的十年间，消费者行为细分为数据分析公司提供了关于消费者行为、商品购买渠道及其他网络行为的实时数据。然而，更进一步的群体细分仍未能提供足够的数据来让我们找到拟订沟通交流策略的必要思路。近年大数据和复杂性科学的兴起才让研究者开始对人口统计传统和各种群体细分思潮进行反思。举例来说，社群聆听作为一种新兴起的数据分析手段，将消费者的意见、行为、动因纳入分析范畴，让我们能够理解顾客对某个产品、话题、品牌或名人的真实感受。顾客可以畅所欲言，自由地表达自己的意见。这种新兴研究方式带来的挑战是需要研究者识别哪些在线社群能够提供最准确的数据。社群聆听数据可应用于我们的原因分析模型。不过，对社群聆听数据的应用，与对公共数据或其他易取得的数据的应用类似，不可完全基于数据本身，还应考虑调研对象自身世界观对其行为模式产生的动态影响。

巧合的是，产品营销和广告投放经历了相似的发展，即从关注消费者对商品的功能性、感受性、实用性需求到深入挖掘消费者购买特定产品的复杂理由，如为了满足自身归属感或者自我实现等。早期广告的范式是描述产品特性与说明使用方法。广告重点介绍的产品优点都是关于产品的效用与它能激发的感受，比如"这款漱口水让我觉得我很迷人""这款洗衣液助我照顾好我的家庭（与我的丈夫）"或者"这款罐头食品方便实惠，象征着小康生活"。举一个具体的例子，1904年，刊载在《星期六晚邮报》（*Saturday Evening Post*）的可口可乐公司早期广告告诉我们可口可乐"美味畅饮"。这条简明扼要的广告语朗朗上口，它被可口可乐公司持续使用了近34年之久[13]，是可口可乐公司使用时间最长的广告语。这与如今凯迪拉克（或者特斯拉）、徕卡相机的广告截然不同，这些广告侧重于表达购买相应产品所带来的满足感或成就感，因为这些产品往往和"奢享""炫酷""低碳"等观念联系在一起。这是市场营销师与广告策划师又一次对社会科学研究成果实践应用的成功尝试，他们通过挖掘高层次价值，深入目标消费群体，向目标消费群体传递多样化的信息。

20世纪60年代，就曾有商家试图用性别作为消费群体的区分指标。有的产品与男性特质（例如"如何搞定一个饥肠辘辘的男人？来碗'打工人汤罐头'"）或者女性特质（比如"长途跋涉辛苦了，宝贝。来根维珍妮吧"）挂钩营销。当然，以性别作为消费群体细分标识的广告在当时并没有引起相应研究领域的关注。毕竟，许多产品和它们所传递的信息本就自带有与主流价值观一致的男性特质（例如运动、汽车、啤酒、男性日化用品）或者女性特质（例如时尚、美妆、浪漫爱情故事）。后来，男性特质和女性特质之间的细微差异才被识别出来（即便在这一时期，人们对性别的认知也与今日相去甚远）。

当业界开始重视年龄时，动因这个概念也就变得更加重要。不过当时人们对它的认知大体上还是一维的。客户档案、选民档案、求职者档案全部都起始于年龄、性别、民族这些区分指标。所有讨论的意图都涉及与人口统计相关的预测结果。但当论及一些最重要的问题时，人口统计得来的数据却都无用武之地。精神疾病会遵循人口统计分类法吗？忠诚、怜悯、公正这些品质会吗？知道一个人的民族能有助于预测分析他是否有同情心吗？即使是今天，当一位公关经理、市场营销师、政治家、公益活动或社会运动组织者在心中勾勒他们想找的人时，典型的方式仍是将上述的某一项描述词作为思考的起点。是要千禧世代的青少年？还是婴儿潮世代的中老年？对收入水平和教育水平有要求吗？要非裔还是拉丁裔？然而，我们不应该止步于此。我们对于人群特征的理解，应是源于人口统计，又高于人口统计的。那么怎样才能到达这层境界呢？

四、新旧理论的有效结合

理解人们为什么做他们做的事情，是一个需要各方全力而为的工程。我们正在尝试解决的是一个复杂性问题，需要使用手上的一切工具对它进行全面分析，试着看清它的全貌。正是借由这些努力，我们终于构建出一个能兼容新观点与新视角的分析模型。同时，随着技术的进步与数据的增长，这个模型的分析能力得到了持续增强。我们的模型既应用了近年的新研究成果，也同样重视传统研究范围内的消费者洞察与市场调研框架。毕竟，理解人性不能只用一种方法。

我们已经明白，有很多种方法可以洞察人类行为背后的原因。**迄今，在该领域最有意义的突破当数对人在世上如何发挥自己的作用以及人如何与他人共处的洞察，而这些都是通过学术研究获得的。**举个例子，我们之前讨论过的认知偏误就让我们认识到人类决策的思维模式。致力于研究进化论、认知发展或行为改变的理论家们尤其功不可没。许多人也对他们提出的且已被证实的科学理论多少有所了解，比如巴甫洛夫的经典条件反射实验、皮亚杰的儿童认知发展理论、达尔文的进化论。这些理论经由各种方式走出实验室，终为大众所知晓，整个过程历经了相当长的时间。首先，这些理论的提出，都建立在受控环境下严格的科学调查、数据收集、数据分析、数据检验、数据处理的基础之上。其次，理论本身也要接受现实环境的检验。最终，只有那些通过系统性检验的成果，才会被商业市场接纳。

当今时代，广告宣传和其他商业领域对达尔文适者生存观点的引用比比皆是。不同于以往，人们也终于理解了正如皮亚杰所阐述的"孩子并不是身体小一号的成人"。诊疗师、教育者、父母都意识到了青少年时期是大脑发育的关键阶段。当然，别忘了巴甫洛夫的经典条件反射实验里那只听见铃声就流口水的狗。说到这里，有人联想到黑色星期五折扣日了吗？

这些科学家和其他领域卓越的学者携手为理解人类行为提供了新的基础理论。他们筑造了研究框架，供今天的我们继续深入探索和理解人类行为。对行为改变的研究至今仍是一个极其复杂的研究领域，相关研究致力于解释人类行为并探究人类行为改变的机制。近年来，大数据领域与复杂性科学领域的进步让我们更清楚地意识到自己的潜力。我们能够关注不同的分析原点，通过探究多样化的路径，吸引不同类别人群的参与。举个例子，设想一种面向一家之主的产品。

（1）对于有些一家之主来说，首要需求是照顾好家中的一切。如果家中有什么东西坏了，他会去修好这样东西。他会储蓄必要数额的钱，以应对各类可能的支出。

（2）另一类一家之主更关注的，是控制能维持生计的收支预算水平。一幢房屋仅仅是支出之一。

（3）以上两种关于持家的心理，可以同时出现在同一个人身上。

（4）同样，我们可以设想对同样产品有需求的一群人，会在购物体验、媒体组合、商业宣传等方面展现出不同的偏好。

然而，对于理解人类行为并进一步思考如何影响行为改变的尝试，成果总是不尽人意。原因之一是人们匆忙地否定了这项事业的复杂性，寄望于缩小探究范围，仅以简单的因果关系诠释问题。举例来说，最初的市场篮子研究模型就声称能使用非常直观的方法促成极其复杂的行为结果：研究者认为，仅通过一组包含各种时长为30秒的电视广告和刊载在报纸上的印刷广告，就能增加一款鞋子在克利夫兰地区的销量。如果鞋子的销量增加，即意味决策者选定了正确的媒体组合。这个市场篮子分析模型是研究者在分析顾客常买的产品组合并预测未来销量的众多模型时，最常用的一个。顾客常买的产品组合中，有的产品之间的互补关系很明显，比如薯条与三明治；有的产品之间互补关系则不明显，比如尿布与啤酒。[14]

在当今多样性媒体的作用下，顾客拥有了多种购物渠道。购物行为不再具有单一线性的特征，于是市场营销师需要开发更精巧的工具以预测顾客可能会做什么。新的媒介运营方案覆盖到网络站点、社交媒体与传统媒体。其实际效果，诸如产品销量或产生产品销售的行为序列，往往会偏离市场篮子分析模型的结论。据此而论，也许我们会说这套媒介运营方案能够更好地观察并影响购物行为。点赞、推荐、按钮式广告等网络功能让通过大数据技术对产品营销流程进行量化分析变得更容易了。由此看来，大数据分析增加了营销策划成功的机会。

以上都是媒体如何在营销策划过程中发挥作用的例子，但这些例子仍未说明我们为什么做我们做的事情。

西蒙·斯涅克（Simon Sinek）曾经是一位广告经理，后来改行成了作家兼励志演说家。他于2007年在TED大会上发表过一次演讲，主题是讨论人们为什么购物。他独到的见解是购物的理由并不在于那些产品是什么，甚至也不在于产品是如何生产的，消费者会被某样产品所吸引的根本原因正是这样产品被生产的原因。[15]按照斯涅克的观点，大多数的自然人、组织和公司"明白他们在做什么。其中一部分知道如何去做。但只有最成功的那一部分，才知道他们为什么正在做这些事情"。

其中最后一部分人是市场的领袖，他们具备激发、鼓舞他人接受新事物的能力。想想苹果公司。斯涅克提到，苹果公司的目标宣言一直是突破现状，去创新思考，去创造人性化的伟大产品。这是苹果公司存在的原因，它的产品持续成功的原因，也是人们成为苹果品牌的忠实客户的原因。最忠实的苹果用户会购买苹果公司新发布的任何产品，哪怕只是与他们已持有的手机稍有不同的新款手机。同样的道理也适用于诸如马丁·路德·金（Martin Luther King, Jr.）[①]或者莱特兄弟（Wright Brothers）[②]等伟人在各自事业领域获得的成就。在有明确目标或信念的情况下，事业与理想、发明与创造都将非常鼓舞人心。而这样的目标或信念，正是一种原因，即人们为什么做他们做的事情的原因。

---

① 美国黑人律师，民权人士。——译者注
② 美国工程专家，飞机的发明者。——译者注

第二章

缘起：生物的本能

真正理解人们为什么做他们做的事情，理解他们迄今为止的人生经历，或许是我们秉持同理心以面对他人，消弭彼此之间敌意的唯一方法。只有这样，我们才能携起手来去追寻共同的梦想，实现共同的目标。

我们对他人的理解来自人类思想的交融。这份理解可以从他人认知外部世界的方式中得到，可以从他人如何体悟自我与外部世界的相互作用中得到，可以从他人如何评价外部世界的思考中得到。明白他人为什么做他们做的事情不仅能帮助我们影响他们的某些行为（比如购物、聚会、投票），还能增加人际交往中的修养、共情、同情，让人与人之间的交流更加有效。当我们以他人愿意倾听并能够理解的方式表达观点时，一段对话就能展开，这正是一种积极的改变。

一、我的早期经历

作为一名电视媒体从业者，我曾分别在斯佩莱林娱乐公司（Spelling Entertainment）和卡塞-沃纳（Carsey-Werner）电视台工作多年。我的工作职责包括市场调研与市场营销服务。当时，我认为自己能胜任诸如将合适的节目推送给与该节目调性相符的核心受众等市场营销工作，但自己经手策划的营销项目推广效果不甚理想，无法获得广大观众群体的关注。这样的结果也让我感到困惑。如今再想，竟不知当时为何自己既没有以任何普适性原理作为指引，也不曾应用任何基础分析模型去分析人类行为。我们当年制作每一档节目，都像是开发一款定制化的软件程序，尽管最后都成功了，但也消耗了大量的时间与金钱。

当我逐渐将自己学过的知识应用于工作中，我意识到就算尚未找到完美的理论指导工作方案，也必须着手改进工作方法了。我很快想明白一个道理，即要认准我们面向的是传媒市场中的哪个群体，并直接向他们传递信息。

我们为诸如《法官朱迪》（*Judge Judy*）、《歪星撞地球》（*3rd Rock from the Sun*）、《70年代秀》（*That'70s Show*）等在20世纪90年代广受好评的获奖电视节目成功策划了一系列宣传活动。在联合发行播出模式下，我们既负责对联合播出的旧节目进行二次宣传，也对首次播出的节目做推新宣传。我们的目标是触达新的潜在观众，向他们传递可满足他们需求的信息，从而赢得关注与收视。

《法官朱迪》是联合播出模式下最成功的节目之一，这是一款法庭真人秀。其内容是处理真实的小型法律纠纷的法庭记录，主持审议的朱迪·欣德林法官（judge Judy Sheindlin）在节目中展现了聪明、直接、真诚、果决的行事作风。1996年，电视观众群体已经呈现出分化特征。当时我们的任务是为这档由一位名不见经传的纽约家事法庭法官主演的真人秀找到目标受众。如果节目能在第一季播出的12周内吸引足够多的观众，就证明我们的工作卓有成效。我们决定争取一个混合观众群体的关注，即成年白人女性与非裔。如此策划的理由是因为日间时段的电视观众主要是白人女性，而非裔观看电视的平均时间要高出其他观众群体50%。

当时，在非裔这个观众群体中广受欢迎的大众节目仅有美国职业橄榄球联赛转播与《60分钟时事杂志》（*60 minutes*）。[1]我们竭尽所能去解决一道难题，即寻找让非裔关注《法官朱迪》的理由。我们发现，广大观众喜爱《法官朱迪》是因为朱迪法官是一名真实存在的法官，而那些案件也是现实世界中发生的案件。所以我们的市场营销活动聚焦于"真实的人，真实的案件，真实的法官，就在每天下午四点"。

然而，在面向非裔家庭宣传《法官朱迪》的过程中，我们发现这个群体喜爱这档节目的原因在于它展示了冲突的发生与解决。于是，我们向非裔观众发出邀约，并策划了以下这段宣传语："你身陷纠纷吗？把它交给法官审议吧。她手中的法槌将在每日下午四点落下。"《法官朱迪》首次播出时，在非裔人群中的收视率是上一档期同时段节目的两倍以上。在这之后，《法官朱迪》连续播出了25年并大获成功。这当然要归功于朱迪·欣德林的个人魅力和制作团队的创新奋进，不过节目对其目标受众的了解同样功不可没。要知道，明白你在向何人演说，这件事本身就会带来力量。还值得注意的是，我们当年的成功是基于仅有的少量数据实现的。现如今，我们拥有充分的数据来源，分析观众特征变得容易多了。

美国全国广播公司（NBC）的王牌节目《歪星撞地球》，是另一档我们曾经深度参与调研的节目。这是一档广受好评、个性鲜明的获奖情景喜剧。它描绘一支登陆地球的外星探险队在地球上的故事，外星人与人类分享各自的人生经历，一起摸索着应对一些争议话题。《歪星撞地球》由独家播出转为联合播出时，大家对它的期待很高，但它并没有在非裔群体中取得令人满意的收视率。我们为此进行了相关的分析研究，尝试解读由谁充当节目的推荐人是否有影响，由谁负责节目营销是否有影响。如果我们制作能让非裔感同身受的宣传片，是否能够增加收视率?

我们设计了一组双盲实验，不同组别的实验对象收看的是播放顺序相同的《歪星撞地球》、电视广告与广播节目，但我们在其中插入了两种不同的《歪星撞地球》的宣传片。一种保留了《歪星撞地球》原始的风格，面向大众，主要介绍该片的情节梗概。另一种是面向非裔观众，其中包含与非裔群体相关的音频广告、海报、传单、明信片等文化元素。我们的合作伙伴MEE制作公司（MEE Productions）还建议我们在音频广告中加入一首国会乐队（Parliament）的放克风格[①]乐曲《想要放克起来》（*Wants to Get Funked Up*）并使用"将歪星变我星"作为宣传语。实验结果表明，后一种包含非裔文化相关元素的宣传片能提高非裔观众群体的收视率。而当他们观看的宣传片被调换为前一种后，收视率又逐渐下降至原来的水平。尽管我并不认为实验的结果具备普适性，但它确实证实了"了解你的客户"的价值。同样有价值的事项还有：应用能与客户取得共鸣的文化元素，引起他们的关注，直接与他们沟通。

最后一个例子是我早年为《70年代秀》做营销策划时，为理解人们如何回应他们收到信息的方式所做的尝试。《70年代秀》一开始并

---

① 一种有节奏的、可跳舞的音乐形式，起源于非裔美国人社区。也被认为是迪斯科的前身。——译者注

不成功，它由福克斯广播电视网（Fox Network）独家播出，在当时的广播电视节目排名中位列第75位。当时的福克斯正在高速发展中，但它不具备像美国全国广播公司、哥伦比亚广播公司（CBS）、美国广播公司（ABC）那般雄厚的集团网络布局。十分有趣的是，我们的多平台整合营销活动的主要聚焦受众是18~34岁的男性，但我们还是向所有在线观众发起邀约，并为他们准备了多层次的交互活动。6个星期之内，共有120万人次访问了我们的网站。当时是2001年，互联网营销尚处于萌芽期，并且也不是市场营销的主阵地。通过包括广播、有线电视、网络、印刷制品、电台、窄播、草根营销、公关营销在内的多渠道多平台传播系统，并以与节目年代调性匹配的怀旧元素解读和在线抽奖等娱乐要素予以点缀，我们触达了范围更广且活跃程度更高的观众群体。在转为联合播出的两周内，《70年代秀》就以4.1的尼尔森收视率在所有联合播出节目的收视中排名第一。这样看来，我们最初的调查结果证明，对于一档节目，向人们发出参与邀约是有帮助的，在宣传营销中添加与受众相关的文化元素是至关重要的，而由观众喜爱的媒体播出，则是大功告成前的临门一脚。

2001年，彼时我在卡塞沃纳电视台工作，试图去理解媒体市场新业态。我们进行了一项在当时来说极具开创性的数字实验。我们选用了一些电影淘汰的初剪片段和一些喜剧幕后的台本朗读录像［如《考斯比一家》（The Cosby Show）、《罗斯安家庭生活》（Roseanne）、《歪星撞地球》、《生死豪情》（Grace Under Fire）、《70年代秀》］，将它们重新剪辑，并在开头和结尾部分添加了商业广告以增加商业收入。我们将这些重新剪辑后的素材上传至流量较多的网站，在2001年，我们就以此获得了100万美元的收入。要知道，当时美国只有不到25%的家庭连接了宽带网。这充分展示了了解客户动向——客户的需求是什么、他们愿意接受什么——所蕴含的力量。

当我察觉到只要借助电视媒体行业能接触到的分析工具，就能有效决定要如何向人们提供能引起他们内心共鸣的节目时，我也明白了我们现存的分析方法尚未触及人心深处，不足以获得更深层的理解。2014年，我创立了途景预测科学公司，一家以"通过诠释并预测客户的核心受众的行为，以此帮助客户改善沟通并提高效率"为宗旨的公司。我的目标是将自己在电视媒体行业和市场营销中积累的一切知识与如今大数据时代复杂性科学所带来的全新可能性进行结合。我也同样希望了解那些可以将我们所做的实践工作和更深刻的普适性真知联系起来的基础科研领域。在我找寻新研究方法的过程中，我逐渐被社会心理学在道德发展领域的研究成果所吸引。

二、将道德心理学作为理论基础

在2014年，也就是我建立途景公司的那年，乔纳森·海特（Jonathan Haidt）影响深远的著作《正义之心：为什么人们总是坚持"我对你错"》（*The Righteous Mind: Why Good People Are Divided by Politics and Religion*，简称《正义之心》）[2]出版了。海特的主要研究与道德心理学领域有所关联。这本书的一个章节详细阐述了海特和克雷格·约瑟夫（Craig Joseph）的道德基础理论。建立在理查德·施威德（Richard Shweder）、阿兰·菲斯克（Alan Fiske）、罗伯特·特里弗斯（Robert Trivers）、穆扎法尔·谢里夫（Muzafar Sherif）、马克·沙勒（Mark Schaller）众人的理论基础之上的道德基础理论主张多数人类行为是五种人类本能共同作用的结果。这些本能的作用强弱因人而异（有时也因文化而异）。他们分别是关爱 / 伤害、公平 / 作弊、忠诚 / 背叛、权威 / 颠覆、纯洁 / 堕落。[3]

我仍记得自己初读这本书时的反应。那时我正在为途景公司构建新的调研方法，这本书里有关道德心理学的讨论向我展示了过去典型的客户与市场调研实践中一直缺乏的某些根本性概念。我希望能更深入地了解道德心理学，看着它还会给我怎样的启示。在这以前，虽然我也在诸如政治策略学等领域的文献中偶尔见过其他学者对道德心理学的引用，但这门学科几乎没有受到那些对影响力沟通有见地的应用研究者的关注。前沿学术的推广往往伴随着他人的抵触情绪，对于道德心理学而言更是如此。接受并应用道德心理学的结论，对于沟通领域的研究者们而言是有风险的，甚至意味着迫使他们承认某些传统方法是不管用的。

让我们从道德心理学领域那些令人振奋的发现谈起，看看这些发现将如何启示并拓展我们对"探寻原因"的研究。这些发现看起来确实范围足够广，能覆盖我们正在沉思的诸多问题。道德心理学也能和其他行为改变领域的专家们的既有理论结合在一起，为群体细分研究增添更广阔的视角。可能有人难以理解道德基础是如何刻录在他们的世界观之中。事实上，尽管难以证明，我仍认为道德基础时时刻刻都在影响着我们。它对我们的影响甚至具体到日常生活中的每一次选择。把人性对现实的影响纳入考虑范畴，这种观点也许能对冲如今盛行的一种思潮，即单纯凭数据科学就能研究"我们为什么做我们做的事情"。请留心，往往是数据科学和理论观点的有力结合，才能取得成功。

伴随着途景公司的发展，我们用道德心理学为我们的研究提供了更具说服力的理论基础，并以道德心理学为依据评估我们的研究如何影响市场调研与营销传播。我们同样尝试用道德基础理论范畴[4]，去观测道德推理除了能判断是非曲直之外，在具体的文化情境下是否还有更广泛的应用。比如，道德推理是否也会影响购物决策？设想有一个人崇尚公平、富有同情心，那么他的价值观会延伸到他在购买新车时的决策过程中吗？于是，我们尝试探究人们的道德观念、生活方式、接收的信息和交易决策之间的关系。

我们确信道德心理学为我们的工作提供了理论基础，它能帮助我们更好地"探寻原因"，而事实也的确如此。我们构建出一个能够确定五种人类基本本能是如何分别体现在五种本能模式中的分析模型。这让我们有了理解人们是如何认知外部世界并体悟自我与外部世界间相互作用的方式。我们相信这个模型能帮助我们深刻理解族群、企业和普通人是如何理解彼此的。在三个不同层次考察人的本能和本能模式，将是贯穿本书后续章节的分析方法。这三个层次分别是：

（1）**个体**。个体本能模式的构成要素是什么？这些构成要素如何影响个体的世界观？

（2）**社群**。人们集群而居，又各自经历着世间百态，在这样的背景下，人们是如何看待自己，又是如何看待他人的？

（3）**族群**。若我们对不同世界观在各国家及全球范围的分布进
　　　行绘像（mapping），我们从中能发现哪些惠及全人类的机
　　　遇？或者，要如何解决摆在人类面前的那些问题？

在向各位读者详细介绍途景公司的研究成果之前，让我们更深入
地回顾海特和约瑟夫的道德基础理论。我也会将我的相关观点穿插其
中一并阐述。

我曾经学习过心理学，并做过数据科学与媒体相关的工作。三个
领域分别给了我不同的启示。心理学为理解自我和他人提供了理论基
础；数据科学让我可以预测什么可能发生；媒体充分展示世界相互连
接的特征。诚然，包括围绕人口统计数据及更广泛的消费心理学数据
（如教育水平、收入水平、业余爱好和兴趣）在内的，与客户需求和
偏好相关的传统信息收集方式有较好的数据精度、多样性、丰富性。
只是，仅有这些还不够。当我发现道德心理学领域时，就像找到了一
个全新的起点，它意味着我们可以顺着这条道路归纳整理我们对世界
的理解。这与被动地消化吸收报告上的数据内容截然不同。

海特和约瑟夫在道德基础理论中介绍了五种基本影响力的概念，
这五种基本影响力根植于人类的生物特征与进化过程。他们主张基本
影响力是我们世界观、文化认知及个人认知形成过程中不可或缺的要
素。[5]要想透彻地理解这套理论和围绕它展开的相关工作，我推荐读
者阅读《正义之心》这本书。我猜测你们会与我一样惊叹于它的开拓
性。不过，在此我将简要概述道德基础理论的基本观点，让读者能够
理解它是如何与本书接下来将要展开的论述相联系的。

或许你也曾听闻，进化生物学有一个广为人知的理念："你可以

想象没有人类存在的石器时代是什么样子，却不可能想象出没有经历过石器时代的人类是什么样子。"现代人类的行为真的会受到原始本能的控制和影响吗？我不愿赘述不同领域的先驱对这个问题的大量研究，比如达尔文的自然史或爱德华·威尔逊（Edward Wilson）的生物地理学。以一言蔽之，如今我们已不再纠结于先天作用和后天作用长久以来的对立争论，而是发现不同理论的结合能提供更好的答案。

途景公司认为，普适性的人类特征和多样化的人类差异共同影响着人类的行为与观念。其中关键是理解先天作用与后天作用在影响特定行为与特征时，是如何共同发挥作用的。正如读者们可能已料想的，影响一个行为或特征的作用组合可能多到无法穷举。也就是说，尽管从远古时期"传承至今的DNA"可能确实影响着我们的行为动因，但它对我们某个具体行为的直接影响是难以证实的。

根据韦氏词典的定义，本能指的是很大程度上可遗传且不可被改变的生物倾向，这种倾向将引发生物在未经理性思考的情形下，对环境刺激做出复杂的特定反应，也就是下意识反应。生物的某种特征或直觉，如果被认作是本能，那么这种特征或直觉应当可以增加该生物的生存概率，且这种概率的增加应能被我们观测到。"逃跑／反抗"就是本能的经典例子。不过我们的大多数本能对行为的影响是十分微妙的，很难将其从其他环境要素的影响中分隔开来。

根据海特的观点，建立道德基础理论是为了"去理解为什么不同文化的道德规范既有所不同，又有众多相似的特征与一致的主题。简而言之，这个理论提出，与生俱来且具备普适性的心理学框架是'直觉伦理'的基础。每一种文化都在这些基础之上构建自己的美德、叙事以及制度，从而形成了世界各地的独特道德规范，并使国家内部产生冲突"。[6]海特和约瑟夫将这些"直觉伦理"的基础归纳如下（图2-1）。

关爱　　　公平　　　忠诚　　　权威　　　纯洁
（关爱/伤害）（公平/作弊）（忠诚/背叛）（权威/颠覆）（纯洁/堕落）

图2-1　道德基础本能归类

注：纯洁 / 堕落也会被描述成圣洁 / 堕落。

道德基础理论更值得称道的地方在于，它既阐述了我们的先天本能为何物，也考虑了后天作用如何影响本能的塑造和表达。海特引用了加里·马库斯（Gary Marcus）用书籍的手稿来比喻思想的论述："大自然提供了初稿，人生经历对此加以修订……'先天植入'不意味着不可修改，它仅仅意味着'形成于后天经历之前'"[7]海特和他的同事们进一步总结道，基因提供了人们从母胎到童年时期的"初稿"，童年时期（甚至成年时期）的人生经历是对"初稿"持续不断的编辑修订。[8]

上述比喻十分贴合我们正在探讨的问题。我们"探寻原因"的起点正是写入人类神经组织的那份"初稿"。这些本能并非深入骨髓，也不具备对后天经历的决定性影响。它们只是影响着我们如何与世界相处。

关爱 / 伤害这组本能是我们保护与养育孩童的需要。当我们的祖先离开旷野，集群而居之时，那些受到疾病、饥饿、威胁、被忽视、贫穷之苦的孩子们唤醒了他们强烈的关爱／伤害本能。如果这组本能成功发挥作用，更多的孩子就能够生存下来并成为社群中的一员。这样，社群就得以延续。而一个更大的、可延续的社群能提高社群中每一名成员的生存概率。于是，这组本能也得以被我们留存在"初稿"中，不过它的强度和潜力因人而异。

数千年来，这组本能的作用过程已经发生变化，不过它仍根植于那些最初的诱因之中。正如海特在《正义之心》中解释的，你的关爱／伤害本能会在你看见玩具、你童年珍视的物件、照片、无助的动物（如小海豹）等事物时被唤起。[9]这种情绪反应被认为是有同情心的、充满保护欲的、关爱的，而我们所有人都有去关爱他人并感受他人的痛苦或喜悦的能力。上述情绪反应也会在我们察觉到外部世界中的加害行径时，激发我们的愤怒情绪。这组本能最常受到宣传人员关注，例如常用在宠物收养站点、儿童癌症基金会等社区慈善机构的宣传策略中，善待动物组织的"己所不欲，勿施于人"、美国心脏协会的"身体健康生活好"、儿童救助组织的"别让任何一位母亲看到她的孩子挨饿"也应用了这组本能。

公平／作弊这组本能回答了在人际关系（与独来独往相对）中，互惠特征对人性所提出的适应性考验。如果个体之间的人际关系中存在共同利益，这将完善社群的整体功能，并提高社群整体的运转效率。这组本能的原始诱因根植于会由作弊行为与欺骗行为引发的不公平结果，所以要引入诸如正义、个人权利、自由、自治等理念。一个更现代化的诱因是婚姻中的不忠。如果一个人是欺骗行为的受害方，他的反应通常是愤怒或者怨恨；如果一个人是相互尊重的受益者，他的反应通常是感恩或者感谢。

忠诚 / 背叛这组本能鼓励我们形成稳固的联盟关系。当来自外部的威胁被某个社群感知到时，"我们-他们"的观念就形成了。这种对自己所属的社群形成认知的本能，在现代也有相似的形式。一个人对国家、联谊会、运动队、宗教或家庭的忠诚，都可能让人产生这种本能，就像一个人愿意为了所属的集体牺牲自我。

权威 / 颠覆这组本能反映了我们内心对等级秩序观念的认同。在等级观念下形成并维持人际关系的能力有利于建立能稳健运作的社群。对于那些有强烈权威本能的人来说，他们会满足于由领导者与追随者之别、胜者与败者之别而形成的自然秩序。在古代，这些诱因会在上等人和下等人的划分中得以体现；现如今，这些诱因体现在老板与员工、政治家与选民等人际关系之中。被引发的情绪是对力量的尊敬，它通过对上级的遵从和对规则的遵守得以表达。

纯洁 / 堕落这组本能源于人类规避疾病的需要。它的核心是保持清洁。腐坏的食物、受到污染的产品、肉眼可见的染病者都是这组本能的原始诱因。今天，这组本能会被外来移民、异常的价值观或者其他会引起我们厌恶情绪的事物所诱发，因为人们倾向于相信"异常的"事物可能会变得令人厌恶或令人轻蔑。有强烈纯洁本能的人更倾向于认同节制、虔诚和一般观念中的清洁等价值观。

道德心理学提出了一种有说服力且极有应用价值的道德观：它并非绝对的，而是动态变化的。我希望通过这本书在道德心理学的理论基础上更进一步，充分应用我们对行为动因和行为改变的既有认知，以更好地迎接这个与科技紧密相连的时代。我们所处的情境还将持续改变，但我们能依据从石器时代传承至今的本能来处理这些变化。海特、约瑟夫以及道德基础理论学派的追随者们共同提出了一套道德观念形成的机制：[10]

（1）**先天道德：**这是道德意识的"初稿"，它的存在先于任何经验。

（2）**文化学习：**在特定的文化环境中成长的过程中，道德"初稿"被修改。

（3）**直觉判断：**道德判断中，直觉先于策略推理发挥作用。

（4）**多元主义：**多种社会考验造就了多样化的道德基础。

简而言之，道德观念的演变不是一道简单的是非问题。道德观念延伸了我们的世界观，影响着我们的行为动因，比如关于我们为什么投票、集聚、购物、相爱。我们对人际关系中的公平意识（比如我们有多在乎弱势群体）如何影响我们买哪种车？或者我们会喜欢哪些社交群体？或者我们会选择哪种洗发水，哪种智能手机？

道德具有复杂性，它可能会对相同的行为提供相斥的解释。举例来说，当看见一个人的某种具体行动反映出他具有诸如重视荣誉或忠心耿耿等品质或特征时，许多哲学家会据此推断这个人有高尚的道德品质。但是，也会有其他哲学家侧重从行动产生的群体效应，如"道德即协作"[11]，为出发点去解释道德，主张道德因合作之下的共同利益而生。这些哲学家会更多地考察诸如家庭支持、互惠互利、冲突化解等协作方式，认为这些协作方式产生了家庭观念、互利观念、勇敢、尊重等观念。

我们需要理解道德本能运行的情境。首先，道德本能是可遗传的。从本质上来说，它并非通过后天学习或社交而获得的观念。接下来的章节会介绍这个分析模型是如何解释社会化等概念。本能与其激发的复杂行为是密切相连的。个体本能和诸如年龄、性别、民族等传统人口统计指标之间是弱关联关系。仅仅知道一个人的年龄、性别或民族，难以准确预测这个人的本能归属于哪种模式。我们相信，这些基础的道德本能塑造着我们对文化、生活方式、年龄／生命阶段等观念的思考，正如一个人的性别和民族影响着其个体身份认知的形成。大多数现有群体细分模型的三大核心指标都是年龄、性别、民族。但是对途景公司而言，这还不够。事实上，将一个人的本能模式与其年龄、性别、民族等特征相结合，才能展现这个人的世界观如何演变和他如何理解自己的世界观。这种理解并非突然施加在某个人的意识之上，它同样是逐渐演化而成的。

如今，社会科学与自然科学都开始关注道德本能。这些本能对我们人格和价值观的影响，取决于我们的大脑用哪个部分处理这些信息。举例来说，2011年，一项由加里·J. 路易斯（Gary J. Lewis）和蒂莫西·C. 贝茨（Timothy C. Bates）共同发起的研究，就使用功能性磁共振成像技术证实了两种不同类型的道德价值观分别与大脑的不同部分相关联。路易斯和贝茨写道："这两组被评析的道德观念分别为'个体型观念'（关爱和公平）和'关联型观念'（服从权威，忠于内群体，纯洁与圣洁）。"[12]与此同时，阿利森·莱纳·伊登（Allison Lehner Eden）主张"与道德观念相关的内容会基于其关联性激活特定的神经区域。正如过往的神经科学研究结果表明的，与道德观念相关的内容会激活大脑的'道德评判'网络"。[13]这项研究表明，不同于其他的一般性神经活动，道德评判的过程是由大脑负责的。

幸运的是，并非只有神经学家才能理解我们大脑与本能发挥作用的细节。我们一直在学习大脑的工作机制。大脑边缘系统就是最好的例子。大脑边缘系统在1939年最早被认定是一块在非语言性的中脑单独负责情绪控制的区域。而现在，人们认识到它是一个包括杏仁核、海马体、丘脑、下丘脑和穹窿的复杂系统。[14]

我们早已明白大脑边缘系统分类记录了我们的情绪反应，其中就有道德评判。近期的研究表明这种分类记录的目的不仅是整理我们的记忆，还是在预测接下来可能发生什么。神经学家、心理学家、作家莉莎·费德曼·巴瑞特（Lisa Feldman Barrett）在她近期的一篇论文中深入剖析："我们论文的独特见解即是展示边缘系统的结构和神经元的组织方式如何使边缘系统发挥预测作用。边缘系统还将预测信息导向大脑皮层的各处，这意味着它拥有强大的力量。"[15]

乔·奥康奈尔（Joe O'Connell）在网络出版刊物《东北大学消息》（News@Northeastern）中写道："近年来，科学家已经发现人脑具有预测功能。这推翻了我们原先接受的理论，即大脑仅对它收集的外部信号产生反应。如今，专家声称大脑将根据上一次经历类似的情况中身体所处的状态进行预测，而人类的身体反应实际上是身体对大脑预测的调整。"[16]这种反应具有本能性和直接性。

巴瑞特展示了我们的大脑并非只会盲从地做出反应，它会问"上一次我经历类似的情况时，我感觉到了什么，我又是如何回应的？""你的大脑会尝试去猜测那些感觉的意义，并通过猜测是什么触发了这种感觉，厘清应如何处理这些感觉，"巴瑞特说，"你的大脑正试着整合你的思绪、情感、感知，让它们在你需要的时候浮现，分秒不差。"[17]

同样，我们知道人类大脑结构的发育发生在零到五岁的年龄阶段。道德基础理论核心的五种基本本能在童年阶段开始形成。想想幼童能经常接触到的文字、图像与主题，这些信息的获得途径最先是家人，之后是老师和同学。当幼童上幼儿园的时候，他们已经能通过一系列生动的方式去感知与相互交流。我们终身都处于一个反馈回路中，即持续自问自答："外部世界如何作用于我和我的本能价值观？"而我们的幼年经历可以被视为搭建这个反馈回路的原点。它是人生经验编辑我们观念"初稿"的最初实例。这种动态的交互过程将持续贯穿我们的人生。

这将我们拉回到一个问题上来：道德本能理论与基于人口统计方法的理论有什么区别。根据人口统计相关方法设计的典型心理测试要衡量人们的价值观、喜好、天资，但是，这些测试仅仅揭示了我们向自己讲述的故事，也就是我们成长过程中外部世界对观念"初稿"的持续编辑，并没有深入探讨上面提到的交互过程是怎样一回事。这些"自我叙事"演变为我们的个人特质，而我们的价值观也很大程度上被我们的期许所影响。比如，我们想成为什么样的人，或者我们要如何向世界展示自己？当我们自问这些问题的时候，这些关于我们希望如何被他人所理解的期许，会使我们的思考产生偏误，从而影响我们的答案。

我们的本能究竟如何影响我们的世界观？基于对这个问题的思考，我们又能如何与他人更有效地沟通？一条思路是先明确图像、主题、设定和文字如何唤醒特定的本能。2009年，杰西·格雷厄姆（Jesse Graham）、乔纳森·海特和布赖恩·A.诺塞克（Brian A. Nosek）发明了一套"道德基础词典"[18]，收录的词语被分别归类为德行或者恶行，对应五种道德基础。这里列举了一些关键词（表2-1）。[19]

表2-1　每种道德基础本能对应的关键词

	关爱	公平	忠诚	权威	圣洁
德行	善良 同情 呵护 博爱	公平 平等 正义 权利	忠诚 有团队精神 爱国 忠贞	权威 服从 尊重 传统	纯洁 圣洁 神圣 有益健康的
恶行	施恶 残酷 伤害 损害	作弊 欺诈 不公 不义	背叛 叛国 不忠 叛徒	颠覆 叛逆 不敬 混沌	不洁 无德 堕落 恶劣的

另外，语调和语言情境同样会激发本能反应。设想一位新闻播音员正在播报一条重要的新闻消息。如果播音员说话的声音较大、语速较快、节奏较乱，播音员对观众的影响可能会超过新闻文稿本身对观众的影响。播音员可能会将自己焦虑的情绪传达给观众，哪怕他们的本意是通过自己的工作让观众平静地对待这条新闻。相反地，如果播音员语速均匀、声音沉稳、神态镇定，即使新闻文稿写得不好，也可能给观众留下积极的印象。我们的研究表明，人们经常高估文字这种变量能够对我们产生的影响。

在2020年的美国总统大选中，选民们需要在集中体现各自道德本能的竞选者间做出抉择。而正是在竞选者身上具象化的道德本能，激发了选民的高亢情绪。特朗普吸引着重视权威和忠诚两种道德本能的选民；拜登则强调公平，呼吁美国关爱所有的美国人。相反，2018年的中期选举几乎全部是围绕执政方针开展的。没有特朗普和拜登的对决，少了博人眼球的标语或添油加醋的媒体，中期选举的结果并没在政界掀起太大的波澜。

小 结

本章总结了一些现代道德心理学的关键概念。过去几年，现代道德心理学为途景公司原因分析模型提供了有效支持。道德心理学相关研究为我们往后继续深入理解"我们为什么做我们做的事情"夯实了理论基础。接下来，我还将具体介绍我们如何成功在人们身上观测到这些道德本能模式。上述工作不仅能让我们较为深入地理解人们决策背后的"原因"，还能进一步证实将这些元世界观与传统沟通研究惯用的数据（如年龄、性别、民族、收入水平、兴趣爱好、购物行为）相结合之后能发挥功用。得益于当今时代的大数据技术，我们构建出了能深入理解人类如何决策的原因分析模型。我们还将继续探究消费者决策和消费者忠诚度是如何被广告、营销活动和媒体所影响的。最后，我们将谈到为何我们的世界走向部落主义与体制失灵，并提出一个新观点，讨论我们要如何做出选择才能实现人类的持续繁荣。

第三章

构建模型：五种元世界观

在我进行道德心理学相关研究并将其思想运用于途景公司的原因分析模型之前，我的工作是应用各种工具去影响他人。彼时，我的第一项任务往往是定义核心受众，在此基础上能够更好地选定要传递给观众的最优信息是什么。曾经在每个研究项目中，我们都用到了年龄/生命阶段、性别、民族作为每个群体的基本参照指标，进而分析为了触达目标受众，哪些媒体平台是最合适的。尽管缺乏精巧的数据模型，但这就是市场调研惯用的老办法。今天我们仍会应用这些相同的变量，但会引入丰富的本能基础视角，筛查加工上述变量。而这正是受到海特和约瑟夫道德基础理论框架的启发。道德基础理论为我们的工作提供了理论支撑，我们能够据此设计出成效卓越的市场营销与传播方案。

通过一次评估测验，我们迈出了将道德心理学融入原因分析模型的第一步。我们向超过1000名参与者发出评估测验邀请，希望借由这种形式探究道德心理学提到的核心本能分类是如何与美国文化的基本组成元素相联系的。测验的问题是随机的，涉及的话题包括娱乐、健康、教育、政治、金融、体育、商业、家庭、人际关系。这次调研较充分地印证了我们之前的猜测，即道德本能的作用广泛地反映在各种行为之中。在那之后不久，我们又在全美国范围内发起了一次规模更大的评估测验，参与者多达3345人。有一支由数据科学家和软件工程师组成的团队协助我们统计分析调查结果。

过去的五年里，途景公司在该领域持续深入研究。我们面向更广泛的样本群体，发放了合计超过50000份的调查问卷。每一个调查子项都有自己的研究目标。有些子项是为了评估各类核心本能对个体的影响，有些子项则是为了尝试解答更广泛的社会问题。这些问题包括：为什么人们去游乐场？人们如何选择音乐？捐助者如何选择慈善机构？健康对人们来说意味着什么？有些子项的调查样本由1500人组成，也有些调查样本由15000人组成。每一个子项都运用了年龄、性别、民族、宗教信仰等人口统计指标。在此基础上，我们进一步记录了调查对象的特征、态度、爱好。这些研究令我们获益匪浅。其中一项收获即是通过样本特征归纳了本能模式在社群中的分布情况，这有助于我们对"我们为什么做我们做的事情"试着给出一些简单的回答。这些回答对应的具体问题包括：

（1）哪个群体最有可能去做咨询金融经纪人？

（2）什么人最有可能向慈善机构捐助？

（3）美国人最显著的特征是什么，是成就、性别、民族、信仰、年龄，还是家庭？

（4）什么是一个人的政治立场最好的预测指标？

（5）谁最有可能被谋杀？谁又最有可能无法获取干净的水？

（6）谁偏好国内旅行，谁又更偏好国际旅行？

（7）谁不理会医生给他的诊断报告？

（8）一次成功的住院诊疗最显著的预测指标有哪些？

（9）谁相信健康是生活的馈赠，认为健康状况几乎不受自身生活方式的影响？

在这之后不久，我们发起了一系列的研究，旨在揭示现代生活方式和自石器时代传承至今的本能之间有何联系。我们探究了道德基础理论提到的五种本能是如何被各种各样的事物驱动的，这些事物包括音乐、电影、健康、金融、食物、旅行、投机、投票、家庭聚会、体育、建筑、文化。我很荣幸能通过接下来的篇章与大家分享我们的成果。

按照密歇根州立大学阿利森·伊登（Allison Eden）教授的观点，道德基础理论框架主张人类的大脑有两套不同的信息网络系统，分别应对自治需求和共治需求。在《道德行为对个人知觉过程的影响：一次功能性磁共振成像调查》（*The Influence of Moral Behaviors on Person Perception Processes: An fMRI Investigation*）中，伊登写道："自治域管辖剥夺他人个人自由（包括意志或健康，即海特学说中的伤害域）的冒犯行为和强调给予或扩大他人自由（即海特学说中的关爱域）的美德；而共治域既管辖反社会的冒犯行为，尤其是职责、阶级、依存关系这几个方面的冒犯行为，也管辖规范行为中不明确维护或否定个人价值的集体价值。"[1]这两种区域的存在已经被神经心理学家运用功能性磁共振成像研究手段所证实，并且在社会科学家所开展的其他研究中得到了进一步的证实。

我们想要理解，基于这些知识，如何能够预测一个特定的个体是怎样看待外部世界的。我们也想知道，如果了解了一个人的世界观，我们是否就能更有效地和他交流协作。举个例子，我们推测那些有较强自治需求的人会认为美国传统文化有些古板，并且不乐意遵从社会主流价值观。有较强共治需求的人则将传统视为一种构建有凝聚力文化的自然渠道，并将遵从社会主流价值观视为一种美德。

一、社会结合横轴

随着我们沿着自己的推测深入开展探究，有规律的模式也渐渐显现。这些模式展现了完整的从自治极到共治极的世界观轴线。这条轴线成为途景公司原因分析模型的根基，我们将称呼它为社会结合横轴（Social Binding Spectrum，SBS）。我们认为处于横轴自治侧的人有个人主义倾向，处于横轴共治侧的人有社会结合论倾向。

我们还识别了处于横轴中央的群体。这个群体持有独特的观点态度，这种观点态度并不是对自治极与共治极简单的折中妥协。简而言之，这个群体全心支持维系社会现状。他们的观点态度是由衷而发的，他们并不认为自己的态度是对现实的妥协。他们认为适度作为人类发展的一种选择，其优越性体现在生活的方方面面——既接纳个体差异，也歌颂传统文化，将个体差异控制在合理的范围之内。对于他们而言，正确的选择总是关乎平衡。

这个温和的中间派群体在任何给定的群体中都是大多数，可根据他们对具体个体差异的认知程度进一步细分。位于一端的子群体对个体差异如何呈现有敏锐的认知。位于另一端的子群体相比较之下甚少关注个体差异，他们在社会交际时更侧重从整体出发去思考。我们将在后续章节探讨这些细微的区别。

二、故事在模型中的作用

在我们的寻因之旅中，我们在行为科学的学术领域和应用领域之间来回穿梭，也分别借用了两个领域用到的一些术语。为避免引起困惑，我想在此刻澄清我们是如何引用以下三个关键描述词：**世界观、叙事、故事。**[2]

我们认为一个人的**世界观**是其生理认知、自我认知和社会认知的总和，包括基因、基础本能、年龄、性别、民族、生活方式、人格、精神和人生经历等。也就是说，一个世界观的构成有无穷多组潜在的排列方式。

如今我们拥有先进的数据模型，能够精准地根据人与人的差异对人群进行分类。但数据模型并不能胜任深入分析这些差异的任务，无法回答人们为什么做他们做的事情。相对而言，我们倾向于赞同玛雅·安吉洛（Maya Angelou）的观点，她有一句名言："我的朋友，与其说你我互有差异，不如说你我彼此相仿。"根据我们的研究可以断言，虽然不同文化和不同人群的道德观可能有较大的差异，但是人们描述自己世界观的方式具有广泛的相似性。我们将它们整理为五种元世界观。

同样，世界观是高度个人化的观念，因此它不是可辩论的对象。正如研究数据表明，研究世界观问题的一大难题就是无法完整地将世界观展示给大众。一个人不会将他的全部观念分享给外部世界。作为研究者，我们只能基于人们愿意分享的信息推测尚属未知的部分。

读者可以将这想象成一幢房子。宽敞的前廊象征着它允许公众来访。但是无论廊道多么宽敞，都不能让我们推测出其后有多少级台阶。一个人有时甚至不清楚自己的世界观是否反映了真实的自我，或许它反映的只是一个人希望自己呈现给外界的样子。

　　这将我们带入了世界观之下另一个值得关注的层面，即**叙事**。叙事是一个在理论科学和应用科学中被广泛使用的术语。长久以来，以研究认知心理学、行为心理学和道德心理学的学者为代表的心理学家们，都对以一种叙事方式去描述某个人的人格抱有浓厚的兴趣。1989年，美国西北大学的心理学教授丹·P. 麦克亚当斯（Dan P. McAdams）在他讨论叙事的论文《一种叙事特征的发展》（*The Development of a Narrative Identity*）中写道：

　　"我本人过去十年间的理论研究和科学实践也许正契合社会科学中一种特立独行的传统，这种传统被称为'生活研究'或'人格学传统'，它与穆雷（Murray，1938）、怀特（White，1966，1981）和汤姆金斯（Tomkins，1987）的学说高度关联。正如穆雷在数十年前所设想的那样，人格心理学家要努力研究完整的人，并在其所处的社会历史情境中理解其生活的结构和内容。受到莫雷于1938年发表《人格探索》（*Explorations in Personality*）的启发，人格心理学家一直在以实证研究方法探究完整的人的过程中，将动因研究与人物生平研究作为首要关注点。"[3]

　　道德基础理论与麦克亚当斯倡导的理念高度契合。道德基础理论包含三项叙事要素：关乎动因和影响力的主题，自传式的推理以及结构化的组成元素。[4]

　　研究发现表明，相比于一个商业市场的架构，一个人的世界观更容易理解。这对我们的工作来说是一项利好。在我们构建原因分析模型的过程中，我们发现叙事是理解一个给定世界观的关键。通过将研究对象的基础本能和他们的年龄／生命阶段、性别、民族关联起来，我们能够了解他们世界观的关键组成部分，这是一个好的开始。但一则谨慎构建的叙事将对一个人的完整生活提供更精微的理解。

在一个商业市场中，我们通常无法获取完整的数据。所以，当我们讨论叙事时，不同种类的数据对应着不同层次的叙事。为了探究五种元世界观是如何形成的，我们将用到三个层次的数据。**第一层是公共数据，第二层是广义的心理统计数据，第三层是那些私密性更高的数据。**

最后一个需要阐明的术语是**故事**。对我们来说，故事实际上就是一个简短版本的叙事，一种我们优先用来理解和影响他人的简易叙事。多数情况下，我们仅关心他人叙事里的部分片段，毕竟，在大多数社会交往中，我们并不需要深入了解对方全部的人生经历。不过，如果你希望改善或影响社会关系，将关注点从广泛叙事聚焦于特定情境的故事是有帮助的。故事的这些功能常体现在市场调研，信息传播，甚至是人力资源管理之中。

那么，这些层次的信息如何结合起来呢？举例来说，设想你尝试弄清楚多少人可能购买一种特定产品。于群体层面而言，我们可以找到一种被那些有兴趣尝试这种产品的人所共有的元世界观。在此条件下，我们可以基于他们的叙事考察为什么有些人似乎比其他人更喜欢这种产品。而当我们决心尝试去说服一些人购买这种产品时，我们会通过故事进一步缩小关注范围。这种思维方式的应用范围远远不限于产品消费，它还能应用于投票、聚会、点赞、激发消费忠诚度、改变行为等（图3-1）。

图3-1 元世界观、叙事、故事

实际上，我们发现这个过程不仅阐述了具体的行为，还阐述了我们讨论这些行为的方式。作为人类，我们本就易于接受将叙事作为观点交流的方式。诺贝尔经济学奖获得者罗伯特·希勒（Robert Shiller）有言：

"对于人类而言，无论走到哪里都会进行对话交流。我们天生喜欢交流：人类大脑的构造与叙事能力相关。我们称呼自己为智人，但可能这个表述并不准确——智人的'智'在这里意味着'智慧'。进化生物学家史蒂芬·杰伊·古尔德（Stephen Jay Gould）说我们应该被称为'叙事者'。我们的大脑其实是为了叙事而构建，尤其是那些关于其他人的叙事。"[5]

我们的研究发现无疑支持上面的观点。实际上，我们相信真正让人们沿社会结合横轴聚集在一起的是他们如何组织构建自己世界观的故事，而不是他们碰巧相似的年龄或民族等静态属性。这就是我们选择朋友和伴侣的方式。故事是社交关系的纽带，人与人日渐亲密是基于故事的分享。

举例来说，一个对争取个人权利有热情的人可能会坚信"如果我们花费所有的预算在一个特定的社会公益项目之上——去拯救一个家庭，这是值得的"。但一个同样有同理心的人可能会毫不犹豫地反对。两种选择的差异也许是由于两个人对关爱／伤害本能的敏感程度不同。在社交结合横轴沿着这个方向再往前，第三个人可能会反对分配一分一毫在这个公益项目之上。

这个故事的重点在于启发我们思考原因分析模型怎样才能细致入微地分析原因。不同于传统的群体细分模型，我们并不认为知道某个人的收入水平或教育水平就能够回答人们为什么做他们做的事情。我们更知道一个有力的故事可以超越各种差异，如民族、阶级、年龄。

我们已经有能力对给定的群体做出规范化的预期和预测（比如一个群体中有多少个人主义者将进入某个细分市场）。但我们的目标是继续深入探索。我们相信理解人类行为比预测人类行为更有意义。

三、五种基本本能

在我们继续深入探索之前，让我们先来看这个模型的基石，即道德基础理论框架的五种基本本能。

原因分析模型建立在道德基础理论的五种基本本能（关爱／伤害、公平／作弊、忠诚／背叛、权威／颠覆、纯洁／堕落）之上[6]。我们通过研究调查对象决策行为的过程，得出了如图3-2所示的五种独特的本能模式。在每种本能模式中，个体行为都会受到特定主题、文字、图像的影响，这种影响是可预测的。图3-2中，纵轴表示每种本能模式对个体差异的敏感程度，这种敏感程度用忠诚值来衡量。那些对于年龄、性别、民族、生活方式、宗教信仰等方面的差异高度关注的人群，是典型的高忠诚值得分者。低忠诚值意味着广泛一致性，那些低忠诚值得分者一般会觉得所有人都有平等的机会去享受文化福祉。

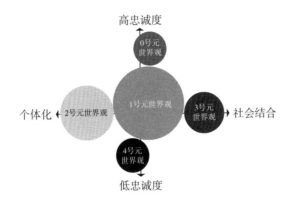

图3-2 原因分析模型：美国的元世界观分布

我们得出的五种本能模式如下所列：

（1）0号本能模式：平衡论，0号元世界观。

（2）1号本能模式：温和主义，1号元世界观。

（3）2号本能模式：个人主义，2号元世界观。

（4）3号本能模式：社会结合论，3号元世界观。

（5）4号本能模式：宿命论，4号元世界观。

本书接下来的部分将详细介绍每一种元世界观[1]。从这些基础知识起步，我们能够探索这些模式是如何在人口统计指标、心理统计指标和行为指标共同框定的情境中发挥作用的。我们发现，将本能模式的形象纳入考虑后，可获取的数据越多，就能得到越丰富、越全面的启示。在广告、营销、传播等相关领域尤其如此（随后会讲到）。在图3-3的模型中，我们以2号元世界观的形象为例，应用这种全新的分

---

① 原文经常交换使用本能模式和元世界观，两者含义相同。——译者注

析方法。

　　每一种本能模式都代表不同的分析原点。相比于更传统的分析模型，图3-3中的各种信息源组成的倒金字塔能够更完整地呈现是什么影响着个体的品位、偏好和习惯，并且能回答更重要的问题，即为什么会有这样的影响。

图3-3　2号元世界观的形象

　　本书第二章曾提到，过去的数十年间，许多公司一直致力于以最有效且最有利可图的方式对群体进行分类。图3-4概括了这项工作在当代市场竞争环境中是如何组织开展的。大多数情况下，跨媒体平台的市场营销活动致力于分析某个群体点赞、聚会、表达忠诚、喜爱、投票和购买等特定人口统计指标簇集。图3-4的上半部分展示了这个机制。

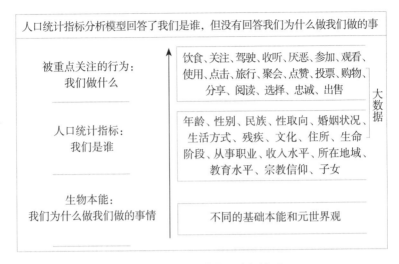

图3-4　人口统计指标分析模型

换言之，如果你希望客户响应你的邀约，传统模型主张从他们的生平信息（年龄、性别、民族），描述信息（教育水平、收入水平、生活方式），行为信息（态度、人格、习惯）和位置信息（真实地域、网络地域）中找寻方法。虽然这些人口统计指标确实对分析"我们做什么"和"我们是谁"有所帮助，但对于我们"为什么做我们做的事情"，这些指标似乎失去了作用。

这些人口统计指标，无论是单独使用还是整合为用，均不足以达到尼尔森数十年前提出的商品市场篮子分析的水平。道德基础理论很好地概括了当代道德心理学的相关研究。相比于年龄、性别、或收入情况这些参数，对更高道德概念的理解终将对我们与外部世界相处产生更广泛的影响。如果你本能地崇尚公平，那相比于你的代际等属性，公平本能作为一种指标更能预测你的行为。这正是为什么五种本能模式构成了我们原因分析模型的根基。我们将继续围绕这个模型探索，也请各位读者一同见证，我们如何通过这种方式更好地了解自己，以及更重要地，更好地了解他人。

第四章

致每个人：2 号元世界观

▶▶   ▶ THE SEARCH FOR WHY

在上一章，我概述了途景公司构建的五种元世界观。我希望，此时此刻各位读者也意识到了尽管传统的群体细分模型确有功用，但它们无法完整地展示为什么人们做他们做的事情。在深入分析每种元世界观之前，让我们看一下由我们能接触到各种信息源组成的倒金字塔（图4-1）。

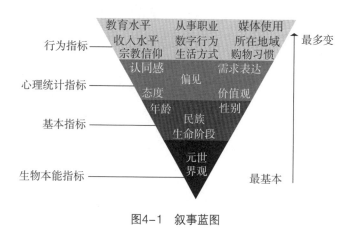

图4-1　叙事蓝图

倒三角形的底端，是我们模型中最具影响力的基础数据，它是最难以被发现或者挖掘的，即人们的生物本能模式。描述性的行为指标所处的位置比年龄、性别、民族这些基本指标更高，位于倒三角的顶部，它们是最易于被观测到的数据，但对于获得深入的洞察来说，它们也是最不可靠且没有意义的指标。我们可以将这个模型想象成是由数据、洞见和变量组成的多层倒三角形，以帮助我们更深入、更完整地理解人类行为。从三角形的底端出发，我们通过直接调查或者取得关于研究对象的描述性数据这两种方式，收集调查对象本能指标的相关信息。如之前提到的，为了收集相关数据，途景公司在过去的五年间已经分发了超过50000份调查问卷。在我们探寻原因的过程中，我们发现位于底端的这一层是最有影响力的一层，因为它会影响到其他的每一层。即，本能反映了我们的生物性"初稿"，我们以此为基础来考察其他所有指标。

往上一层是年龄／生命阶段、性别和民族，这一层大部分的指标在我们出生时就有了，这类基本指标与本能刻在我们身上的神经性印记相同，是我们自我感知发展的基石。我们的研究结果表明，相比于更高层级，生物本能层级和基本层级对决定我们是谁起到首要作用。这里有一条规律：沿着倒金字塔越往下，指标的基础意义就越大。

位于基本指标和行为指标之间的一层，由一系列广泛的指标构成，我们称其为心理统计指标。许多群体细分模型是基于这一层级而构建。心理统计指标涵盖了个人或群体的态度、爱好、意见、成就和人格偏见。同样，我们相信在原因分析模型框架内，透过本能模式这一"镜头"观测心理统计指标，能够窥探人性原初面貌，赋予这些指标更有意义的丰富内涵。心理统计指标可以通过如人格测试、价值观调查问卷、特征和喜好的相关性测量（例如，如果你喜欢这部电影，你也可能喜欢那一部）等标准的心理统计手段来收集。

如今，我们已明白何谓倒金字塔形的多层身份认知，让我们首先来认识2号元世界观，即个人主义者的元世界观。

一、2号元世界观者的特征

2号元世界观者透过人们被对待的方式来评价外部世界。我们有多关爱他人？我们是否拥有平等的机遇？我们是否能受到公正的对待？这种本能可以通过一系列形式得以体现或表达，其中接受差异和反对从众是最常见的方式。

2号元世界观者拥抱个人主义，重视个性、公平与正义且富有同情心。2号元世界观者会接纳和包容各种个体行为，除非这些个体行为伤害到了其他人。他们希望保护与呵护弱势群体。他们不太批判他人。他们偏爱多元的、向上的、有个人自由的人生。相比于追寻世俗的价值观并以此来显示自己的成功，他们的成就感更多来自成为第一个选择或者赞同某种趋势或产品的弄潮儿，成为第一个打破常规的人。当2号元世界观者（像我们中的大多数人一样）生活在一个认同他们的价值观并允许他们按自己的方式生活的环境时，2号元世界观者将受到广泛的接受与赞同。但面对从众文化，他们往往会通过讽刺或反讽的方式，率先表达自己的不满。在我们的原因分析模型中，2号元世界观位于社会结合横轴的左侧（图4-2）。

图4-2　2号元世界观的位置

驱动2号元世界观的首要本能为关爱与公平（图4-3）。

图4-3　2号元世界观的五种基本本能

二、2号元世界观者的故事

如我们先前所见，叙事反映了特定的本能模式如何在日常生活中被唤醒，而每则叙事也有与其相应的本能模式。以下是一个典型2号元世界观者的故事：

我环顾周围的世界，这里充满新生事物与多样选择，并允许人们以不同的方式表达自己。随着科技的进步，我们生活的方方面面日新月异。这一切都令我欣喜，这就是我的理想。理想的世界触手可及，实在令人为之着迷。我热爱艺术和音乐，而我恰好具备欣赏与钻研任何可以被感知的艺术和音乐形式的才能，这对我来说不是难事。

令我担忧的是，我们的世界现在变得越来越容不下差异。我看到一部分人希望所有人都遵照他们的想法行事。这让我担忧，因为我认为如果他人没有影响到你，你就不应该对他人指指点点。人们有权利以他们觉得合适的方式进行表达。此外，我身边也有许多人过着不幸的生活，这意味着我们没有保护好每一个人。有太多的人没有受到法律的同等保护，这是不对的。我们有义务确保不再发生这种情况。

让我们层层深入这个故事，尝试完整地理解它。

（一）喜爱发现新事物

2号元世界观者有着好奇的天性。举例来说，我们对音乐消费者行为的研究结果表明，这类消费者会尝试各种类型的音乐（有趣的是，类型本身无关紧要，类型的数量才是关键）。我们测试了12种音乐类型，2号元世界观者平均每人喜欢9种音乐类型。与之相对的是，3号元世界观者（主张社会结合论的元世界观者）平均每人只喜欢3种。

在一篇颇有见地的名为《自由党人和保守党人的生活隐秘：人格形象、交往方式和他们身后的那些东西》（*Secret Lives of Liberals and Conservatives: Personality Profiles, Interaction Styles, and the Things They Leave Behind*）[1]的论文中，心理学家、加利福尼亚大学伯克利分校商学院副教授达纳·卡尼（Dana Carney）展示了一些关于上述党派人士自分类的有趣细节，它们与2号元世界观及3号元世界观两种本能模式紧密关联。卡尼发现，经过一段时间后，两党人士各自的一系列特征分别构成了两种恒定模式。比如，自由党人（大多是2号元世界观者）喜欢各种各样的书，而保守党人（大多是3号元世界观者）喜欢的书的类型要少一些。

从哲学角度看，2号元世界观者倾向于用新的、可能更好的方式去做事情。但这不意味着他们仅仅关注"更好"。事实上，这个群体以数不胜数的多元视角推动着社会文化的演变发展。他们经常搜寻并发现能够推动世界变革的新观念。想一想像爱彼迎（Airbnb）和优步（Uber）这些企业大刀阔斧的创新，它们基于现有的产品和服务开辟出全新的商业道路。总有人要迈出第一步，这些人往往就是2号元世界观者。

（二）不轻易评判他人

这是2号元世界观者的另一个核心特征。他们担心有些人或者有些思想会产生过度影响。正如上面那则叙事所指出的，他们的核心信念是："如果他人没有影响到你，你就不应该对他人指指点点。"这种信念贯彻到规则制定和治理方式之上，可以被理解为"不要伤害"（do no harm）。

这个群体不太认同道德基础理论中与传统、秩序、规则高度关联的权威本能。相对而言，公平这种根植于互惠互利、相互尊重理念的本能，更契合2号元世界观者强调个体而非群体的宗旨。2号元世界观者思维的理想典范是高灵活性初创企业，因为它有产品协作、团队协作、信息共享、更具平等性的扁平化组织架构和大胆的改革创新。想一想斯蒂芬·科尔伯特（Stephen Colbert）在斯蒂芬·科尔伯特晚间秀（*The Late Show With Stephen Colbert*）中惯用的开场白，它们的主题通常都是抨击政治家的伪善及道德卫士的僭越，或者讨论被不容异己的民众侵犯的自由。不久之前，我们开展了一项关于不同电视节目吸引力的研究。研究结果显示，2号元世界观者对这档脱口秀的喜爱程度远超他人。

（三）平等的保护

平等的保护这个概念是公平本能的一个子项，对2号元世界观者来说也十分重要。典型的2号元世界观者富有同情心，因此对差异有较高的包容性。他们也觉得社会需要确保每一个人都拥有平等的机遇。在2号元世界观者心中，理想的国家尽管无法保证同等的结果，但应该要保障平等的机遇。不出意料，至少在部分情况之下，许多非2号元世界观者不会赞同这种观点。在需要有所取舍的紧要关头时，这种信念会让2号元世界观者与其他群体产生隔阂。

平等的保护这个意识也受到关爱本能的驱动。关爱每一个人是2号元世界观者的核心信念之一，它的重要性不容轻视。关爱在每种本能模式中都有体现，但它对2号元世界观的影响要超过其他任何一种本能模式。如我们所知，这种本能源于保护孩子的生物需要，并且它还可以影响人的敏感性和同情心，作用于人类各个阶段的共情能力，即识别、投射并最终与他人感受共鸣的能力。在一些其他的世界观中，关爱本能的地位或许不如其他本能，但它确实是一种最具普适性的品质。

三、2号元世界观者特征的构成要素

从2号元世界观者的信念和基本叙事出发，我们对这个群体有了比较充分的理解。为了弄清行为指标——或者说人口统计指标，是如何融入2号元世界观体系的，让我们从年龄、性别、民族这些最基本的特征开始说起（其他的人口统计指标，诸如城市地区与农村地区、社会地位与经济实力，也都是有用的指标，但它们的基本性弱于年龄、性别和民族）（图4-4）。

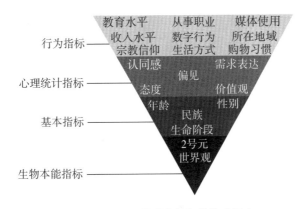

图4-4 2号元世界观者特征的构成要素

正式开始之前，我们先简要解释这些层级对应的指标的含义（在市场调研中，人口统计和心理统计都有助于洞悉客户）。

（1）**基本指标：**这些核心特征一直以来就是识别目标受众的标准。一般来说，基本指标包括年龄/生命阶段、性别、民族，这些特征通常被认为是最容易测量的。

（2）**心理统计指标：**包括兴趣、爱好、动因、意见、态度。这些心理信息不如基本指标那么容易测量，通常要通过评估测验、问卷调查或者正式的心理测量研究方法才能获得。

（3）**行为指标：**这些指标对应的信息通常要观察某个人的行为才能获得。它们通常被当作人口统计指标，具有可变性且有已知的获取渠道。我们将那些可通过公开渠道获得的多个数据点整合融入我们的模型，作为完善研究对象个人特征的方式。

首先，让我们回到年龄／生命阶段、性别和民族这几项属性。我们之前已发现运用这些属性并不一定能预测某个人对某种本能特征的敏感性。相对而言，途景公司更关心这些基础指标如何和特定的本能模式相结合，生成独特的世界观。在此基础之上进一步综合考虑人口统计数据、观测结果和心理测量得分等信息，我们能在一个时间较充分的研究周期中获得更完整、更有效且更具备可预测性的洞见。

2015—2017年，途景公司邀请了超过20000人接受一项调查。调查的主题是当他们向其他人描述自己时，着重介绍自己的年龄／生命阶段、性别或民族等属性的可能性有多大。这个看似简单直接的问题收到了一些复杂的回复，我们将在讨论交叉性这个概念时再详述。当我们了解某个人的本能模式之后，在此基础上再讨论上述三种描述词，会发现它们有了新的意义，可以被视为构建身份特征观念的全新起点。

图4-5展示了美国人如何评价上述几项属性的相对影响。我们必须认识到，全美国约有76.5%的人自称为白人。显然，这会影响到群体层面的整体结论。而细分到每个子群体的时候，情况又有所不同。不过，这几项属性仍然是美国文化表达中可考察的重要符号。我们计算了上述几项属性的净认同度评分，即用这些特征的正值评分减去负值评分得出的结果表示这些特征的相对强度。受调查群体认为，年龄是向他人进行自我描述时，自己会主动介绍的属性。整个群体对性别在自我描述是否重要呈现出中立态度，且整个群体认为民族是在向他人描述自己时没有必要介绍的属性。当然，上述关于群体特征的研究结果

忽略了不同个体对这些属性的看法之间可能存在的明显差异。

图4-5　自我描述词的重要性（美国人）

（一）年龄 / 生命阶段与2号元世界观者

年龄属性的影响力不容忽视。以年龄或生命阶段进行群体细分，易于操作且影响深远。我们见证了美国市场营销行业对生命阶段这项属性的偏爱，他们赋予不同代际的人各自的称呼：千禧世代、X世代、婴儿潮世代、Z世代等。其他国家并未掀起这样的风潮。

当然，不同年龄的人群之间的真正差异不是年龄差异本身，而是他们各自如何在不同历史年代背景下表达和回应自己的生活需求。不同年龄的人群其实有许多大致相同的本能特征，这些本能特征影响着他们的生活需求。环境和经历的不同，让不同年龄的人面临不同的人生考验，导致人们将不同年龄的人回应各自人生考验的方式，错误地归结于年龄特征。举例来说，许多文章写到千禧世代对待工作的要求和态度，比如他们要求员工休息室配置电玩游戏，要求公司在入职环节设置专门的见面会，要求清晰明确的职业发展前景，还要求有更多的弹性时间。但这些人生于经济不景气的年代，他们一直疲于应对个人财务难题。考虑就业环境、需要偿还的助学贷款、更高的生活消费和需要为未来做的储蓄等因素，我们曾以为是千禧世代的那些"特征"，其实是一个不稳定的劳动市场所产生的影响。失去了工作保障的人们自然对工作其他方面的回报提高了要求。

一个人的本能模式将如何影响其年龄特征？简而言之，这取决于一个人的本能模式和其如今所处的生命阶段。毕竟，每一种本能模式都是人们的本能及其人生经历相互作用的结果。我们应该将人们所处的生命阶段当成一种预测其行为或偏好的指标，而非一种简单的数据点。这让我们能够检验某种具体的行为模式在与年龄相关的情境中是如何发挥效用的。举例来说，60岁的2号元世界观者不太会受到典型的60岁人群的文化范式的约束，哪怕他们看起来会如此。相反，3号元世界观者显然更传统。2号元世界观者反感一般意义上的中年生活，而3号元世界观者会期盼这样的将来。在一生之中，你对自己的生理年龄与社会年龄的认知都受到自身元世界观的影响。

目前已有多项围绕该话题的研究。举例来说，埃杰·萨格尔（Ece Sagel）在《从青春期到成年各阶段道德基础的年龄差异》（*Age Differences in Moral Foundations Across Adolescence and Adulthood*）中提出了一项假说：人一生在不同阶段中会相继表现出个人主义的特质和社会结合论的特质。[2]萨格尔主张不同生命阶段的需求总是倾向于受个人主义的主题或者社会结合论的主题的一方主导。举例来说，在青春末期，人们将应对一系列规则和规范的考验：按时回家、驾照考试、校规校矩、社会规范。这些规范都体现出社会结合论的特质，它们引导着孩子一步步迈向成人世界。在这之后不久，人们的生活中将出现一系列有着个人主义特质的考验：第一次找工作、第一次租房子、第一次上保险。也是在这段时期，大多数人开始定义自己的生活方式和自己的边界，做出对自己的生活有长期影响的选择。终于，当人们成家立业后，他们生活中的考验又进一步转向社会结合论的主题，比如偿还助学贷款与住房按揭贷款、支出家用和存退休金等。

这些变动的需求给确定一个人的本能模式带来了不同的考验。每个人到达一个新的生命阶段，都有两样相互独立的因素有待考虑。第一，新的考验属于社会结合论的主题还是个人主义的主题。第二，一个人的本能模式将如何应对这些生活的考验和变化。

举例来说，一位青年2号元世界观者可能有较强的风险偏好，会欣然接受生活中各种"第一次"。比如离开大学前往陌生的城市开始新的工作，结识新的朋友，养成新的习惯，尝试新的锻炼方式。所有这些事都让他感到新鲜，激发他内心潜在的活力，让他更加热爱充满新事物新挑战的生活方式。

而对于3号元世界观者，也就是社会结合论者而言，他们会有天差地别的体会。这和他们崇尚规则、社会规范、传统与安全感的自然本能有关。我们将在第五章详细探讨社会结合论者不同生命阶段的经历。

（二）性别与2号元世界观者

根据我们的调查结果（图4-5），至少在美国，性别在自我概念中的重要性要低于年龄。但是性别观念仍然是各种元世界观的重要特征。

在群体层面而言，考虑到性别的净认同度评分仅略高于0，性别作为一种自我描述词似乎显得不太重要。然而，我们也应该关注所有调查者对象的分数的分布范围，关注正负两极的分值分别是多少。举例来说，2号元世界观者对性别的净认同度评分的分差为28，其中女性群体的净认同度评分为14，男性群体为–14（图4-6）。换言之，女性整体上认为性别对他们而言是重要的自我描述词，她们对性别属性持有肯定态度。男性则恰恰相反，他们认为性别作为一种描述词是一项负面属性。这是因为在美国文化当中，男性往往被认为是掌控权力的一方。或许这种观念让男性忽视了性别的重要性，进而在评价性别作为一种自我描述词是否重要时，给出的答案与女性形成了鲜明对比。女性整体上认同性别作为一种自我描述词的重要性，但世界观不同的女性之间也存在态度差异。对于2号元世界观女性而言，性别有特别重要的意义。这些女性有着较强的关爱本能和公平本能，她们眼中的性别不是一个被定义的固有属性。她们会以自己理想中的模样去定义和描述何谓女性。将既有的调研数据与诸如特殊权力、收入水平、教育水平、宗教信仰、个人能力、职业选择等社会权力相关属性相结合，检验现阶段得出的这些差异会不会延续，是一件很有趣的事情。我们以这种方式谈论的性别是社会化性质最广的性别，即性别如何与人格和行为相关联，并且也暗含了性别在经济语境、法律语境和政治语境中的特定意义。

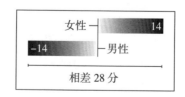

图4-6　性别作为一种自我描述词（2号元世界观者）

（三）民族、种族与2号元世界观者

民族是另一项对我们人际交往产生深远影响的核心特征。我们之前已经讨论过，2号元世界观者普遍对差异有较高的包容度并且倾向于将差异视为珍贵财富。整体而言，有这种本能模式的非裔、拉丁裔、亚裔都对将民族作为一种自我描述词持有类似的肯定态度（图4-7）。白人则认为民族是他们自我介绍时一般不会提起的一项特征。和上节提到男人对待性别的态度相似，这次的结果可能表示民族不是白人愿意主动分享的属性。显然，这与民族宽容有所关联。我们或许可以这么假设，对于这些白人而言，民族差异在他们认可的文化范式中没有意义。普遍来说，对于2号元世界观者而言，多元化是值得称道的。因为与民族、种族概念相关的社会认知偏误和人生经历具有多样性，人们的看法会受到自己与他人世界观的期望、假设和偏误的影响。我们发现，个人主义的叙事会产生更具包容性的本能反应与更多元化的价值认同，但这些作用并不如膝跳反射那样显而易见。当然，对于民族、种族和人类本能相关领域的探索，我们还有更多的工作要完成。

图4-7　民族作为一种自我描述词（2号元世界观者）

举例来说，认知偏误中一种最基本的形式就是内隐偏误倾向。

柯万学院（Kirwan Institute）的高级研究员谢莉尔·斯塔斯（Cheryl Staats）在其发表于《美国教育家》（*American Educator*）的论文《理解内隐偏误》（*Understanding Implicit Bias*）中写道："内隐偏误是指自然状态下无意识地形成的促使人们以特定方式行动或决策的刻板印象。"[3]根据美国心理学协会的防止歧视与促进多元化特别工作小组在2012年发表的一份报告，包括内隐偏误在内的各种偏误由来已久且普遍存在。[4]例如，儿童的行为能影响成人的决策过程，同时，关于性别和民族的内隐偏误将影响成人认知和应对儿童的行为，从而造成一种恶性循环，加剧他们之间的不平等。[5]我们相信，通过对某个人本能模式的清晰认识，我们可以对儿童对内隐偏误的理解方式进行画像，并了解其人生经历是如何基于其世界观的独有架构逐渐加深其内隐偏误。这将有助于我们进一步理解内隐偏误是如何与基本本能在真实世界场景中相互作用。

四、交叉性之始

需要谨记的是，本能模式并非一成不变的属性，它也不能作为我们研究中一些量化分值的测量方式和意义依据。年龄、性别、民族这些在人口普查表中可以直接勾选的基本指标，并不能帮助我们理解我们的世界观。从我们出生那时起，我们的基本指标就随之生成，它们将持续受到后天人生经历的反馈作用。与此同时，我们独有的本能模式可以帮助我们将具备合理性的价值意义赋予自我构建的世界观。由此看来，说一个人的自我认知中，性别属性和民族属性的作用各占多少比例，实则是没有真正理解基本指标的概念。

1991年，加利福尼亚大学洛杉矶分校和哥伦比亚大学法学教授、公民权利社会运动家金伯利·威廉姆斯·克伦肖（Kimberlé Williams Crenshaw）发表了一篇名为《边缘群体绘像：交叉性、身份政治和对有色人种女性的侵害》（*Mapping the Margins: Intersectionality, Identity Politics, and Violence Against Women of Color*）[6]的论文，这篇论文一定程度上被认为是交叉性研究的起点。在这篇论文的引言中，克伦肖简明阐述了一种理解民族和性别的思维框架：

"身份政治一直以来都与主流构想中的社会正义有相斥。基于民族、性别和其他属性的身份分类方式通常被主流自由言论当作偏见和强权之下的糟粕。也就是说，民族、性别和其他身份分类属性助长了具有内在消极性的思维框架，其中的社会权力排挤或者边缘化那些和大众不一样的人。"

根据这种观点，我们的解放目标应该是消除任何一种具有显著社会意义的身份分类属性。然而，一部分女权运动和民族解放运动的思想含蓄地表达了一种新观点，即对差异化详加描述的社会力量并不一定是强权的统治力量，它也可以是社会赋权和重建的来源。

我们可以预见，理解这些影响力如何作用于人们的身份认知是一项复杂的任务。如今，这项研究尚处于起步阶段。通过考察一些基本事实，我们可以在一定程度上理解这项研究的主题。当我们试着洞悉这一类主题时，我们应该认识到并非所有的数据都具有同等意义。正如我们先前所提到的，情境为王。当我们试着诠释这些数据之时，我们必须谨记我们收集到的大部分观点都来自一个特定的目标人群，这个群体中76.5%的人们称他们自己为白人。我们需要思考，应如何识别与评定少数群体的力量与影响。要知道，对某个人本能模式的理解可能会导向不同的结论。我们必须慎之又慎，不能轻易断言。让我们先考虑清楚能从何处着手去描述这些特征。

在图4-8中，我们可以观察到持有不同元世界观的美国女性对民族、年龄和性别三项属性重要程度的评分。你将发现包括那76.5%的白人在内的美国人群（图4-8的左侧）整体对民族、性别和年龄重要程度的评分分别为-17、2、71。当我们结合民族（非裔）和性别（女性）两项属性，我们会得出截然不同的结果。请看图4-8中从左至右的指标类型和指标评分。我们观察到年龄属性的分值都比较高，并且

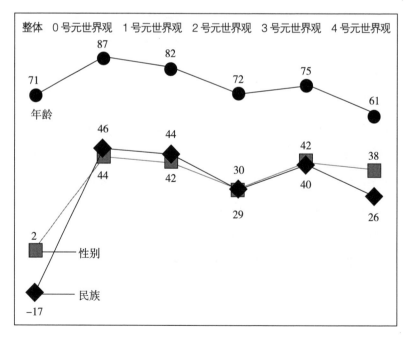

图4-8 非裔女性：各种元世界观下自我描述词的重要性

在不同世界观之间保持了较高的一致性。年龄属性的评分看起来也并没有受到族群中其他属性变量太大的影响。但是，由图4-8可知，拥有相同本能模式的非裔女性对民族和性别两项属性的评分很接近，且都远高于美国人群整体的评分水平。美国人群整体对民族属性的评分是−17，对性别的评分是2，而0号元世界观非裔女性对民族和性别两项属性的评分分别为46和44。在非裔女性之中，4号元世界观者对两项属性的评分最低，分别为民族26，性别38。

一种常见的错误结论是认为子群体与人群整体评分的差异仅体现于非裔女性群体之中。我们也观察了拉丁裔女性和亚裔女性对相关属性的评分（图4-9、图4-10）。同样，她们对年龄属性的评分几乎未

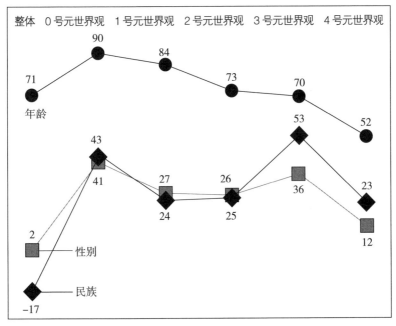

图4-9　拉丁裔女性：各种元世界观下自我描述词的重要性

受到性别和民族差异的影响。当然，拉丁裔女性和亚裔女性评分的分布规律有所不同。拥有相同本能模式的拉丁裔女性对性别属性和民族属性的评分较为接近，但接近程度略低于非裔女性。亚裔女性方面，3号元世界观者对民族属性的评分为50，与对年龄属性的评分相同。亚裔女性对性别属性的整体评分水平低于非裔女性和拉丁裔女性。我认为上述得分情况反映了她们的个人世界观与年龄、性别、民族的共同作用。

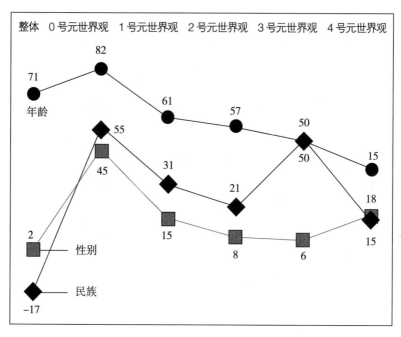

图4-10 亚裔女性：各种元世界观下自我描述词的重要性

五、2号元世界观者的形象

以下是2号元世界观者最关心的话题：

（1）**个人自治**：2号元世界观者认为，个人权益的实现优先于对集体的服从。他们倾向于从珍视个人身份特征的角度去思考与年龄、性别、民族有关的议题。整体而言，这个群体的形象特征和叙事都体现出对多元生活方式、文化习惯、行为作风的包容性。即使某个2号元世界观者本人最终选择一种传统的生活方式，他也会展现出对多样性的包容性。

（2）**平等至上**：一般来说，2号元世界观者期望所有人都能受到平等和公正的对待，无论他们的年龄、性别、民族、能力如何。这个群体会尽力秉持沉静的态度，以饱含公平和关爱的目光审视生活场景和生活事件。

（3）**反感对社会正统的尊崇**：2号元世界观者不易受到权威观念的感召，他们可能会抵触和年龄、性别、民族相关的传统角色和传统规范。他们的道德观指引他们去关注多样性和包容性，反感限制人们选择的存在。他们积极地对抗社会规范并持续拥护个人权利和个体表达。

（4）**成为先驱者**：2号元世界观者以此为傲。五种元世界观者之中，2号元世界观者最有可能成为影响世界的先驱者。同样，他们支持的观点也往往最有可能成为具有跨时代影响力的理论，而由他们发起或者获得了他们支持的社会运动常常被人们广泛接受。

有人看过一部40年前的老电影《诺玛·蕾》（*Norma Rae*）吗？由萨丽·菲尔德（Sally Field）饰演的诺玛·蕾是一名纺织女工，她的工作环境恶劣、工时长、薪酬低。诺玛·蕾在乎的并不是个人利益，她以团结工友和创建工会的方式发起抗争，为全体纺织工人创造了更好的工作条件。安吉拉·艾伦（Angela Allan）发表于《大西洋月刊》（*The Atlantic*）的《40年前的诺玛·蕾领悟了公司中的种族对立》（*40 Years Ago, Norma Rae Understood How Corporations Weaponized Race*）中写道，这部电影"并非只是主张种族团结可以解决经济不公现象，它同样主张工人团结克服社会不公现象"。[7]女主角诺玛·蕾是以一名真实存在的女性英雄为原型创作的角色，她是典型的2号元世界观者，一名展现出强烈关爱和公平本能的反抗者。另外，电影《永不妥协》（*Erin Brockovich*）的女主角艾琳·布洛科维奇（Erin Brockovich），同样是另一名以真人为原型创作的2号元世界观者优秀代表人物。

再让我们看看人们是如何应对新冠肺炎疫情的。这场悲剧激起了各种各样的情绪。这场疫情不仅影响我们的生命安全，还对我们的生活方式与文化环境带来了严峻的考验。尤其对于美国而言，这场疫情让美国人意识到这个国家已经如此极化。如今，甚至佩戴口罩都演变成了一种政治行为。这场疫情同样让我们意识到社会中的边缘群体没有得到足够的关注和照顾。如果我们退后一步，去思考我们应对这场疫情的方式，我们会发现个人主义的2号元世界观者和社会结合论的3号元世界观者的应对方式并不相同。正如伊登所主张的那样，个人主义者"更加感性"而社会结合论者"更在乎独立做出评判"[8]。

2号元世界观者对疫情直接的回应是要保障所有人的健康安全。他们首要关心的事情是如何防止更多人感染新冠病毒以及如何治疗与照顾患者。调查研究表明，2号元世界观者在斟酌如何应对这场疫情时，会广泛考虑多种条件的影响，比如这种疾病的特征、传播率、严重程度、并发症和哪些人被感染了。2号元世界观者以非常感性的态度应对新冠肺炎疫情的考验。对他们所有人来说，居家隔离都是一项艰难的决定，尤其考虑到居家隔离对经济的影响更是如此，但居家隔离是合理的。以经济发展为代价保障健康安全、防止疫情扩散，2号元世界观者相比3号元世界观者更容易接受这种交易。换言之，2号元世界观者会在试着就"要如何应对"进行道德评判的时候，兼顾应对措施将带给所有个体的各种影响。

与2号元世界观者不同，3号元世界观者会采取一种标准化的二元还原思维方式。他们会问："根据我的信念，封锁城市并且向不按规定佩戴口罩的人罚款，这是正确的还是错误的？支持这些措施的观点逻辑自洽吗？"我们认为，关于是非对错的评判，与一个人的世界观是否逻辑自洽没有必然联系。关于这点，我们将在下一章阐述社会结合论的叙事时再加以讨论。在思考公众佩戴口罩的意愿不足所引发的问题时，3号元世界观者较少去评估经济发展和疫情防控两者的相对风险。他们在思考强制民众服从的权利、应对策略的客观准确性、辅助决策的信息来源等问题之时，也不会太过纠结。对他们而言，这些更像一道接着一道选项仅有是与否的选择题。2号元世界观者和3号元世界观者有根本性的不同。如果你是2号元世界观者，你也许听说过什么是社会结合论，但永远无法真正理解社会结合论究竟是什么，反之亦然。一场疫情就集中地体现了这一点。社会结合世界观下的思考方式还体现在其他很多地方，例如人们不喜欢他人教导自己如何生活。回想一下我们关于枪支、环境、堕胎的讨论。这些讨论展开的方式往往来自我们的本能，却渐渐被各种辩论策略带往与引发这些话题的情感渐行渐远的方向。举例来说，我们的权威本能受到冒犯时，我们可能会因含混不清又无可证实的推荐信息感到愤怒，或者不信任某种药物的来源，或者质疑某种结论的正确性。最终，这些思绪和感受逐渐融合成一种情绪，比如"你不要教我做事"。我常把这个过程称为通过在心中摆设"情绪替代物"以替代初始情绪。很遗憾，一种和"不要教我做事"一样强烈的情绪，往往预示着一场棘手的僵局。

六、展现于新冠肺炎疫情中的2号元世界观者的本能

（1）**博爱：**新冠肺炎疫情中，我们见证了更多的关爱、呵护和共情。这不仅体现在2号元世界观者和病患身上，还体现在他们的家庭和前线医护人员身上。2号元世界观者觉得有必要让每个人意识到，现如今，不仅仅是受难者的亲属，所有人都正在承受疫情带来的苦难折磨。

（2）**公共援助的必要性：**2号元世界观者认为，这次疫情应该让美国人放下长久以来崇尚依靠自己并刻意回避公共援助的信条。它应当让人们意识到全民医疗、临时工资援助和

来自他人的援助等事情的正当性和必要性。正因为如此，肉类包装工人被迫冒着感染新冠病毒的风险工作。疫情期间，肉类包装工人被归类为维持社会运转所必需的相关人员。不过，也有许多有个人主义思想倾向的人认为肉类包装工人遭受了不公平且不公正的对待。

2号元世界观者认为所有人应当受到平等对待，且平安幸福地生活。2号元世界观者会问："我们如何对待他人？我们真的拥有平等的机遇吗？我们是否能受到公正的对待？"

---------------- 小 结 ----------------

如果我们探索得足够深入，我们不仅能看到一个人生活中的个人故事元素，还能看见一张描绘那些能影响人类决策的思考、观点、信念和世界观的蓝图。表4-1简单展示了2号元世界观者的叙事和他们理想的生活方式，并罗列了一些蕴含2号元世界观精神的电影。

表4-1 2号元世界观概观

叙事
当我思考人生，我真正关注的是人本身，以及人们被如何对待。
我渴望平等地对待他人，愿每个人享有同等的机遇，也愿每个人被生活公平对待。
告知一个人他未来人生的可能性，却不给他公平竞争的机会，这不应是开启一段人生的正确方式。
理想的生活方式
生活是一种平衡。这种平衡关乎他人、自然以及一个政府对每个人生命、自由与美好生活的庇佑。

续表

理想的生活方式
我的生活方式让我的个人潜力得以实现。
我关爱他人，支持他人的理想，并渴望每个人被公平以待。

代表电影
《银翼杀手》（*Blade Runner*）
《月光男孩》（*Moonlight*）
《断背山》（*Brokeback Mountain*）
《阿凡达》（*Avatar*）
《杀死一只知更鸟》（*To Kill a Mockingbird*）

表4-2总结了2号元世界观者有哪些突出特征、易受什么触动，以及有哪些正向和反向关联词。这是一份简易的参考信息，方便读者比对五种不同本能模式之间的异同。我们也在其中加入了一些关于投票行为的信息。[9]

表4-2　2号元世界观者的特征

价值观		
生活中充满可供开拓探索的新奇和机遇	个人自由比从众更重要	我们需要给予他人随心所欲的空间
实现成就是自我满足的需要，外部评定与评价不是必需的	开放多元的观点是有益的	敢于质疑权威的幽默是高级的
尊崇差异性和个性的进步主义政治观	每个人都应享有人权并被公平以待	

续表

描述词			
多样性	差异性	风险／回报	惠人之因
普遍主义的人性观（和部落主义相对）	社会运动	同情心	公平
投票行为			
10%共和党	59%民主党	4%自由党	27%独立党
容易被以下事物、观念触动			
多样性和选择	痛苦与苦难（尤其是儿童的）	呈现作弊或信任的形象	互惠关系
正向关联词			
关爱	和平	怜悯	共情
同情	保护	保卫	守护
维护	帮助	安全	保障
反向关联词			
杀戮	危害	残忍	粗暴
战争	伤害	破坏	镇压
抛弃	唾弃	损害	剥削
伤害	虐待		

团结之力：3 号元世界观

3号元世界观位于社会结合横轴的右端（图5-1）。因此，3号元世界观者与2号元世界观者看待世界的角度截然不同。3号元世界观的五种基本本能较为均衡。

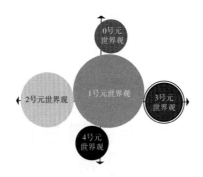

图5-1　3号元世界观的位置

一、3号元世界观者的特征

驱动3号元世界观者的首要本能为权威。3号元世界观者认为集体和社群是神圣不可侵犯的，集体和社群的价值排序优先级别要高于个人。对3号元世界观者而言，权威和传统定义了我们各自的角色和责任。我们每个人都在社会等级中有属于自己的角色。3号元世界观者承认权力分配是不平等的，同时认为社会中有领导者与追随者、胜者与败者之别是很自然的。据此推理，在3号元世界观中，如果某个人的生活误入歧途，这个人应该自己适应并负起责任。3号元世界观者不会如2号元世界观者那样崇尚平等和富有同情心，他们认为一个人对社会的贡献决定了他享有的公平程度。相比之下，3号元世界观者普遍不会太过同情集体之外的其他人。3号元世界观者不希望见到牺牲，但如果牺牲无法避免，那么这种决定应该单独讨论。另外，3号元世界观者厌恶不忠的行径，他们对集体有特别的保护意识，会防范可能侵害集体的意图或行为。3号元世界观者会对致力保护他们文化价值的机构致以崇高敬意。无论他们所属的原生集体如何被定义，他们都会对自己所属的原生集体忠心耿耿。对3号元世界观者而言，等级特权是合理的存在。这意味着在一个集体内争取到重要等级地位通常也会随之收获额外的利益和特权。他们认为这是自然法则的一部分。那些承担维护集体的责任的人，应该获得最多的利益。同样地，3号元世界观者谨遵他们的行为准则，避免触犯那些影响到所有人的社会禁忌。通常来说，他们的行为准则包含追求洁净意义上的纯洁性，并向往更崇高的精神力量（图5-2）。

图5-2　3号元世界观的五种基本本能

二、3号元世界观者的故事

正如一种叙事可以表现2号元世界观者的本能模式并反映这些本能如何在日常生活中被触发，同样，有这么一种叙事能描绘出3号元世界观者的形象特征。一名3号元世界观者可能会这么讲述他的故事：

简而言之，我是这么看待世界的：这世上能够辨别是非曲直的自然秩序，遵守秩序的人，往往一生顺遂。这世上有领导者与追随者，有合作派与独行侠，有胜者与败者。这道理便是如此简单。在工作中，只要每个人各司其职，工作就能顺利推进。但有的时候一些人自信过头，他们我行我素，于是工作陷入停滞。所以我说，这道理便是如此简单。

总的来说，我理性地对待生活。我不会盲目追赶新时尚，也不会有盲目抢购最新的电子产品或音乐产品的冲动。我不关注潮流。这种生活方式让我避免了将时间和金钱浪费在那些稍纵即逝的事物之上。

那些忽视我们伟大文化传统的人令我恼怒。如果我们齐心协力，那么事情就会更加顺利。当我们都将自己视为同一个整体的一部分，而不是分裂的子群体，我们就能实现我们立志追求的一切。将个人得失置于大局之前，是分裂与失败的根源。我们必须意识到哪里都有威胁，唯有团结能让我们屹立不倒。有时候，我会感叹世上有太多自私自利之人。我明白谁都有可能陷入困境，但我们必须承担生活中的苦难，这是我们的责任。

如果我们层层揭示这个故事，我们就能更完整地理解它。

（一）自然秩序的存在

自然秩序是3号元世界观者的基本信念。他们坚定地认为处理事情的方式有对错之分，因此他们的使命就是遵守规则、固守传统。正如他们的叙事所言："这个道理有什么难理解的？"他们的权威本能与2号元世界观者的公平信条发挥了相反的作用：他们认为，"对于没有直接影响到你的事情，你应该保持沉默。"但在合适的情况下，与2号元世界观者一样，3号元世界观者会毫不犹豫地表达自己的想法。

这里要澄清一点，3号元世界观者做出的一系列客观行为是经过长时间学习和沉淀而形成的，但从是与非、自然与非自然的视角出发以观察外部世界的倾向，源于他们对秩序和稳定的本能偏好。相应地，他们很少会自我怀疑。在他们看来，自然秩序是基于等级权力而存在的。领导者比追随者的权力更大，这是自然秩序的一部分。也就是说，通过遵守秩序并承担责任的方式积累权力是正确的做法。当你取得足够多的成就之时，你也将收获应得的回报。

（二）对宗教的虔诚

纯洁本能与崇尚秩序和传统的人正相契合。纯洁本能常与神圣力量授予的更高层级的观念关联在一起。3号元世界观者竭力避开文化禁忌，而不是在受到侵蚀后才开始反抗。

（三）理性生活

受其他本能的影响，3号元世界观者的社会结合本能较为复杂。

举例来说，3号元世界观者对自己所属的原生集体忠心耿耿，从而心中产生"我们"和"他们"的概念。唯有原生集体中的成员，才能通过从众获得回报。这种回报机制不会推广至原生集体之外。同样，当集体架构的基本要素受到他人的攻击时，无论程度轻重与否，3号元世界观者都会有激烈的反应。

说到生活方式，3号元世界观者会形容自己过着理性的生活。这个群体视追赶潮流为对时间和资源的浪费。值得一提的是，他们是最晚接受新潮流或者新生活方式的一批人。相对而言，他们眼中的"好生活"是以传统和从众为标志的稳定生活。3号元世界观者要很长时间才能接受一种新的生活方式。

因为重视忠诚，3号元世界观者骨子里总会设法区别"我们"与"他们"，这产生了集体外部的分裂和集体内部的团结。但社会结合本能不是某一种文化中的某一个集体特有的，世界上存在各种各样的社会结合论元世界观者。举例来说，某些白人社会结合论者和非裔社会结合论者都认为，美国政府没有告知人们有关新冠肺炎疫情的真相，但他们的信念是基于不同的理由。前者认为这种新冠病毒的危害程度其实只和普通流感差不多，对于疫情的关注不过是一场"自由主义者的骗局"，这只是其他政府官员攻击特朗普总统及其政府部门的借口罢了。后者只是认定政府在医疗保障方面没有公信力可言，这就是全部的理由。

如果3号元世界观者陷入困境，他们首先会想到要自己承担责任，而不寄望于政府慈善组织或公益项目。尽管他们不希望任何人遭遇不幸，但如果必须要在某个人和集体中做出牺牲，那么被牺牲的一方绝不会是集体。

三、3号元世界观者特征的构成要素

3号元世界观的信念和基本叙事，让我们对其中的群体有了一定的理解。如之前一样，让我们从叙事或故事切入，去理解3号元世界观是如何在与年龄、性别、民族这些基本指标的结合中体现出来的（图5-3）。

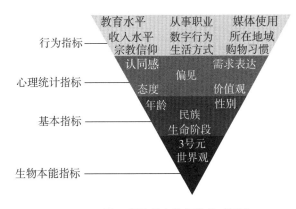

图5-3　3号元世界观者特征的构成要素

（一）年龄 / 生命阶段与3号元世界观者

正如之前我们在围绕2号世界观者的讨论中注意到的，生命阶段与年龄的相互作用是繁复的。3号元世界观者有明确的特征，而这些特征在3号元世界观者各个生命阶段的体现都不相同。以下列举了一些可以从基本叙事中归纳的年龄与这些特征的关联：

（1）**年龄作为一种集体标识：**我们观察到一些基本指标和本能模式之间的关联。其中，年龄与3号元世界观者的关联尤其紧密。象征着特定年代的那些传统和规则对3号元世界观者而言承载着特殊的意义。对于成长于20世纪70年代的3号元世界观者来说，与年龄相关的文化冲突可能会被简单地转换为嬉皮士与多数沉默者之间的区别，这是一种"我们"与"他们"的区别。当代出现了太多不同年龄群体之间的争端，其中就有千禧世代与婴儿潮世代的争端。千禧世代认为婴儿潮世代给他们留下了学生债务陷阱、无尽的战争、破碎的自然环境、被看衰的经济前景。除政治、生活习惯、性别外，当下还有诸多其他因素催生了他们之间的分裂。年龄造成的影响不再像过去那样大。

（2）**年长象征尊重：**长者地位特殊，受到尊敬与尊重，这是3号元世界观者的典型特征。这是领导者与追随者、胜者与败者关系的必然结果。不论在何种文化背景下，3号元世界观者受尊重的程度都与年龄挂钩，可以说这是其典型特征。

（3）**具有时代特征的生活方式：**3号元世界观者的生活方式常与过去时代的传统规范有关。他们崇尚骑士精神，崇尚由来已久的规范和标准，这是他们心中"过去的好时光"。如今，成年人称呼彼此时，通常不再冠以姓氏及头衔。不过，仍有许多年轻人会使用"某先生""某女士"来称呼他们身边德高望重的长者。这或许可以帮助我们理解传统对于3号元世观者的非凡意义。

（二）性别与3号元世界观者

鉴于3号元世界观者对"自然秩序"的敏感程度，他们会特别关注性别，将性别认作多变的世界中一种具有参照价值的恒常属性。

（1）**性别角色定位**：当每个人在集体中都各司其职时，生活就会简单许多。男女角色分工的传统由来已久，这是人类历史长河中最稳固的传统之一。这也使得纯洁本能成了一种抵御社会禁忌的机制，尤其是在某些制度森严的宗教体系之中。在两性道德的范畴中定义哪些行为令人厌恶，是3号元世界观者的一种典型行为。整体上，3号元世界观者倾向于反对大幅改变社会对性别角色的定义和理解。

回想2016年的美国总统大选。媒体主流意见认为，女性不会支持特朗普，因为特朗普曾仇视女性。然而特朗普收获了47％的白人女性选民的支持，比希拉里的白人女性选民支持率高两个百分点。媒体失算了，业内一片哗然。不过，倘若能把握3号元世界观者的心理，这样的结果或许没那么让人难以置信。特朗普的承诺回归到传统的性别角色定位中来，摆脱了现代文化中性别角色定位逐渐变化的趋势，这就是关键。

（2）**性别身份认知**：现代文化中性别定义的改变对3号元世界观者来说毫无疑问是一大冲击。接受性少数群体对于3号元世界观者而言恐怕非常为难。同样，这种本能也是跨文化的，在不同群体中有不同表现。比如，许多非裔社区对同性婚姻的接受进程是缓慢的。这种本能模式之中尚存在不同的变体，因此不同个体对性别身份认知多元化的抗拒程度也有所不同。不过，以某种形式在一定程度上抗拒性别身份认知多元化还是3号元世界观者的典型特征。不过从长远来看，一种观念在大众之中流传的时间越长，3号元世界观者就越可能将其看作既定传统中的一项构成元素，进而接纳它。

（三）民族与3号元世界观者

如前文所述，多数情况下，需要经过细致分析才能理解民族作为自我描述词所具有的影响力。研究结果显示，民族作为自我描述词的影响力很大程度上取决于调查对象的民族。相比于白人，美国的少数民族更倾向于认为自己的民族属性象征着某种优秀品质。美国来自不同民族的3号元世界观者对民族的净认同度评分如图5-4所示，作为主要民族的白人将民族看作一种负面属性，而其他少数民族均将其作为一种正面属性。

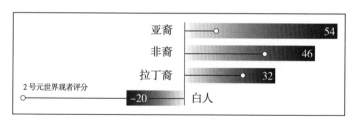

图5-4　民族作为一种自我描述词（3号元世界观者）

理解主要民族在上述评分中起到的作用是很重要的。当白人被问到"从掌控特权和权力的白人的角度看，民族属性有多重要"时，白人很少用民族来描述自己。因为美国76.5%的人自称白人[1]，身为主要民族，白人不会觉得民族是他们最主要的属性特征。

当然，民族是一个复杂的概念，3号元世界观者对民族属性的认知还进一步揭示了他们如何处理这些概念性特征。简而言之，当3号元世界观者界定内群体范围的时候，种族和民族往往是他们思考的原点。

当今有许多围绕内隐偏误或称无意识偏误展开的讨论。这里要澄清一点，内隐偏误是广泛存在的，但研究表明，一个人内心暗藏着内隐偏误并不意味着他一定据此行事。我们认为了解本能模式如何影响我们应对内隐偏误的方式，能更好地帮助我们清晰认知内隐偏误本身。包括星巴克在内的许多公司都曾开展过和内隐偏误概念相关的培训，将这种培训作为讨论有关种族和民族话题的一种方式。我们认为这类培训项目应该得到推广，不过，如果能在其中进一步介绍先天本能与后天习得行为的作用，这些培训将更有价值。

可能读者已有猜测，3号元世界观者十分看重内群体的其他成员。忠诚本能和权威本能将驱使他们明确自己所属的原生集体和集体传统。与对待性别和年龄的保守态度一样，这些传统主义者会抗拒重组自己的原生集体。然而，后天经历的影响在任何情况下都不应该被忽略。与性别差异、民族差异相关的个人经历，以及不断增加的跨种族婚姻关系所产生的影响常常超越了由来已久的传统。至少，从个体层面来说是如此。然而，这种影响可能会助长一种最极端的恶果，即人们可能据此将自己排挤或羞辱他人的行为合理化。

图5-5反映了3号元世界观者分别在白人、非裔、亚裔和拉丁裔群体中的人口占比。我们估计全美国14%的白人、8%的非裔、7%的亚裔和9%的拉丁裔属于3号元世界观者。真正令我们在意的是社会结合本能模式是如何将一个人的生物信息、进化遗传信息、社会经历、

人际交往经历和私人经历整合在一起的。在原因分析模型中，我们会逐项分析各种本能模式如何作用于上面提到的整合过程，其中既有相似之处也有不同之处。3号元世界观者有特征明确的处世态度，即一种支持"我们"并反对"他们"的二元化思考决策方式。然而，和其他本能模式的表现形式一样，社会结合本能模式在3号元世界观者身上同样是通过各种各样的形式体现出来的。从整体上考察年龄、性别、民族等属性的影响作用，对阐明3号元世界观者的动因而言意义非凡。

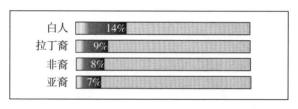

图5-5　3号元世界观者占各民族人口的比例

　　我个人最爱提起的3号元世界观者的代表人物来自1970年的电影《巴顿将军》（*Patton*）。《巴顿将军》收获了当年的奥斯卡最佳影片奖。它讲述了第二次世界大战时期著名指挥官巴顿将军的生平。乔治·C. 斯科特（George C. Scott）饰演的巴顿将军是一名典型的3号元世界观者，他的制服上挂满了勋章，他是权威、等级和社会秩序的象征。如一篇于1970年刊载于《纽约时报》的影评《示敌以礼》（*A Salute to a Rebel*）所写，"唯有当权派才会真心缅怀巴顿。"[2]斯科特在影片开场的独白诠释了这一切："美国人向来喜欢争斗。所有真正的美国人都喜欢战争的刺痛。美国人喜欢胜者，而不会容忍败者。美国人任何时候都以胜利为目标。"

3号元世界观者是如何应对新冠肺炎疫情的呢？让我们从他们的本能开始探索。

四、展现于新冠肺炎疫情中的3号元世界观者的本能

1.以集体为中心

3号元世界观者会站在社群的立场去应对任何一种困境，对于牵涉自己的困境也是如此。不夸张地说，这种观点代表着一种直接的决策方式：一件事对集体而言是有利的还是有害的？在这次的新冠肺炎疫情之中，存在这样一种广泛传播的观点，即新冠肺炎疫情让人们高度情绪化，以至于人们对新冠病毒致死率和危害程度的预测不可能是真实的。这导致有这种观点的人认定政府应对疫情的方式是不合理的，应当受到抵制。

2.崇尚权威

3号元世界观者接受权力的等级分配机制。本次疫情发展的初期阶段，所有人都表现得相对顺从，但很快就有3号元世界观者反对社交隔离与封控管理。一视同仁的新冠肺炎疫情防控措施触犯了3号元世界观者心中等级权威的理念。他们的观点是：国家能够承受新冠肺炎疫情传播将导致的死亡率。在当时，对新冠肺炎疫情的预测死亡率与季节性流感接近，死亡人数在3万~6万人。因此，没有向病毒屈服的理由，这意味着将整体经济置于更大的风险之中。他们相信这是一项关于经济安全和健康安全的两难选择，而他们选择维护经济。

3.忠诚是关键

在疫情刚到来时，与内群体相互扶持的3号元世界观者很容易得出这样的结论，即最有可能被感染的不会是"我们"，而是遥远的"他们"。这种区分方式进一步演变成了对富人和穷人的区分。尽管新冠病毒没有"嫌贫爱富"的分别心，但缺乏社会资源的穷人感染的风险确实明显更高。拥有强烈忠诚本能的人认识到，不仅有感染风险，还有经济风险与生活风险。这让他们斟酌的问题变得更繁复。根据美国人口的分布特点，有色人种、外来移民、无稳定职业者中穷人的占比更高。基于上述情况，在强烈忠诚本能的驱使下，3号元世界观者认为开放经济活动并恢复社会活动值得尝试且风险可控，毕竟承担大部分风险的将是那些穷人。还记得前文提到的肉类包装工人的窘况吗?

4.顺从即屈辱

随着要求恢复正常生活的呼声越来越高，3号元世界观者开始认为，包括佩戴口罩在内的社交隔离政策，都是毫无必要的。因为他们坚信承担疫情风险的是自己所属集体之外的其他人。顺从防疫措施就等于被敌人同化。这意味着屈从于集体外其他人的意志，这对于3号元世界观者来说是极大的屈辱。

小 结

表5-1展示了3号元世界观者如何简单描述自己的世界观、什么是他们理想的生活方式，并罗列了一些蕴含3号元世界观精神的电影。

表5-1　3号元世界观概观

叙事
人生在世需认清现实。
这世界上有指引人们正确生活方式的自然秩序，有领导者和追随者，还有是非曲直。
如果你遵循规则行事，事情就能向最好的方向发展。

理想的生活方式
我的生活理念是：付出多少，得到多少。这能让每个人有权享有生命与自由，也有权追寻快乐。
我完成工作、履行职责，收获与我做出的贡献相符的回报。
我本人有哪些优点、我是否遵守规则、我是否支持我们的文化传统，这些因素决定了我将受到怎样的评价。

代表电影
《巴顿将军》
《勇敢的心》（*Brave Heart*）
《纳尼亚传奇》（*The Chronicles of Narnia*）
《老爷车》（*Gran Torino*）
《暗夜》（*Dark Night*）

与介绍2号元世界观者的上一章相似，表5-2总结了3号元世界观者有哪些突出特征、易受什么触动，以及有哪些与他们相关的正向和反向关联词。我们可以据此比较这两种元世界观。

表5-2 3号元世界观者的特征

价值观		
社会团结和秩序是一切的基础	处理事情的方式有对错的分别	自然秩序是高于我个人的存在
要么站在我们这边，要么站在敌人那边	给予内群体中的人更多的同情与尊重	很难与外群体中的人共情
传统指引着事物正确运转的方式	大部分支持保守派共和党，且22%的人支持独立党	集体利益先于个人安危

描述词			
爱国主义	秩序	团结	界限
规则	传统	安全	洁净

投票行为			
54%共和党	21%民主党	3%自由党	22%独立党

容易被以下事物、观念触动			
秩序：组织架构图	生活准则、价值观、道德规范	身份、地位、特权的象征	被欺骗与背叛
安全和传统	尊重和规则		

正向关联词			
服从	职责	法律	崇敬
荣誉	尊重	父母	保守主义
阶级	传统	地位	遵从
领导者	等级		

续表

反向关联词			
反抗	不敬	异议	违反
叛乱	不忠	反叛	叛徒
不守规范	抗议	拒绝	告发
暴乱	妨碍		

2号元世界观和3号元世界观分别代表了社会结合横轴的两个极端。前者蕴含强烈的个人主义精神，后者强调清晰严明的规则，重视集体利益。2号元世界观者有独立自主的精神，他们极为重视个体需要和个体权益，并有相对较强的竞争意识。另一端的3号元世界观者则过着行为举止都恪守文化规范要求的生活。他们重视共同目标的实现，重视遵照集体传统行事，重视支持集体中接受和承担责任的人。这两种元世界观者都崇尚民主精神。正如《杀死一只知更鸟》中崇尚公平、正义、关爱的本能驱动阿蒂克斯（Atticus）为汤姆·罗宾逊（Tom Robinson）辩护，而《勇敢的心》中威廉·华莱士（William Wallace）是为了全体苏格兰同胞的自由而抗争。

接下来，我们将讨论剩下的三种元世界观。它们都是中间派，但是对应不同程度的忠诚本能。

第六章

一个很好的平衡：三种中间派元世界观

一、1号元世界观

现在，让我们探索剩余的三种元世界观。我喜欢统称它们为中间派元世界观，因为它们都展现出较高的温和主义倾向。中间派元世界观位于社会结合横轴的两极之间，其一些特征与2号元世界观、3号元世界观都有相似之处，但寻求在两者之间保持平衡。整体来说，中间派元世界观者人口数量最多，但是其中有一部分偏向2号元世界观，有一部分偏向3号元世界观，还有一部分位于中间位置。这三者各自都具有鲜明的特征。

在人口分布中，1号元世界观，或称温和主义元世界观，是五种本能模式中人数最多的。它正好位于个人主义的2号元世界观和社会结合论的3号元世界观之间，即社会结合横轴的正中央。但这并不意味着1号元世界观者一定有中庸的政治倾向，准确来说，他们天性崇尚平衡，其选择和行为受到各种本能的影响也较为均衡（图6-1）。

图6-1　1号元世界观的位置

（一）1号元世界观者的特征

1号元世界观者在个人主义和社会传统之间谋求平衡（图6-2）。这里提到的社会传统，以社会秩序与社会团结为内核。因此，1号元世界观者经常成为维系社会稳定的纽带。1号元世界观者发自内心地同情处于困境中的人们，但他们只会在不影响广泛社会秩序的前提下伸出援手。他们的政治倾向及民主投票参与率与全美国整体情况相当。他们对文化的基础内核抱有诚挚敬意。他们偏爱不会损害文化基础的娱乐活动，也肯定广泛的非传统选项的价值观。他们的处世理念可以被归纳为：努力工作、遵规守矩，就会万事顺遂。

图6-2　1号元世界观的五种基本本能

（二）1号元世界观者的故事

一名1号元世界观者可能会这么讲述他的故事：

我们的生活中充斥着诸多嘈杂与压力，以至于我们有时忽略了一个事实，即我们其实生活在一个还不错的世界中。我们在世界中都有各自的一席之地，有对当下的责任，也有对未来的期盼。我们生活在自然秩序中，并且也有诸多自由。而自由和秩序之间的关键是平衡。从理论上来说，这种平衡不难实现。只是，当我们过于自私行事之时，我们就会陷入麻烦。一些人总喜欢对我们的历史和传统挑刺。虽然我明白这并非天大的困扰，可每当我听见这样的话，都觉得有些不适。我想，我就是不喜欢这种观念。我们本可以达成共识，但总有些人坚持要走极端，让大家陷入麻烦。

当我们冷静下来，各退一步，会发现维护我们现在拥有的一切是多么重要。我们的历史反映了人类自古以来的共同理想。我们需要关爱彼此，但没有一个人可以凌驾于集体之上。我们不应该安于现状，而应该立足当下，开创一个对所有人来说都更好的未来。进步与改变是好事，但仅仅为了有所不同而改变，于我而言毫无意义。

让我们层层深入这个故事，尝试完整地理解它。

1.我们过得还不错

"我们过得还不错"的想法，象征着对社会现状的认可和肯定。温和主义者关怀他人，且同等地尊重社会传统。个人主义者奉若圭臬的公平信条，在温和主义者这里受到限制，因为他们同样珍视集体文化和传统。

2.传统与历史

当1号元世界观温和主义者论及传统与历史的时候，他们一般是在谈论规范行为。在他们的观念里，规范行为是文化的重要组成部分。哪怕人们只是用玩笑的口吻贬低社会规范时，温和主义者都会变得不安起来。因为温和主义者十分珍视文化主流。但与社会结合论者更守旧、更教条的思想不同，温和主义者会维护他们认为已经成为主流的新思想、新事物。温和主义者警惕陷入任何一种极端，也很少追逐新潮流或新方式。他们对当前的文化理念和传统感到满意。举例来说，在脸书流行起来的"冰桶挑战"，初期是由为肌萎缩侧索硬化（俗称"渐冻症"）患者进行公益募资的个人主义者发起的。当这项活动成为一种主流公共活动之后，也得到了温和主义者的接受。

3.价值共识

在温和主义者的典型叙事中，"人生总有缺憾"的观念贯穿始终。温和主义者有恻隐之心，会和身处困境的他人共情。但他们不愿意为了救助他人而使自己的价值观受到扭曲。1号元世界观者的目标是在个人价值和对他人的同情之间找到平衡。

（三）1号元世界观者特征的构成要素

从1号元世界观者的信念和基本叙事出发，我们得到了对这个群体相当程度的理解（图6-3）。与之前一样，让我们以此为基础，去

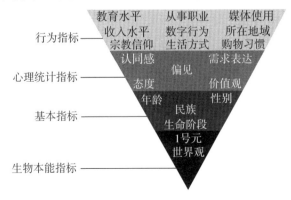

图6-3 1号元世界观者特征的构成要素

理解1号元世界观是如何在与年龄、性别、民族这些基本指标的结合中体现出来的。

1.年龄／生命阶段与1号元世界观者

相比于其他本能模式群体，1号元世界观者最能代表对年龄属性的主流态度。举一个关于音乐品味的例子，如果我们将与年龄相关的偏好纳入考虑，自然会对何谓"主流"有不同看法，就比如千禧世代和婴儿潮世代对嘻哈音乐的态度会有不同。研究结果表明，这种音乐形式在千禧世代中的受欢迎程度高出婴儿潮世代10%。不同年龄的温和主义者的共有特征才是更值得我们关注的部分。

我们统计了调查对象对12种音乐类型的偏好，从中可以发现个人主义世界观、温和主义世界观、社会结合世界观三者之间的关系。

从图6-4可见，2号元世界观者选择"特别喜爱"的比例最高，选择"特别反感"的比例最低。3号元世界观者呈现的结果分布则与2号元世界观者恰好相反，他们给出了最低比例的"特别喜爱"和最高比例的"特别反感"。正如我们所料，1号元世界观者对音乐类型的评价居于两者之间。这份统计结果既反映出每种元世界观者的音乐偏好，还反映出每种元世界观者的广泛特征。我们发现2号元世界观者更有可能去追寻主题广泛的新事物，和他们面对音乐的态度一样。这意味着他们可能比其他人有更为多样的喜好。3号元世界观者给出了最高比例的"特别反感"，这意味着他们更加明白自己喜爱什么，且不为他物所动。1号元世界观者则较为温和。

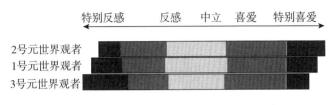

图6-4 1号、2号、3号元世界观者对各种音乐类型的态度

2.性别和1号元世界观者

当今美国，性别已然成为一种会引发文化冲突的导火索。主流文化正努力尝试把握有关性别的新表达、新知识、新规范。作为人数最多的本能模式群体，1号元世界观者内部对此也有不同的回应（图6-5）。其中一些人抵触传统性别角色观念的改变，另一些人则对此持更开放的态度。1号元世界观者需要时间去适应并接受新的传统，不仅在性别问题上，在其他基于本能的适应性问题上也是如此。

图6-5 性别作为一种自我描述词（1号元世界观者）

注：女性整体水平为14分，男性整体水平平均为-14分。

性别作为一种自我描述词，受到社会整体的净认同度评分为2。这或许体现出整体而言人们对性别属性较为不关心。但是，1号元世界观者给出的评分呈现出较强的性别差异。1号元世界观男性对性别属性的平均评分为-13，认为性别作为一种自我描述词不具有积极意义。而1号元世界观女性对性别属性的平均评分为15，高于社会整体评分水平，这表示她们并不认为性别属性无关紧要。正如我们在之前的章节曾介绍的，这是因为男性在社会权力的分配中处于相对优势的地位，所以男性不希望刻意强调自身的性别属性。

3.民族与1号元世界观者

对于1号元世界观者而言，民族属性构筑了一个合乎逻辑的故事（图6-6）。社会整体对民族属性的净认同度评分为-17，意味着社会整体认为民族属性是一种没有重要积极意义的自我描述词。与其他本能模式相似，在温和主义本能模式中，深入分析各个子群体如何看待民族属性能揭示更多细节。

图6-6　民族作为一种自我描述词（1号元世界观者）

1号元世界观的各族男性对于民族属性的态度差异与各族女性较为相似。白人男性给出了十分负面的-33分，而非裔男性给出42分，坚定地表达了民族属性对他们而言的重要性。白人女性对民族属性给出了非常负面的-36分，而非裔女性给出了表现重要积极意义的44分。与其他属性不同，在民族观念上，没有可调和各方意见的主流观点。同时，这也是一种警示，不同民族各持己见的情况可能还要持续很长时间。

（四）驱动1号元世界观者的首要本能

如我们所见，1号元世界观者受到多种本能的广泛影响。1号元世界观者倾向于在公平本能和权威本能之间谋求平衡，这往往强化了他们对现状的认同。

蕴含1号元世界观者精神的电影作品往往表达了同时代的主流文化观点，例如《阿甘正传》（*Forrest Gump*）、《来到美国》（*Coming to America*）、《公民凯恩》（*Citizen Kane*）等。要理解这一点，关键是站在时代背景下赏析这些电影，并试着厘清电影表达了哪些人群的观点。以《阿甘正传》为例，这部电影广受好评，并为主演汤姆·汉克斯（Tom Hanks）赢得了一座奥斯卡最佳男主角奖。《阿甘正传》上映于1994年，其情节中出现了一系列20世纪后40年的重大历史事件，包括民权运动、约翰·列侬（John Lennon）之死、越南战争、尼克松访华等。电影从头至尾，阿甘没有说过美国一句坏话。事实上，电影的音乐监制乔尔·西尔（Joel Sill）在接受《洛杉矶每日新闻》（*L. A. Daily News*）的采访时曾谈到，电影里所有的原声音乐都来自美国乐队，"这里所有的素材都是美国式的。这是电影导演鲍勃·泽米吉斯（Bob Zemeckis）极力坚持的，他觉得阿甘不会买任何非美国的东西。"这正是一个1号元世界观者充分认同现状的例子。[1]

-------- 小 结 --------

表6-1展示了1号元世界观者如何简单描述自己的世界观、什么是

他们理想的生活方式，并罗列了一些蕴含1号元世界观精神的电影。

表6-1　1号元世界观概观

叙事
我们的生活中充斥着诸多嘈杂与压力，以至于我们有时忽略了一个事实，即我们其实生活在一个还不错的世界中。
我们在世界中都有各自的一席之地，有对当下的责任，也有对未来的期盼。
我们生活在自然秩序中，并且也有诸多自由。
我们本可以达成共识，但总有些人坚持要走极端，让大家陷入麻烦。
理想的生活方式
我知道我们的政府致力于保障每一个人的生命权、自由权和追求幸福的权利。
我很好地在我想要的一切和我拥有的一切之间取得了平衡。
在生活中，我既认可自由，也尊重传统。传统之中也有自由生长的空间。
代表电影
《阿甘正传》
《狮子王》（*The Lion King*）
《指环王》（*The Lord of the Rings*）
《蝙蝠侠：侠影之谜》（*Batman Begins*）
《公民凯恩》

　　表6-2总结了1号元世界观者有哪些突出特征、易受什么触动，以及有哪些与他们相关的正向和反向关联词。

表6-2 1号元世界观者的特征

价值观		
我们过得还不错	这只是一个关于平衡的问题	世间有自然秩序
处理事情的方式有对错之分	等级特权是合理的	社会地位是成就的象征
支持民主党、共和党和独立党	在公平和等级特权之间摇摆不定	

描述词			
爱国主义	安全	防护	遵从
传统	社会团结	同情	公平

投票行为			
32%共和党	39%民主党	1%自由党	28%独立党

容易被以下事物、观念触动			
身份地位	社会秩序	个人安全	

正向关联词			
关爱	守护	保护	公平
权利	公正	在一起	家庭
共同	联合	内部成员	传统
许可			

反向关联词			
暴露	伤害	背叛	排斥
不敬	叛徒	不守规矩	抗议
拒绝	告发	暴乱	妨碍

二、0号元世界观

（一）0号元世界观者的特征

在元世界观位置分布图中（图6-7），0号元世界观，即平衡论元世界观，受到忠诚本能的显著影响，位于1号元世界观的上方。

图6-7　0号元世界观的位置

与1号元世界观者的情况相似，多种基本本能都对0号元世界观者有较显著的综合影响（图6-8）。对个体差异高度敏感是0号元世界观者的显著特征。这种对个体差异的敏感性是由忠诚本能唤醒，最原始的表现是对原生集体差异的敏感。然而，对于0号元世界观者而言，这种敏感性作用于一系列更广泛的属性——年龄、民族、性别，以及其他政治属性和经济属性。0号元世界观者与1号元世界观者在许多方面抱有一致的想法，但是0号元世界观者在珍视旧事物的基础上，接受新事物的能力更强。举例来说，由2号元世界观者引领的新潮流，往往是通过0号元世界观者的传播，才渐渐成为主流。

图6-8　0号元世界观的五种基本本能

（二）0号元世界观者的故事

一名0号元世界观者可能会这么讲述他的故事：

眼前的世界使我振奋。这是一个联系愈发紧密的世界，科技、娱乐等多个领域都有了激动人心的发展。但一直以来，我意识到人类可能因隔阂而疏离。因而，尽管生活在如此美好的时代，我们仍需充分了解历史和传统及其对人类行为的指引作用。我们都应该为自己负责。我们需要行走在正确的道路上，才能拥抱这个世界。

于我而言，认识并接受世界上有比我们更宏大的力量，是十分重要的。这种想法让我脚踏实地。即使你不信仰宗教，也应该知道世界上有比你自己更加重要的事物或价值。我们必须守护我们珍视的一切，并且这不意味着我们要采取标新立异的方式，承担不必要的风险。每当念及我们的传统，我都觉得宽慰。而事物稳健运转能让我有安全感。简而言之，我们应该懂得享受与珍惜这个生机勃勃的世界。我时常提醒自己，我们只有保证万事万物的和谐稳定才能持续繁荣。

与传统有机结合，往往是新音乐、新食物和关系到幸福快乐的新点子等新兴事物取得成功的必经之路。我们的生活是如此美好，让我们用心守护它，别让它偏离正确的航向。

让我们层层深入这个故事，尝试完整地理解它。

1.因隔阂而疏离

0号元世界观者对社会话题、家庭、地位、年龄、性别、民族等属性的差异高度敏感，因此他们能够清晰地体会到看似微小的差异也可能在人与人之间产生巨大隔阂。

2.比自己更宏大的力量

0号元世界观者通常能体悟到某种比他们本人更宏大的力量，从而认为任何一种观点都无法单独给出关于生活的终极解答。这种观点可以是宗教性的，也可以是精神性的。但无论如何，它都隐含着寻求他人支持的意味。

3.安全感

和中间派元世界观中的大部分群体一样，稳定的生活会带给0号元世界观者安全感。在同情和秩序之间找到平衡，是0号元世界观者的目标。就如他们所说，我们不必通过标新立异的方式获得和睦。

4.连接新与旧的桥梁

0号元世界观者的一个显著特征是他们相信新事物与旧事物的结合会让我们的生活变得更好。理念的归整合成是一种在"保持正常航向"的前提下，鼓励循序渐进发展的方式。

（三）0号元世界观者特征的构成要素

通过0号元世界观者简短的基本叙事，我们能够总结一些0号元世界观的特征（图6-9）。与之前一样，让我们以此为基础，去理解0号元世界观是如何在与年龄、性别、民族这些基本指标的结合中体现出来的。由于0号元世界观者与1号元世界观者密切关联，主流人群的特征通常在这两个群体身上都有所体现。这种温和主义倾向表现在对年龄、性别和民族等基本指标的认识之中。接下来我们将进一步讨论0号元世界观者对年龄/生命阶段、性别和民族等基本指标与众不同的看法。

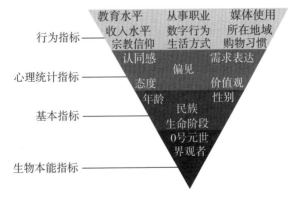

图6-9　0号元世界观者特征的构成要素

1.年龄/生命阶段与0号元世界观者

如我们在早先的章节中讨论过的，当某个人向他人描述自己时，年龄通常是一项具有显著意义的要素。实际上，在我们纳入研究范围的属性中，年龄属性获得了最高的净认同度评分。果不其然，0号元世界观者比社会整体还要更加重视年龄属性。一个可能的原因是0号元世界观者认识到年龄差异既能引发冲突，又能化解干戈（图6-10）。

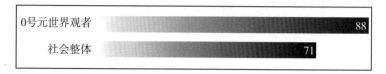

图6-10　年龄作为一种自我描述词（0号元世界观者）

2.性别和0号元世界观者

整体来看，我们观察到0号元世界观男性和0号元世界观女性对性别属性的重视程度存在较大分歧（图6-11）。社会整体认为性别属性相对而言并不重要（2分）。0号元世界观男性给出了与社会整体水平类似的评分（4分），明显小于0号元世界观女性的评分（22分）。为了方便比较，图6-11还标注了1号元世界观者对性别属性的评分。无论是男性还是女性，0号元世界观者都比相同性别的1号元世界观者更重视性别属性。

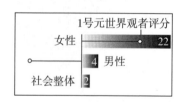

图6-11　性别作为一种自我描述词（0号元世界观者）
注：女性整体水平为14，男性整体水平为-14。

3.民族和0号元世界观者

在0号元世界观中，民族属性呈现出与年龄属性相似的规律（图6-12）。从社会整体层面而言，受白人占比较高这一因素的影响，民族属性成为一项较为负面的自我描述词。但我们从0号元世界观者对于民族属性的评分中观察到了别有意味的结果。0号元世界观白人对民族属性的态度是基本中性的。考虑到当下美国种族和民族问题的高度不稳定性，0号元世界观者对民族属性的态度是一项鼓舞人心的重要发现（0号元世界观非裔对民族属性依然抱有十分正面的态度）。通过比较0号元世界观者和人数更多的1号元世界观者可以发现，至少对于0号元世界观者来说，他们在意识到彼此有所差异的基础上，接受了这种差异的重要性。

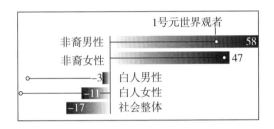

图6-12　民族作为一种自我描述词（0号元世界观者）

（四）0号元世界观者的形象

正如我们已经讨论过的，2号元世界观者通常是新潮流和新生活方式的引领者，而0号元世界观者通常是最先顺应并接受新潮流和新生活方式的人。一位美国国家橄榄球联盟（NFL）前职业橄榄球运动员曾在不经意间告诉了我一件能完美体现0号元世界观者特长与特征的事。他说那些最成功的橄榄球队的更衣室中都存在某种独特的"化学反应"。"通常来说，专业运动员都是些纪律严明的家伙，"他说，"但在那些特别成功的队伍中，总有少数人擅长向其他人解释如何才能让一切良性运转。"他接着解释，有一些关键球员总会以自我为中心，不能主动将团队利益置于他们的个人成就之上。队伍中存在少数以自我为中心的人无伤大雅，尤其是在这部分人确有过人的才能的情况下。但对于一支队伍来说，"需要拥有能让所有队员保持步调一致的人，并且清楚什么可以接受，什么不可以接受，这是成就一支队伍的关键。"而这正是0号元世界观者所扮演的角色。

小 结

表6-3展示了什么是0号元世界观者理想的生活方式，并罗列了一些蕴含0号元世界观者精神的电影。

表6-3　0号元世界观概观

理想的生活方式
我们的政府在合理的范围之内，保障了我们的自由与追求幸福的权利。
我明白，我拥有的自由不是不加限制的自由，自由和责任相生。
我明白，是我们的文化让我们变得与众不同，它赋予了我们值得被珍视的身份。
代表电影
《美国队长 2：冬日战士》（*Captain America: The Winter Soldier*）
《猫鼠游戏》（*Catch Me If You Can*）
《萨利机长》（*Sully*）
《早餐俱乐部》（*The Breakfast Club*）
《大白鲨》（*Jaws*）

表6-4总结了0号世界观者有哪些突出特征，易受什么触动，以及有哪些与他们相关的正向和反向关联词。

表6-4　0号元世界观者的特征

价值观			
关注即将到来的事物	若这是一场比赛，或许我也将成为胜者	事在人为	
脚踏实地，稳步前行	珍惜自己的机会	世界上有比我更宏大的力量	
有你有我，才是我们		支持民主党、共和党和独立党	
描述词			
新鲜感	向前看	连接	同情
开朗的	传统	健康与灵性	有责任心
投票行为			
36%共和党	38%民主党	1%自由党	25%独立党
容易被以下事物、观念触动			
呵护	边界	合作	传统
乐观主义	责任	遵从	
正向关联词			
同情	共情	故乡	爱情
关爱	守护	家庭	秩序
平等	正义	成员	盟友
合法的	国家		
反向关联词			
伤害	不正义	欺骗	冷漠
抛弃	不诚实	徇私	作弊
不道德的			

三、4号元世界观

（一）4号元世界观者的特征

在元世界观位置分布图中，4号元世界观位于1号元世界观的下方（图6-13），代表其受到忠诚本能的影响较弱。与1号元世界观者的情况相似，五种基本本能都对4号元世界观者有较均衡的综合影响。他们受到社会结合论和个人主义两种思潮的影响，促使他们选择力求平衡的生活方式。

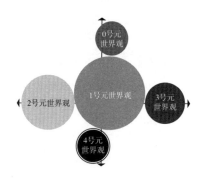

图6-13　4号元世界观的位置

4号元世界观者与1号元世界观者有许多相似之处，两者关键的区别在于4号元世界观者受到忠诚本能的影响较弱。4号元世界观者一般会将自己的家庭和密友定义为自己的原生集体（图6-14）。不过，4号元世界观者身上并没有显著的排他倾向。事实上，4号元世界观者一贯以黧然、平等的态度对待他人。他们相信每个人都能收到生活的馈赠。民族、种族、收入水平、年龄、宗教信仰等属性的差异，对于其他人而言或许会是隔绝彼此的屏障，但对于4号元世界观者来说，这些差异并不那么重要。

图6-14　4号元世界观的五种基本本能

（二）4号元世界观者的故事

一名4号元世界观者可能会这么讲述他的故事：

倘若要自我介绍，我想说我觉得我们绝大多数人都在自己的能力范围之内做到了最好。我认为生活挺不错的，也相信自己可以有所作为。不过，我也认为这世界上有很多事情非人力所能掌控，比如我们的健康状况。实际上，有时候我甚至不想查看自己的体检报告，以防万一看到不好的消息。

我知道这世界上仍有许多不正义之事，但我对此无能为力。我不希望任何人遭遇不幸，但不幸之事出现的时候，我也没有要为此去做些什么的想法。客观来说，当今时代一项真正的优点正是我们有多种探索的新方法。科技为人类开辟了各种新路径，因此大家都没有理由停步不前。我不喜欢他人干预我，我想按自己的意愿行事。我也愿意以同样的标准要求自己这么对待他人。

我生活的重心就是照顾好自己的家庭。我想尽可能地把我的见识告诉我爱的人们，如此一来，他们就不会犯那些我曾犯过的错误。我认为所有遵守规则的人都应该受到平等对待。

让我们层层深入这个故事，尝试完整地理解它。

1.有很多事情非人力所能掌控

4号元世界观者"生活挺不错"的观念和认为"世界上有很多事情非人力所能掌控"的信念之间的相互关联，突出地表现了4号元世界观者的特性。其中，认为"生活挺不错"的观念源于中间派元世界观者对现状的充分认可。但承认并接受自身有限的掌控力是4号元世界观者的突出特征。这种处世态度有些漠然与超脱，甚至有些宿命论的意味。基于此，对于其他本能模式群体都能基本达成一致的问题，4号元世界观者却往往有不同意见。举个例子，对于"我认为教育是通往璀璨人生的关键"这段陈述，80%以上的调查对象都表示赞成。而大多数4号元世界观者对这段陈述的态度是模棱两可的。可见包括教育在内的公共利益也会受到4号元世界观者的怀疑。

2.独善其身

与中间派元世界观的其他成员相似，4号元世界观者致力于在同情个体与维护集体之间寻找平衡。4号元世界观者对他人的同情是有限的，他们不会因为自己的同情心而愿意与他人有所瓜葛。他们同情身处困境之中的人，但并不觉得自己有责任为此做些什么。这种含糊不清的处世态度体现出中间派元世界观者标志性的平衡理念。

4号元世界观者独有的特征是他们对于科技解决方案的开放支持

态度。他们对科技的青睐与热爱，也许是因为科技可以帮助他们在不参与的情况下解决问题。

3.我的家庭，我自己的事情

每个4号元世界观者都重视自己的家庭和密友。4号元世界观者热衷于向所爱之人说教，从而让所爱之人规避自己曾犯过的错误，顺利地跨越人生的种种考验。但是，4号元世界观者不会主动将自己的生活智慧分享给其他人。与所爱之人分享的强烈意识是4号元世界观者的一项关键特征，尽管他们和外部世界较为疏离。

（三）4号元世界观者特征的构成要素

与中间派元世界观的其他群体类似，4号元世界观者基本体现了他们对年龄／生命阶段、性别、民族等基本指标的普遍观点（图6-15）。充分认可社会现状是4号元世界观者的本能偏好，但这并不意味着他们心中没有任何不同寻常的观点和态度。

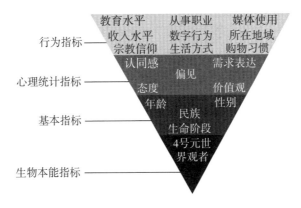

图6-15　4号元世界观者特征的构成要素

在所有本能模式之中，4号元世界观者对年龄、性别、民族作为一种自我描述词均给出了最低的净认同度评分。不同于对个体差异认知程度最高的0号元世界观者，4号元世界观者对上述自我描述词关注程度相对较低（图6-16），他们会以包容性更强的态度对待集体成员。他们用开放性的主观标准定义原生集体。

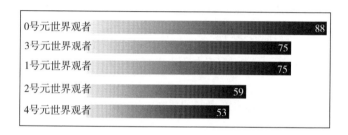

图6-16　年龄作为一种自我描述词的重要性（五种元世界观者）

注：社会整体水平为71分。

4号元世界观者对性别属性的态度也与其他元世界观者有所区别（图6-17）。整体而言，他们对性别属性持有略显消极的态度。4号元世界观男性倾向于将性别属性认定为一项较为负面的属性，4号元世界观女性对性别属性的认可程度也弱于其他元世界观中的女性。

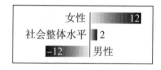

图6-17　性别作为一种自我描述词（4号元世界观者）

注：女性整体水平为14分，男性整体水平为-14分。

4号元世界观者对于民族属性的态度呈现出与性别属性相似的规

律（图6-18）。4号元世界观白人对民族属性给出了非常负面的净认同度评分，而非裔、亚裔和拉丁裔均给出了不同程度的正面评分。不过，相比于其他元世界观的少数族裔，4号元世界观少数族裔们对民族属性的积极态度整体而言较为克制，体现为其净认同度评分数值较低。

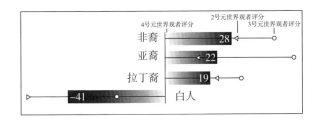

图6-18 民族作为一种自我描述词的重要性（4号元世界观者）

（四）4号元世界观者的形象

情景喜剧《生活大爆炸》（*The Big Bang Theory*）的故事线充分展现了4号元世界观者的生活态度。《生活大爆炸》讲述了四个好友以他们各自独有的方式经历成长、面对生活的故事。在这个过程中，他们的友情与日俱增，并且结识了新朋友，步入婚姻殿堂，还在职业上有了新发展。尽管四名主角看待世界的方式各有不同，但他们各自的心愿和期盼都没有脱离当前主流生活方式的框架。《生活大爆炸》的制片人查克·罗瑞（Chuck Lorre）曾这样描述片中角色的成长历程："一开始，谢尔顿不善与人交往，但如今他已经结婚了。霍华德曾是一名满脑子充斥着不切实际的幻想的花花公子，但后来他不再惹人厌烦，成为一名忠于家庭的丈夫与父亲。"[2]

------------------- ◆ **小 结** ◆ -------------------

表6-5展示了4号元世界观者的叙事和理想的生活方式，并罗列了一些蕴含4号元世界观精神的电影。

表6-5 4号元世界观概观

叙事
我想说的是，我认为大多数人都在自己的能力范围之内做到了最好。
虽然我认为生活很好，我也相信自己可以有所作为，但我也认为有很多事情我们无法控制，比如我们的健康。
我认为每个人都应该得到公平的对待，只要他们遵守规则。
理想的生活方式
我们是如此幸运，我们的政府保护着我们的生命与自由，并给予我们追求幸福的权利。
我的生活方式让我的个人潜力得以全面发挥。
我不觉得我有去改变现状的责任。我们都已经在自己力所能及的范围内做到了最好。
代表电影
《降临》（*Arrival*）
《猩球崛起》（*Planet of the Apes*）
《地心引力》（*Gravity*）
《X战警2》（*X-Men United*）
《银河护卫队》（*Guardians of the Galaxy*）

表6-6总结了4号元世界观者有哪些突出特征，易受什么触动，以及有哪些与他们相关的正向和反向关联词。

表6-6 4号元世界观者的特征

价值观		
不甚乐观	在秩序允许的范围内，依照自己的意愿行事	偏向民主党且支持独立党的人数较多
对结局是否圆满没有信心	多数问题没有简单的答案	在公平和等级特权之间摇摆不定
生命有其应遵循的自然秩序和自然规律		好奇心是我兴趣的根源

描述词			
不爱社交	早期采用者	超脱	不对他人指指点点
书呆子气质	内向		

投票行为			
27%共和党	40%民主党	4%自由党	29%独立党

容易被以下事物、观念触动			
亵渎	妨碍	攻击	剥削
欺骗	抛弃	伤害	遗世独立
不公	新事物	损害	冗赘

正向关联词			
守护	公正	互惠	公平
忍受	职责	法律	许可
遵从	正义	矛盾情绪	多元
新的			

续表

反向关联词			
亵渎	妨碍	欺骗	攻击
伤害	侵扰	不公	

第七章

分解剖析：对五种元世界观的解构

如今我们已经对每种元世界观有了基本的了解。五种元世界观赋予了我们尝试去理解与表达"人们为什么做他们做的事情"这个命题的研究框架。而原因分析模型提供了一种具备实践价值的分析整理方式。随着我们对各种元世界观的探讨逐渐深入，我们还考察了每种本能模式如何与年龄 / 生命阶段、性别、民族等基本指标相结合。在本章中，我们将进一步考察关联到基本指标、心理统计指标与行为指标的多种数据是如何在不同的层级上产生影响，进而发挥融合作用，展示一个人更真实、更完整的图景，解答人们为什么做他们做的事情。我们观察到了一些独立性较强的特征，也应用了一些关联性较强的理论，这些理论能有效增长我们的见识（图7-1）。

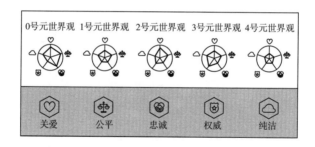

图7-1　五种元世界观的五种基本本能

一、使数据物尽其用

数据对"人们为什么做他们做的事情"这个命题解释能力的优

劣，决定了收集数据这件事情本身价值的大小。以此论之，任何增加的数据都必须有助于我们理解这个问题，而助益的程度则取决于我们能有效把握的数据种类和数据数量。我们正是以此作为数据筛选的标准。这让我们不会将大量的时间和精力浪费在那些似乎能引起我们的研究兴趣，却对我们研究人类行为背后的原因没有帮助的数据之上。同时，这也能防止我们为了合理化收集到的无效数据，下意识地构建一套没有凭据的理论。

举例来说，许多群体细分模型以人与人之间的差异作为数据整理归类的依据，将人们归于不同的群体。这些被归类整理的数据，必然隐含了归类整理这些数据的研究者自身的偏误。即使这些偏误不复存在，数据本身也不能帮助人们提出建设性的意见。比方说，数据本身不可能告知某家公司应如何更好地与其目标客群沟通，以提高目标客群的终身价值。对我们而言，不能回答"为什么"且缺乏深入挖掘意义的数据集几乎没有实用价值。尽管诸如某个人去哪购物、受教育程度如何、多久光顾一次星巴克等现成的公共数据易于获取，但对于探究"人们为什么做他们做的事情"这个命题来说，它们都非常不可靠。现代人的诸多身份特征一直在更迭，年龄／生命阶段、性别、民族等属性也让人们的品位和偏好经历着恒常的融合发展。有些身份特征与品味偏好终身不变，有的则会被轻易改变。显然，倘若我们能识别彼此更多的身份特征，我们就能开启更有效的沟通交流。这要求我们具有精准识别的能力，我们需要辨别究竟是哪一样特征在人们决策时发挥最大作用，比如去信任或购买一样产品，去观看一档电视节目，去为一名竞选人投票，或者去支持一家慈善机构。

我们整理归类数据的过程，也是评估数据的重要程度并筛选取舍的过程。这是具有关键意义的一步。显然，我们不可能接触到所有的数据种类。就算我们能做到这一点，也只能获取每个数据种类中的一个样本集。基于对资源有限的认知，项目设立伊始，我们就形成了清晰明确的研究目标。我们先是瞄准我们尝试回答的问题，并在此基础上决定应用哪些与问题性质相匹配的数据与研究方法。

当我们致力让数据物尽其用的同时，我们也时刻谨记着我们的研究目标是什么。人们的自我观念通常借由一段又一段仍在持续书写的故事表达出来，我们希望能够通过这些故事更清晰地理解人类的行为动因。这些关于个体自我表达的故事有两个版本，一个是公开版，另一个是私密版。这即是说，人们分享给他人（比如同事）的故事可能经过了些许美化。故事中对于某些问题的回答或许并不完全属于他们最真实的自己，这些回答是为了展示他们希望其他人看见的自己。这个版本或多或少包含着"想象中的美好形象"。社会学家欧文·戈夫曼（Erving Goffman）在他的著作《日常生活中的自我呈现》[1]（*The Presentation of Self in Everyday Life*）中阐述了所有人都像舞台上的演员那样呈现着自己的理念。人们扮演着各自的角色，以此引导他人对自己的认知。这么做是为了提高自己的社会地位。戈夫曼相信自我呈现是日常生活中社会交际的自然组成部分，这种自我呈现也是一种近乎忠实的描绘。我不禁想知道如今社交媒体的出现是否将改变戈夫曼的看法。而第二个版本的故事，即私密版，则藏于我们的脑海（也就是戈夫曼所说的"后台"[2]）。我们想要依靠收集到的数据去接近的故事，正是这个版本。在我们的模型中，认知某个人的本能模式是帮助我们绕过那个"想象中的美好形象"并触及他们世界观核心构成部分的关键。由此看来，通过增添与心理统计指标层级和行为指标层级相关的数据，我们能更准确地理解他人的私密版故事，从而更融洽地与他人相处。

我将原因分析模型称为一种从人口统计学、心理统计学、行为、态度等角度，基于人类的生物本能对人类进行群体细分，并应用先进的分析技术与机器学习手段，致力于理解人们为什么做他们做的事情的科学和艺术。数据科学家对不同种类的数据和可行的分析准则的态度也都大抵如此。每一种数据都提供一定程度的信息，但随着数据系统复杂程度的提高（还记得第一章曾讨论的复杂性和繁复性的区别吗？），数据挖掘的难度也随之提高。不过，这也意味着对数据挖掘所得的信息进行优化处理能产生更大的价值。在数据科学领域，数据可分为以下四个种类/级别：

（1）**描述性数据：描述发生了什么**。这类数据如实描述发生了什么。比如说，一本书在《纽约时报》畅销书榜单提升了两个名次，一只股票价格下跌了多少元，或者谁买了一辆特斯拉而不是雪佛兰。在原因分析模型中，我们用常规数据描述发生了什么。而原因分析模型的处理结果往往能够为输入的描述性数据提供进一步的解释。这说明原因分析模型具有较强的实用性，因为它对发生了什么的理解不依赖于其他因素。

（2）**诊断性数据：解释某件事为什么发生**。这类数据关注某个事件，比如说亚马逊畅销榜中一本书的排名下跌了，并尝试揭示事件发展的趋势以及事件发生的根本原因。对此，原因分析模型提出了一种新的分析方式。通过引入本能模式的概念，我们能观察到常规线索之外其他的因果链条。举例来说，我们可以根据元世界观的类别，分别观测某本书在每种元世界观者之中的销售情况，并给出它在哪个群体中销量欠佳的诊断性结论。或许，我们可以针对这个群体，调整宣传信息中的文字、图像、主题。这再次要求我们弄明白人们为什么做他们做的事情。唯有如此，我们的结论才不会是不着边际的猜测。

（3）**前瞻性数据：预测什么事情可能发生或将要发生**。前瞻性数据显示可能产生的结果发生的概率。在对前瞻性数据的处理中，我们借鉴了一些前沿的数据科学成果，这有效增强了原因分析模型的分析说明能力。举例来说，我们可以推断一本书能够吸引哪些特定读者群体（比如科幻迷、正在寻找育儿建议的人），并且根据作者的社交媒体粉丝数量和他收获的评论类型预测这本书可以实现的销量。基于数据分析的预测有助于我们面向特定的元世界观者量身定做宣传推广活动，实现宣传推广信息的高效传递。

（4）**指导性数据：告知人们如何实现某件事**。我们致力于将各个种类的数据整合为用，期望得到更好的结果。而指导性数据就是最后一类数据。举例来说，基于对某本书的描述性数据、诊断性数据、前瞻性数据的分析结果，我们将知晓谁将购买这本书，每种元世界观者中购买这本书的人数有多少，他们更愿意在线下单还是去实体书店买。接着，我们要筹划与每种元世界观者的偏好一致的宣传推广活动。我们能够构思宣传推广信息，规划信息传播方式与成果测评方式。在项目推进的过程中，我们仍有机会继续对宣传推广要素进行调整。比如说，如果产品在3号元世界观者之中的销量落后，我们可能意识到脸书对于3号元世界观者来说，是一个具备显著影响力的社交平台。于是，我们可以增加该产品在脸书上的广告推送。这种基于元世界观进行分析、说明与测评的整合营销规划对于当代市场营销具备显著的指导性意义。

二、备受关注的思维框架

表7-1所示的"途景公司交互规划工具"，是一项备受我们服务的客户关注的思维框架。它展示了人们要如何组织构建那些旨在影响他人的叙事与故事。故事帮助人们赋予外部世界意义。因此，它作为一种工具能够有效地表达具有影响力的观点。"途景公司交互规划工具"能够帮助我们更好地讲述打动人心或引人深思的好故事。它能够适用于广泛的场景，比如正在为某项事业抗争的示威者，正在争取某种资源的雇员，某个正在宣传推广己方产品优势的品牌商等。人们聆听一段故事时，也在感知故事所传达的理念，比如自由主义、集体主义、民族主义、殖民主义、帝国主义、进步至上论、美国梦、大熔炉理论、美国开拓者传说等。随着聆听过程的开展，人们或许能逐渐认

识到，这些理念的载体不过都是人为构建的故事，而这些故事恰好符合人们关于是非曲直的直观感受。我们每一个人的生物本能属性、人口统计相关属性、心理统计相关属性都影响着自身的世界观。你将意识到每当有一种让你觉得合乎情理的故事，就有许多另外的故事能让其他人觉得合乎情理。成功的品牌主理人、社会活动家、政治评论家和文娱制作人都深谙此道，他们擅长用好的故事引起我们的关注，激发我们的兴趣，从而诱发我们做出某种行为。而这些好的故事有一个共同点，即它们都为世界提供了合乎情理的解释。我们希望所有人都能更清晰地理解我们的观点从何而来、因何形成，也希望所有人能更客观地评判他人故事里的是非曲直。

表7-1　途景公司交互规划工具

元世界观	叙事的数据来源	故事策略要素
0 号元世界观 1 号元世界观 2 号元世界观 3 号元世界观 4 号元世界观	行为（公共）指标 心理统计指标 基本指标 生物本能指标	公开发布平台 故事线 生活方式、认同感、态度 价值取向 认知偏误 生命阶段、性别、民族 世界观的归纳总结

"途景公司交互规划工具"左边的第一列列举了五种元世界观。根据我们的宣传推广目标，我们可能需要面向一种或几种元世界观。第二列列举了可以获得的数据来源。我们将使用这些数据构建出用以反映某种元世界观者特征的叙事。如读者所见，我们可以获得的数据涵盖了全部的指标种类，即行为（公共）指标、心理统计指标、基本

指标和生物本能指标。最右边的一列为"故事策略要素"，不同的故事策略要素指导我们调查特定活动或策略的可用数据。接下来我们将讨论，对于某种具体的交互场景，我们能够获取哪些类别的信息和运用何种策略要素。

具体来说，我们的讨论包括以下内容：

（1）我们如何概括某种元世界观。

（2）年龄／生命阶段、性别、民族等基本指标在一段故事中发挥了何种影响。

（3）各种基本指标中是否存在需要纳入考虑的认知偏误？

（4）我们是否洞察到目标人群的价值取向？

（5）基于目标人群的生活方式、认同事物、观点态度，应该选定何种策略？

（6）我们能够构建一条能够阐释上述要素的故事线吗？

（7）对于一项活动，应考虑何种执行方式？

需要强调的是，我们可能无法取得我们想要的全部数据。不过任何一个可获取数据集都能引发级联效应[①]，比传统的群体细分系统更为可靠。基于同样的道理，一般情况下我们用不着将所有的策略要素应用于一处交互场景。

我们制定了一套交互规划流程，以分析处理可能使用到的数据。我将依次介绍。

---

① 级联效应是一个影响系统的行为导致一系列意外事件发生的效应。——编者注

（一）基本本能

本能模式是我们所有分析的基础。通过评估测验，我们可以得知参与者的本能模式。我们还以其他数据标注作为分类基准，检视了各个本能模式在族群层面的分布情况。途景公司已经着手构建数据集，以揭示本能模式与品牌、内容、社交媒体平台、信息备份、主题、图像之间的联系。一个简单的例子是，人们对某个汽车品牌的偏好是怎样形成的。通过调研，我们发现3号元世界观者喜欢奔驰汽车，这与奔驰汽车向每种元世界观者描述其价值主张的方式有关。具体来说，对于3号元世界观消费者而言，奔驰汽车定义了什么是经典高档轿车，以及经典高档轿车对他们而言意味着什么。奔驰汽车有以下品牌优势。首先，它在高档轿车市场长期占据引领地位。其次，奔驰汽车重视汽车工程的精确性和精准性。最后，奔驰汽车价格较高，拥有奔驰汽车是成功人士的象征。这些都是3号元世界观者所看重的。

与奔驰不同，特斯拉是高档轿车市场的后起之秀，它构建了旨在吸引另一个元世界观者的价值主张。特斯拉以工程设计创新为起点，提出了高档轿车的新概念。特斯拉提出的概念构想包括电力驱动、高技术附加、流线型外观设计、独特的销售策略和生态环保理念。这些都是2号元世界观者所欣赏的特性。果不其然，2号元世界观者成为最早一批接纳特斯拉品牌的客户。

途景公司的首要目标是满足客户需求，创造能够吸引特定客群，满足特定客群需求的内容和讯息。不过，途景公司也在持续追寻能应用与本能模式有关的新方式与新领域。举例来说，我们正在与来自费城的MEE公司合作开展有关Z世代有色人种低收入群体的城市族群调研。MEE的目标是更好地理解Z世代有色人种低收入群体中哪些人具有显著的社会影响力，以及这个群体如何应对他们在生活中遭遇的考验。对此，MEE的官方网站如此介绍：

> MEE制作公司关注低收入非裔群体与拉丁裔群体。自1992年成立以来，MEE持续关注了处于文化剧变中心的年轻一代，观察他们的生活方式与生活状况。Z世代城市人是当今时代的弄潮儿。我们知道其中有数百万生活在城市的低收入有色人种青年，他们具备显著的文化影响力，不亚于其历史先辈。这理应为人所知。[3]

> 我们曾研究记录嘻哈一代作为一个子群体，是如何诞生于城市青年一代之中的。嘻哈一代带来了对传统性别的颠覆性表达，并以自己的方式应对充满压力与创伤的生存境况，在机制失灵的社会角落向阳而生。我们发现，时间已经证实这些年轻人对社会发展有超出常人预期的深远影响。当今时代，社会正义与社会运动显现出比往昔更为重要的影响力，这意味着现在的我们尤其有必要去认知并理解究竟是什么激发了Z世代不同于前人的行为。我们正在探索当今的年轻一代是如何在当前剧变的时代之中，构建并表达他们的韧性、正义感与公平观的。[4]

需要再次强调，一个人的本能模式并不足以完全决定其某种具体行为。正如我们先前所述，本能模式和其他核心特征相辅相成，共同影响着一个人的行为。

（二）年龄 / 生命阶段、性别和民族

正如我们曾讨论过的，一个人的年龄 / 生命阶段、性别、民族等属性均是其重要的基本指标，这些特征中还可以衍生出新的概念。通过对基本指标与本能模式的综合检视，我们观察到一个人的过往经历与其正在经历的事情之间，存在一种相互作用的循环反馈关系。对于婴幼儿，这种反馈机制一般局限于婴幼儿与其父母或监护人之间。当他走进校园，这种反馈还扩大至他与老师、同学和其他有社会交往的人群之间。人们主观意识中外部世界对待自我的方式能直接触及其内心，深刻影响他们对一切事物的想法。随着我们的心智逐渐成熟，这些思绪也成为我们个人特征与社会特征的本源。

若要设计一段叙事以引起某人的关注，需要引入哪些变量？我们不妨进行如下的模拟演练。假设我们希望解释一名住在纽约市现年22岁的2号元世界观非裔女性如何看待外部世界。基于此，我们会问：如果她是一名3号元世界观者，她的观点又当如何？如果她的年龄是52岁，又当如何？其基本指标的变化是如何引致不同结果的？更关键的是，结合年龄 / 生命阶段、性别、民族等属性与本能模式，还能揭示哪些关于某人的人格和决策行为的信息？

从更宏观的角度看，人们的本能模式将如何影响他们看待现代世界正在发生的细微变化？比方说，不同的本能模式如何影响人们对零工经济的看法？再或者，本能模式如何影响人们对资本主义、民族主义、经济机会的看法？本能模式的多样性意味着，无论历史如何书写，世上都不可能存在"一代人的统一意见"。

随着进一步深入检视人们的人口统计指标和心理统计指标，了解他们更私密的人生经历，我们也能触及一个人心理统计指标中的核心领域，比如价值观、态度、认同感等。接下来我们将检视两项最常见的数据点：家庭和成就。

（三）家庭和成就

（1）家庭。 相比于其他作为自我描述词的属性，美国人对家庭属性的态度较为温和（图7-2）。0号元世界观者最看重家庭属性作为个人的一种身份特征，他们给出家庭属性高于社会整体水平32分的差异分值。给出最低分的是4号元世界观者，这可能是因为4号元世界观者受到普遍主义精神的影响，会倾向于避免被打上任何一种标签。考虑到2号元世界观者对集体概念的普遍厌恶情绪，他们对家庭属性的态度与4号元世界观者相似。1号元世界观者和3号元世界观者对家庭属性的态度较为温和，他们给家庭属性的评分略高于社会整体水平4分和7分。

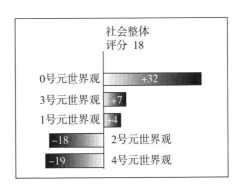

图7-2 不同元世界观对家庭属性评分的差异分值

与分析其他属性时遇到的情况类似，添加其他属性变量进行交叉分析会使结果更具复杂性。比方说，当我们以民族属性作为分类依据分析家庭属性的重要性时，会得出显著不同的结果（图7-3）。

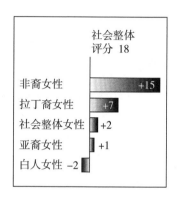

图7-3　不同女性群体对家庭属性评分的差异分值

美国社会整体对家庭属性的净认同度评分约为18分，社会整体女性略高于社会整体水平2分，白人女性和亚裔女性给出的评分与社会整体水平基本持平，非裔女性和拉丁裔女性给出的评分分别高于社会整体水平15分和7分。当对属性变量分剖解析，我们就能领悟为何传统的群体细分方法总是既不够合理又不够精确。

（2）成就。显而易见，人们用以自我描述的成就，是属于行为指标层级的数据。这些数据反映了某个人的个人信息，比如说某个人取得的学习成绩、参与的体育项目、收获的荣誉奖项、实现的工作业绩等。这些数据相对而言容易获取，能够帮助我们初步了解一个人。然而，它们的缺陷在于没有展示有关一个人世界观的任何信息。这个属性变量的数据似乎不具有如年龄等属性的稳定性。这是因为人们的年龄显示出某个群体的共同点，而一个人所取得的成就从本质上而言，属于个体特征的范畴。作为一项自我描述词，成就在社会整体层面上获得了分值为+24的净认同度评分。相比于年龄（+71分）和民族（-17分），社会整体对成就的评分居于居中水平。或许是基于相同的原因，不同元世界观者对成就的评分差异较小，最高评分为0号元世界观者+6分，最低评分为4号元世界观者的-8分（图7-4）。

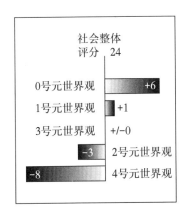

图7-4 不同元世界观对成就属性评分的差异分值

我们能够推断：通过检视人们如何对待与描述他们所取得的成就，我们能更好地探知各种本能模式。比如说，4号元世界观者对待自身成就相对消极的态度，与他们不希望隶属于任何集体的理念是一致的。相较而言，3号元世界观者更加关注自己所取得的成就。他们倾向于将过往成就视为一种值得被他人关注的优秀品质。换句话说，成就是凭本事赢得的，是对实际功劳的表彰。3号元世界观者特别尊崇那些需要毅力与忠诚才能完成的壮举。但一般情况下，仅凭一项成就尚不足以赢得别人的尊重。

我们的原因分析模型的本能模式和关键指标，以及一系列其他的心理统计指标有关数据将帮助我们进一步理解人类行为动因，我们将在后续章节重点介绍。

（四）认知偏误

我们在之前的篇章中曾简单提及认知偏误，现在请容许我重申在原因分析模型之中考察认知偏误的重要性。认知偏误揭示了我们如何因为贪图思维捷径而经常不能实现自身利益（不过认知偏误也会带来切实的好处。如果世界上不存在认知偏误，我们或许永远不愿意承担风险，又或许永远无法当机立断）。这些偏误可以被视作我们大脑批判性思考的盲区。这些偏误既包括仅倾向于关注支持自己既有观点的信息（先入为主），也包括未对其他选项进行评估思考就盲从集体意见（人云亦云、三人成虎），还包括不考虑事物的动态发展，仅依据手边的信息进行决策（刻舟求剑、思想固化）。我们往往偏好维持现状（没错，这也是一种偏误），在熟悉的领域内踌躇不前。鲜少有人乐于在不确定的环境中生活。

如读者所知，探寻原因的旅程总伴随着各式各样的问题，我们的一个目标即是寻找一种具有广泛适应性的基础理论，以回答上述问题。丹尼尔·卡尼曼和阿莫斯·特沃斯基的研究成果激活了一个运用与过往既相似又有所不同的科学调查方法探究理性选择的领域。道德基础理论阐释了我们该如何构建有意义的世界观，卡尼曼和特沃斯基的研究则借助一种具有普适性的模型，考察理性选择理论，向不同的世界观提出问题。

卡尼曼和特沃斯基分类整理了各种启发法。启发法（或称思维捷径）的形成是大脑决策的需要。因为我们每天都需要在不同条件下进行多种抉择，所以思维捷径有其存在的必要性。卡尼曼和特沃斯基于1981年发表的论文《决策框架与关于选择的心理学》（*The Framing of Decisions and the Psychology of Choice*）[5]中详细阐释了框架效应对决策行为的影响：当"一个相同的问题以不同的方式表述"[6]时，人们的偏好会发生改变。

后来，就职于芝加哥大学的行为科学家、畅销书《助推：如何做出有关健康、财富与幸福的最佳决策》的作者理查德·泰勒（Richard Thaler）教授在前人的基础上更进一步，向世人展示了如何应用卡尼曼和特沃斯基的方法改进公共政策和改善个人健康状况。[7]相关研究成果帮助他赢得了2017年诺贝尔经济学奖。

早在20世纪70年代，卡尼曼和特沃斯基就颠覆了人们对于"思考"这个概念的认知。2016年，《纽约客》（*The New Yorker*）刊载了由理查德·泰勒和凯斯·桑斯坦共同撰写的论文《改变我们思考我们思考的方式的一对好友》（*The Two Friends Who Changed How We Think About How We Think*）阐释了卡尼曼和特沃斯基带来的深远影响："20世纪70年代，他们二人就发表了最终为卡尼曼赢得诺贝尔经济学奖的研究成果（若特沃斯基在卡尼曼获奖时仍在世，他也将成为奖项的共同获得者。遗憾的是诺贝尔奖不授予过世之人）。他们的研究有两项主题，即判断与决策。"[8]卡尼曼和特沃斯基的研究成果具备极高的普适性与实用性，广泛影响了心理学、经济学、医药学、法律、商业、公共政策等领域。

卡尼曼和特沃斯基于40多年前发表的经典著作曾举例说明何谓框架效应。他们用到的案例是某种假想中的危险疾病。如今，全世界正经历着新冠肺炎疫情的侵袭，这让我们更能设身处地去思考卡尼曼和特沃斯基举例说明的，所谓对于相同问题的不同描述策略，以及我们在面对不同的描述时，又将如何回应。

问题1： 设想美国要面对一场即将爆发的流行病。自然状态下，600人将染病丧生。目前，有两种可行的抗疫方案。假设我们对两种方案的效果能实现准确的科学预测。

若施行方案A，200人将因此获救。

若施行方案B，有三分之一的概率，600人能全部获救；有三分之二的概率，无人可以获救。

你将如何选择？

结果是72%的参与者选择方案A，28%的参与者选择方案B。

这个问题的主流选择反映出人们厌恶风险的倾向：尽管两种方案受拯救人数的数学期望相同，确保能拯救200人的稳妥方案比仅有三分之一概率拯救600人的高风险方案显得具有更高的执行价值。

随后，我们将问题1的表述方式稍作调整，并邀请另一波参与者进行作答。

问题2： 若执行方案C，400人将因此丧生。

若执行方案D，有三分之一的概率，无人将因此丧生；有三分之二的概率，600人将因此全部丧生。

你将如何选择？

结果是22%的参与者选择方案C，78%的参与者选择方案D。

　　这一次，主流选择反映了参与者承担风险的意愿：无可挽回地失去400条生命比三分之二的概率失去600条生命更令人无法接受。问题1与问题2呈现出的选择偏好差异证实了一条规律：人们在关于收获的抉择条件下，通常主动规避风险；而在关于失去的抉择条件下，往往愿意承担风险。但显而易见的是，问题1和问题2提供的选项，从实际效果上来说是一致的。两者之间唯一的区别在于结果的表述方式，问题1描述了多少生命将得到拯救，问题2描述了多少生命将因此逝去，可见，表述方式的变化使主流选择从规避风险转为了承担风险。我们从包括大学教职工和内科医生在内的多组实验参与者身上观察到了这种现象的存在。对问题1和问题2不一致的回应，是由框架效应的影响和人类对于"收获"和"损失"这两个概念不同的态度共同引发的。[9]

　　理性决策理论主张，人们决策时依据理性行事。卡尼曼和特沃斯基知道，他们的研究结果向曾被广泛接受的理性决策理论提出了质疑。他们这项极具开创性的研究不但影响了商业领域的诸多行业，还影响了包括市场营销、信息传播、用户体验、产品设计等事项的准则规范。尤其在我们面向客户斟酌市场营销手段和信息传播策略的时候，卡尼曼和特沃斯基的研究结论有助于我们的思考与决策。市场营销的核心就是建立稳固的客户关系，并以此为基础识别、顺应、满足客户的需求与意愿，一如原因分析模型所展示的愿景。于是，基于对损失厌恶心理的理解，我们建议客户在制定市场营销手段时充分利用这一点，在采用折扣、代金券、返现、限时活动、免费试用期等营销手段时，采用合适的描述方法，传达这是"奖赏"而不是"风险"的观念。免费试用期是一种广受欢迎的营销手段，在新媒体行业尤其如此，娱乐时间（Showtime）、奈飞（Netflix）、迪士尼加（Disney+）都推出了各自的免费试用期。用户很容易在免费试用期内对产品或服务产生黏性，因为他们不希望"失去"这些已经体验到的增值内容。限时活动是另一种广受欢迎的营销手段。"限时"二字道出了它的精髓，比如"现在购买，享七五折，只到周五"。"限量供应"也有异曲同工之妙。甚至在那些意图改变消费行为的设计之中，也有损失厌恶心理机制的一席之地。

若我们希望应用那些旨在影响他人的策略和手段，我们最好考虑到他们的认知偏误。基于某个人的元世界观，我们可以定制与其理念高度契合的信息与允诺。比如说，有一条关于禁烟的公益广告，内容是一个好人会将家庭责任铭记在心，并付诸行动。若这条广告的主要受众是将家庭摆在首位3号元世界观者，传达"立即行动，制订戒烟计划，这是你应履行的家庭责任。毕竟，这是正确的当为之事。因为你的家庭需要你长久的陪伴"之类的信息，将更能坚定他们禁烟的决心。但这样的信息恐怕不能打动2号元世界观者，他们最关心的事情是实现自己的人生理想。对于他们而言，最好的禁烟宣传语也许是"只有戒烟，你才有机会实现自己的理想"。当你设计的信息正在表达某种目标受众的某种理念时，或许就意味着你已经触及某个人的认知偏误。

三、施瓦茨价值模型

一些心理测量学工具可以用于考察可观测范围之外的行为。这些工具可以被划分成三个类别：能力倾向测试、人格测试、技能测试。每一类测试都从不同方面深化对调查对象个人形象的理解。伊始，人们寄望于这些工具能够让行为科学形成预测人类未来行为的能力。目前，这个理想尚未实现。

不过，这并没有否认心理测量学工具的应用价值。一些闻名遐迩的心理测量工具，诸如迈尔斯–布里格斯性格类型测试（Myers–Briggs Type Indicator）、大五人格测试、明尼苏达多项人格测试，以及其他数不胜数的心理测验和问卷调查，都拥有各自的支持者和批评者。许多心理测量学工具已经向当下这个极度渴求获得指引的商业市场提供了或许有些武断的调研结论。而我的目标是以动态分析模型尽可能地涵盖将上述工具和成果，整合为用。

举例来说，当今的企业依然关注共情、情商等概念在市场营销、人力资源管理、政策制定等领域的应用。原因分析模型为上述工作提供了基础支持的同时，也揭示了诸如内隐偏误、决策技巧等在相关工作推进过程中将面临的阻碍。这类工作具有复杂性，我们必须谨慎，避免根据精简的分析结果得出武断的结论，给出错误的承诺。我们认为每个数据点都能增加我们对全局的理解，但正如我一再强调的，我们时刻提醒自己不要轻率判断因果关系。

心理测量学相关的工具或项目皆可成为信息源。随着我们为各种交互场景逐步构建出最为相关的故事，我们也不断从这些信息源中获取新的洞见。比如说，我们会参考施瓦茨基本价值模型，分析如何通过某项宣传推广活动表达、传达某种价值理念。有学者主张，施瓦茨价值体系可以被认为是道德基础理论的前提。接下来，我们将深入考察这些理论与观点。

百余年以来，"价值"一直是社会科学重点考察研究的一项概念。而我们的流行文化，无论是由超级英雄电影还是脱口秀节目表达出来的，都是既受到时代价值的持续影响，也持续影响着时代价值。虚构的英雄引导我们反省自己的生活以及自己能够做何改变；政治家、教师、企业高管、记者则敦促我们铭记一些诸如归属感、忠诚心、服务意识等恒常永驻的价值，并抛下一些过时的价值。戴维·布鲁克斯（David Brooks）于2019年在《纽约时报》撰写的文摘中，描述了一个根植于当前文化中的谎言——若你减重15磅（1磅≈0.454千克），你就能收获快乐。他认为生命是属于个人的旅程，我们不应限制自己的选择。因为如若不然，就等于承认富有且事业成功的人与贫穷且事业不太成功的人之间存在高低贵贱之分。[10]

我们倾向于认为价值并非自然产生，它们是文化环境的产物。在如今高度连接且高度极化的世界之中，价值分歧已经成为人与人冲突的导火索。无论我们的政治倾向如何，我们所有人都在思索我们的文化是如何走入歧途的，为何会有那么多恶劣行为竟会被容忍甚至原谅。运用原因分析模型，我们主张价值既是人们决策行为背后的一项原因，也是塑造人们感知世界方式的一项要素。

另外，价值已演变为文化的缩影，一种快速评判他人是好是坏的方式。令人担忧的是，社会结合横轴左右两端的个人主义者和社会结合论者，都声称自己遵从着长久以来被普遍认可的信念和价值，以此指引自己的生活。于是，有时我们会站在道德制高点评估他人的行为，却并未真正理解他人。

168

所有价值都有一定的特征，施瓦茨价值理论定义了其中的六种，如下所示：[11]

（1）价值是那些与情绪密不可分的信念。价值的产生伴随着情绪的产生。举例来说，当重视独立自主价值的人察觉到自己独立自主的权利受到威胁时，他们心中独立自主的价值也被唤醒了，若他们无力维持独立自主的状态，他们会心生绝望的情绪；若他们能够捍卫并如愿行使自己独立自主的权利，他们会由衷喜悦。如果我们将目光转向经典文学经常描绘的对于流浪的渴望，我们将发现另一个独立自主价值关联情绪的例子。许多故事都用到一种陈腐老套的情节展开方式，即主角们总需以远行的方式去找寻内心真实的自己，"这个镇子太小，容不下我的宏伟梦想。"尤其是在主角们独立自主的权利受到阻挠或侵害之时，他们迫切的情绪表达甚至有些夸张。我们还可以想想绿巨人浩克，当他感到自己被束缚之时，他有多么愤怒！这里也体现了价值唤醒与情感表达的直接关联。

（2）价值意指值得付出实际行动去实现的可行目标。重视社会秩序与正义且乐于助人的人们，会被这些价值激励，以实现这些价值为目标而付出实际行动。内在的驱动力往往也是价值的构成元素。我们的信念往往被认为是我们行动的动力或原因。我们再以超级英雄举例，超人正是受到"真理、正义和美国方式"[12]的激励，才完成了诸多英勇壮举。

（3）**价值表达超越特定行为和情境。**举例来说，遵从的价值和诚实的价值两者在学校或职场都能得以表达。学校教授孩子们各种知识的同时，也教导他们要成为善良的人。而这些价值在商业领域或政治领域，在与朋友或陌生人的相处中，同样具有重要意义。不同于适用于特定情境的规范或态度，相同的价值可以适用于不同的场合。通常，价值已经成为我们处世原则的组成部分。有些人一律认定对价值的触犯是一件严峻的事情，且其严峻性无关价值受到触犯的程度。不过，若是论及恶意的谎言和善意的谎言，此两者引致价值批评的程度必然会有所不同。

（4）**价值是选择与评价人、事、物的指导标准。**人们基于自身价值决定谁是谁非，何事合乎情理，何事有悖情理，何物值得一试，何物避而远之。但这种影响鲜少被我们意识到。只有当两种根深蒂固的相斥价值让我们的行为产生冲突时，我们才能意识到价值的影响。有趣的是，价值往往并不是影响我们日常决策行为的核心要素。一般仅在涉及评判一件事公正与否，一个人是善是恶，或者一个人是否违背了我们的价值主张之时，我们心中的价值理念才会被激活。举例来说，你是否认为2019年的电影《小丑》（*Joker*）中塑造的同名主角尽管犯下了可憎的恶行，但也有可怜之处？

（5）**可以对价值的相对重要性进行排序。**成就、正义、新奇、传统，你更看重哪一项价值？不同于规范或者态度，价值的重要性有高下之别，这使得我们可以基于对他人价值的排序对其进行评价。价值评价可以是积极的，也可以是消极的。

（6）多种价值的相对重要性共同指引某项具体行动。 某种态度或者行为通常受到多种价值共同的作用。举例来说，去教堂做礼拜是传统价值与整合价值两者的共同表达，同时，这一行为有悖享乐的价值和刺激的价值。数种此消彼长的价值之间的权衡博弈，指引某种具体的态度和行为。对于某人而言，当具有重要意义的价值在与之相关的情境中被激活时，其具体行动就会受到影响。价值序列与交叉性研究有诸多共通之处。以此为原点，我们可以试着研究一名千禧世代的非裔女性和一名千禧世代的白人女性是否有共同看重的价值。结合我们对这项价值特征的认识，或许我们能在这个问题上有所斩获。

前文已述，如今已有越来越多的研究致力于厘清施瓦茨基本价值理论和海特与约瑟夫提出的道德基础理论二者之间的关系。其中首要的问题是：这两种理论框架是否只是对相同事物的两种不同表述。从近期的一些分析研究来看，这个问题的答案是"价值和道德基础有确切区别"。[13]

施瓦茨基本价值理论可以用一个由十种互不重叠的价值组成的圆盘状模型来表示（图7-5）。圆盘被划分为四个扇形区域，两两相对的扇形包含的价值相斥。

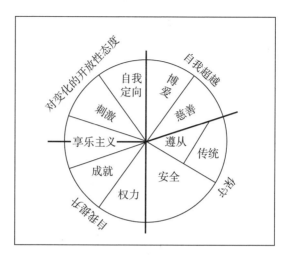

图7-5　施瓦茨价值模型

　　施瓦茨价值模型不仅列示了这些价值，还提出了这些价值背后可能存在的动因，敦促研究者去调查这个模型真正意图衡量鉴定的究竟是何物。施瓦茨声称："这些价值大概都具有普适性，因为它们都满足人类生存所需的三项普适性必要条件中的一项或多项。这三项必要条件分别为有机生物的个体需求、社会交际的协同需求、集体存续的进步需求。单独的个体无法依靠自己的力量实现这些人类生存的必要条件。人们必须清晰地表达自己的合理目标，通过他人沟通交流达成合作，向着目标共同前进。"[14]

　　尽管这项理论定义了十项互不重叠的价值，但它也提出一项构想，即从更基础的层面上而言，这些价值构成了与之相关的动因连续体①（因此模型为圆形结构）。为了阐明这种连续体的本质，我记下

────────────

① 连续体：相邻两者相似但起首与末尾截然不同。——编者注

了模型中相邻价值共同的主要动因。

（1）**权力和成就：**阶级优越感和地位特权。

（2）**成就和享乐主义：**以自我为中心的快意。

（3）**享乐主义和刺激：**寻欢作乐的欲望。

（4）**刺激和自我定向：**内心对新奇事物和精益求精的兴趣。

（5）**自我定向和博爱：**坚持己见，乐见百家争鸣。

（6）**博爱和慈善：**超越一己私利，维护和提高他人福利。

（7）**慈善和遵从／传统：**忠于内群体。

（8）**遵从／传统和安全：**大我先于小我，个体应服从于社会期待的要求。

（9）**安全和权力：**地位特权，应对安全威胁[15]。

施瓦茨价值模型将自我超越扇形置于自我提升扇形的对角位置，将对变化的开放性态度扇形置于保守扇形的对角位置。总而言之，自我超越与对变化的开放性态度二者由与个人主义相关度较高的关爱本能和公平本能的激发而成；而保守与自我提升二者由与社会结合论相关度较高的权威本能、忠诚本能和纯洁本能的激发而成。吉拉德·费德曼（Gilad Feldman）近期的研究支持上述观点：

"我们的研究表明，将施瓦茨基本价值理论和道德基础理论整合起来，能够更好地预测有关价值和道德的认知、决策和行为。此两项研究都对如何理解认知、决策和日常行为有重要启示，因此无论对于价值研究还是道德基础研究而言，借鉴对方的理念成果都有利于更好地预测人类心理和人类行为。"[16]

我们已经发现，将施瓦茨价值体系作为一种输入信息纳入考察范围，对我们推进交互规划进程颇有助益。最理想的情况是我们能够获取一份完整的施瓦茨价值观量表。不过，若我们掌握了某个人或者某个群体的本能模式，我们就能够合理猜测研究对象在施瓦茨价值模型中大致所处的位置。

四、文化的二元区分

心理学家米歇尔·盖尔芬德（Michele Gelfand）在她的著作《规则制定者，规则破坏者》（*Rule Makers, Rule Breakers*）中提到人们的行为与他们所处文化之间的关系。她提出："人们的行为特征很大程度上取决于其所处的文化环境是紧密型还是宽松型。这种对于文化的二元区分标准反映出一种文化塑造出社会规范的强度，以及执行社会规范的严格程度。"一个文化紧密型的社会较为稳定、传统，有严格的社会正统规范并且对"违背社会正统规范行为的容忍度极低"。一个文化宽松型的社会"高度放任"，提倡打破规则且鼓励创新。盖尔芬德进一步论述："社会规范是聚合各个集体的胶黏剂，它赋予我们身份特征，并帮助我们在一片未知的迷茫之中确定自己的方位，找寻前进的方向。文化的社会黏性将对社会成员的世界观、环境、大脑产生深远影响，不过不同文化的社会黏性强度各不相同。"这种对文化环境的二元区分方式同样适用于描述国家、社会阶层、公司或家庭。

盖尔芬德和她的同事共同组织实施了一项面向来自30多个国家的7000名参与者的研究，旨在评估各个国家文化的紧密程度或宽松程度。尽管美国不是文化最宽松的国家，但仍处于文化宽松范畴。新加坡、印度、马来西亚则均属于文化紧密型的国家。

　　盖尔芬德发现，长期受到侵略者或者生态危机威胁的国家，有较大可能形成更紧密的文化环境。一般而言，这些国家更重视权威本能和忠诚本能。家庭也是如此。下层阶级家庭可能时刻生活在危机之中，因此保障安全是他们的首要目标。这促使他们严格依据能保障他们生存的规则行事。相反，上层阶级家庭可能会认为规则存在的意义就是被打破。他们鼓励自己的孩子积极开拓探索。

　　显而易见，道德基础理论提出的道德本能可以作为理解国家文化和区域文化的参考。

　　以美国和加拿大为例，尽管美国和加拿大位于同一块大陆，有漫长的边境线和共同的起源，但两国的文化不尽相同，这从两国各个元世界观者所占人口比例的分布情况可以看出（图7-6）。

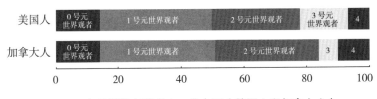

图7-6　各元世界者观者人口分布图（美国人和加拿大人）

　　两国之间的文化相似性使得两国在许多方面都有共同点。比如说，两国0号元世界观者和1号元世界观者所占该国全部人口的比例大致相同。这两个群体完全赞同维持现状，因此两国文化都具有稳定的多样性。但是，位于社会结合横轴左右两端的2号元世界观者与3号元世界观者占两国全部人口的比例差异较大。2号元世界观者在加拿大的人口占比超过美国5%。相应地，加拿大3号元世界观者仅占该国人口的6%，而美国3号元世界观者占该国人口的15%。另外，加拿大4号元世界观者占全国人口的10%，高于美国的7%。

我们将研究美国元世界观者的调查方法应用在加拿大上，统计了加拿大人对年龄／生命阶段、性别、民族、宗教、家庭、成就等属性的重视程度，结果如图7-7所示。

两国文化最明显的差异体现在美国人对年龄／生命阶段属性的重视程度远超其他五项属性，而加拿大人最看重家庭属性。加拿大人给予家庭属性64分的净认同度评分，美国人对家庭属性的社会整体评分为18分。加拿大人对年龄属性的评分为0分，而美国人为71分。对于民族属性，美国人的评分为-17分，而加拿大人只有-6分。相比于美国人（-6分），加拿大人（-32分）对宗教的态度更加鲜明。对于性别，加拿大人和美国人的社会整体评分分别为1分和2分。

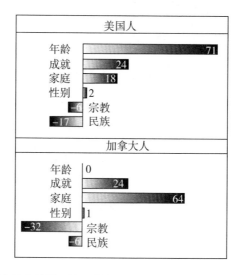

图7-7　各种有关身份特征的自我描述词的重要程度（美国人和加拿大人）

美国人和加拿大人一者更重视年龄／生命阶段属性、另一者更重视家庭属性。是两国2号元世界观者和3号元世界观者人口占比的不同促成了这种价值观差异吗？可能是。而最令人惊讶的是美加两国有共同的起源与诸多文化共性，两国仍呈现如此之大的分别。以元世界观框架为参考，我们能想象，必然存在一系列可以阐释这些差异的叙事。

五、技能训练和语码转换

（一）技能训练

作为有知觉的生物，人类具备行为改变的能力。行为改变取决于具体的人、具体的行为、具体的干预手段。通常情况下，有两类可行的行为改变训练方式，分别为行为性训练项目与说服性训练项目。哪一种训练项目能达到最优效果，取决于参训者的本能模式。就职于明尼苏达大学的威廉·斯科菲尔德（William Schofield）以年轻的（Young）、迷人的（Attractive）、语言的（Verbal）、智力的（Intelligent）、成功的（Successful）五个单词首字母组成的缩写词"YAVIS"描述对以谈话疗法为代表的说服性训练接受程度较高的人群。非YAVIS人群则偏爱高度明确的回报机制，更适合于行为性训练。若读者回顾我们关于成就的讨论，便能发现，尝试说服2号元世界观个人主义者去培养某项新技能相对容易，因为他们认为掌握一门新技能会让他们感受到自己是特别的，或者让他们认为自己看起来是特别的。而一位3号元世界观社会结合论者则会更愿意为了赢取实际回报或荣誉地位而去迎接挑战。根据目标群体的需求拟定具体的训练方法，有利于参训者以他们最习惯的方式理解新信息。另外，基于对具体职业素养要求的理解，采用合适的训练方法也很重要。举例来说，如果我们的客户交互业务需求是面向一批充满好奇心、共情能力强、能屈能伸且有问题导向思维的销售团队，我们可能会采用带有更多个人主义色彩的训练方法。相反，如果一项工作要求某人有较强的规则意识与团队协作意识，并认同一套鼓励众人通力合作的工作流程，我们将使用社会结合论式的训练方法。

（二）语码转换

许多人有在多个地方生活的经历。不同的地方往往有不同的文化和不同的语言。为了与受到不同文化熏陶的人尽可能通畅地交流，人们会在沟通交流时进行语码转换。具体来说，语码转换的内涵包含识别具体人群的某项细节特征，并以此为参考适当改变自己的表达方式，以尝试融入这个群体或对这个群体表达善意与尊重。语码转换的内容包括一系列复杂且微妙的行为，比如说转换语言，模仿当地口音，改变外形特征、行为举止或文化习惯等。我们通常可以在与朋友和家人相处时，使用适合的表达方式。但有些时候我们无法顺利地进行语码转换，比如立刻板起脸或在办公室顺利切换至职场状态。意识到语码转换的存在有利于我们理解民族、种族、性别、社会阶层、宗教等属性在不同场合下对人们言谈举止产生的各式影响。对于女性、有色人种以及其他偏弱势群体而言更是如此。偏弱势群体在诸如职场或学校等场合中更容易被品头论足、遭受不公正对待或者歧视。因此，偏弱势群体会有意识地规避上述情境，或者为此做好心理准备，并以平和的心态去面对上述那些不愉快的事情。一个人的本能模式也将影响语码转换策略的使用。社会结合论者受到有阶级观念内涵的权威本能驱动，具有较强的遵从意识。然而，因为也受到忠诚本能的强烈影响，社会结合论者还会忠于原生集体。这令他们的遵从意识的表达变得十分微妙。出人意料的是，鉴于骨子里有灵活变通的开放态度和找寻与他人共同点的意愿，个人主义者对语码转换的接受程度更高。语码转换也可能带来负面效应，比如淡化自己的种族、民族、性别、能力、宗教等属性，难免令人心力交瘁。另外，为迁就他人而改变集体赋予的身份特征，可能会招致其他集体成员的埋怨甚至迁怒。

语码转换是一种强有力的行为策略。比如说，奥巴马可以轻松地与非裔群体亲密互动。一个极具说服力的例子是2012年伦敦奥运会美国男子篮球队与巴西男子篮球队比赛前，奥巴马到访了美国队的更衣室。从网上的视频我们可以看到奥巴马问候了所有的球员和工作人员。而就在奥巴马与一位白人工作人员以标准方式握手致意之后，他向明星球员凯文·杜兰特（Kevin Durant）比出了一套招呼手势（dap[①]），最后以手背相击结束。

这样的举动需要经过谨慎评估才能做出。如果使用不当，对方会认为这种举动不够真诚，而对此产生反感。拜登曾因为一名非裔电台名人为特朗普投票而冒昧地质疑他不是纯正的非裔，这样的错误行径成了不恰当语码转换的典型反面案例。不恰当的语码转换会惹人非议，比如被指责有当权者做派，不依照自己的性别、种族或民族行事，或者不够真诚坦率。

---

① dap 是起源于非裔社区的非语言交流方式，美国职业篮球联赛的许多球队将其作为赛前仪式。——编者注

六、生活方式、属性特征和观点态度

我们研究了人们对诸如旅游、美食、娱乐、音乐等话题的偏好。当然，对于人们生活方式、属性特征和观点态度的相关话题，还有更多有待我们去研究探索的领域。许多商业模式依赖于将人群划分为多个子群的群体细分模型。这种做法一直存在一项弊端，即依赖这种群体细分方式，决策者难以明白人们为什么做他们做的事情。而这也是途景公司原因分析模型与一般群体细分模型的根本性区别。

让我们一起来考察一个简单的案例。市场营销师为产品策划宣传推广活动时通常需要决定如何根据价值主张选择目标客群。假设市场营销师构建一种群体细分策略，锁定一般市场上的高收入、中年已婚男士，最后可能会定位到两位具有非常相似人口统计特征的潜在顾客。其形象特征如下：

（1）都是45岁。

（2）都是男性。

（3）都是白人。

（4）都是前1%收入人群（富有）。

（5）一位曾在哈佛大学求学，另一位曾在斯坦福大学求学。

（6）都是已婚人士。

（7）一位居住在康涅狄格州的格林尼治，另一位居住在加利福尼亚州的圣何塞。

乍看之下，你是否觉得两位男士看起来没有太大不同？对于多数基于生活方式、属性特征和观点态度的群体细分系统，这两人几乎完全相同，而这很大程度上是因为这两人的年龄 / 生命阶段、性别、民族属性是一模一样的。但是，也许这两人之间存在着根本性的差异。这些差异在于他们为什么做他们做的事情。

通过原因分析模型，我们能识别本能模式。也许我们可以发现上面提到的两位男士其中一位是个人主义者，另一位是社会结合论者。这有助于我们进一步了解这两位目标客户（图7-8）。

1 号消费者

价值主张
- 公平
- 关爱
- 对个体的影响
- 以开放的态度接受新事物
- 抗拒遵从传统
- 对差异的容忍度较高

可能从其价值主张中得知的信息
- 支持民主党（或靠向民主党）
- 生活正处于危机之中
- 驾驶特斯拉汽车
- 热爱航海和滑雪
- 对艺术和音乐充满热情
- 为保护热带雨林捐款
- 上次度假：秘鲁农业园观光

关键词
- 关爱
- 同情
- 和平
- 正义
- 福利

2 号消费者

价值主张
- 集体神圣不可侵犯
- 忠诚
- 权威
- 纯洁
- 传统、做事方法和安全是关键
- 不太能与他人共情

可能从其价值主张中得知的信息
- 支持共和党（或靠向共和党）
- 生活处于正常的循环中
- 驾驶奔驰汽车
- 喜爱观看职业橄榄球和职业高尔夫球比赛
- 喜爱乡村音乐
- 为负伤的军人捐款
- 上次度假：迪士尼乐园全家游

关键词
- 秩序
- 爱国主义
- 传统
- 团结
- 忠诚

图7-8　两位消费者的特征差异

运用原因分析模型，我们能够为两位目标客户分别拟定一段叙事信息。即使非要将这两人归为同一个群体，运用原因分析模型仍能有效提示我们应避免哪些可能在不经意间冒犯到其中任何一人的文字、图像与主题。毋庸置疑，为了避免在信息传达的过程中犯下愚蠢的错误或者非受迫性失误而付出的辛劳都是值得的。

"生活方式"这个概念有着广泛的内涵。它可以指对某种运动的兴趣、对某种音乐的偏爱或者对科技、园艺、旅行等诸多事物的喜爱。若想构建出一段引人关注的动人叙事，一方面，我们或许可以在人们的购物习惯和他们在社交媒体上发布的信息中找寻线索；另一方面，我们也可以尝试通过问卷调查、正式评估、某个数据集或者某个特定主题收集信息。无论来源于何处，这些有关生活方式偏好的信息对于建立具体的个体形象而言，都有着极为重要的价值。举例来说，途景公司收集整理了人们的音乐偏好。因为我们认为人们的世界观与音乐偏好之间存在关联性。那么，音乐作为我们不断发展的人生故事里的一种潜在元素，是如何发挥作用的呢？

我们分别整理了各种元世界观者对15种音乐类型的态度。为了简单起见，我们将分析范围缩小至1号、2号和3号元世界观者（图7-9）。

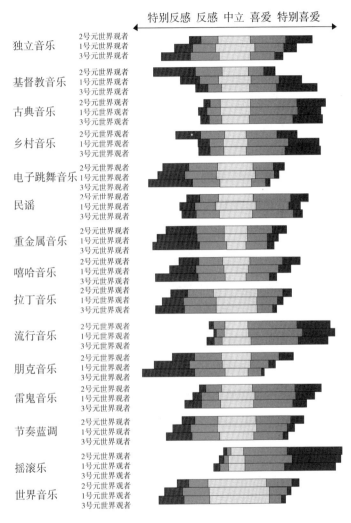

图7-9　各元世界观者对各种音乐类型的态度

我们从寻找其中的模式与规律开始。我们发现2号元世界观者对12种音乐类型给出了三种元世界观者之中最高的净认同度评分；3号元世界观者对2种音乐类型（基督教音乐与乡村音乐）给出三个群体之中最高的净认同度评分；1号元世界观者仅对流行音乐一种的喜爱超过另外两种元世界观者。考虑到三种元世界观的特征，这样的结果实属情理之中。

2号元世界观者对于多种音乐类型有广泛兴趣，他们甚至能够全盘接受那些在其他人看来相斥的音乐类型。于是，2号元世界观者给出了众多音乐类型较高的净认同度评分。他们还为自己发现新潮流与新主题的能力感到自豪，所以愿意广泛地涉猎与尝试。特定的音乐类型也反映出了2号元世界观者的这些特点。独立音乐、电子跳舞音乐、朋克音乐、雷鬼音乐、世界音乐，这些在2号元世界观者受欢迎程度超其他群体的音乐类型，通常不会被他们视为与流行音乐为代表的传统音乐类型相斥，而是被视为传统音乐类型之外的另一种选择。

与2号元世界观者的普遍特征相契合的，还有他们对基督教音乐、乡村音乐和流行音乐的态度。2号元世界观者对这三种音乐类型的喜爱程度要低于其他两类元世界观者。前文已述，2号元世界观者不太愿意将传统宗教视为自己身份特征的主要组成部分。2号元世界观者对基督教音乐的净认同度评分不仅是三种元世界观者中最低的，而且表现为绝对值极高的负数评分。

长久以来，乡村音乐总让人联想到那些能唤起传统家庭观念、爱国主义思想、英雄主义思想等与社会结合论元素高度相关的故事。而流行音乐，正如其字面意思，是对主流的歌颂，表达出对主流价值的认可。尽管2号元世界观者仍对这种音乐类型给出相对较高的净认同度评分，但相比之下，2号元世界观者对流行音乐的评分低于1号元世界观者，或许是由于饱含主流意味注定了这种音乐类型无法与2号元世界观者希望他人将自己视为前沿创新引领者的愿望产生共鸣。

倘若我们希望以音乐为契机触达2号元世界观者，我们应该放心大胆地运用非传统的新式音乐风格。举例来说，即使一段故事的主题是爱国主义，我们或许也能尝试创作饱含高度个体主义元素的情节去激发爱国主义热情与行动，并以与之相适应的音乐辅助叙事。

在三种元世界观者之中，2号元世界观者对各种音乐类型给出"特别喜爱"的比例是最高的，且给出"特别反感"的比例是最低的。3号元世界观者则恰好相反，给出了最高比例的"特别反感"与最低比例的"特别喜爱"。显然，3号元世界观者明白自己喜欢的是什么，并对他们喜好的事物保持着较强的黏性。1号元世界观者态度较为温和，位列中央。

关于某种元世界观者生活方式的特征，并非完全体现在该元世界观者的每一位成员身上，其中尚有较大的偏离空间。举个例子，尽管总体上2号元世界观者不喜欢基督教音乐，但也还是有13％的2号元世界观者喜爱基督教音乐，以及8％的2号元世界观者非常喜爱基督教音乐。这对于我们全面理解原因分析模型来说至关重要。一般情况下，我们能够找到一条在各方面都能吸引各种元世界观者的途径，我们只是需要确定据此构建一则可能不会与他人产生共鸣的故事是否值得。

以流行音乐为例，在三种元世界观者当中，1号元世界观者对流行音乐的净认同度评分最高。流行音乐歌颂大众主流，而对主流与现状的认可，是1号元世界观者的一条根本原则。事实上，1号元世界观者仅对流行音乐这一种音乐类型的净认同度评分高于其他两种元世界观者。若希望将音乐融入一段面向1号元世界观者的故事，我们或许会选择流行音乐作为主题音乐，以凸显某项产品或服务在主流价值体系中展露的优秀品质。在此基础之上，我们可以使用其他类型的音乐作为故事片段的点缀。此刻，音乐的作用是衬托其他故事的要素，不宜喧宾夺主。

正如我们所知，3号元世界观者受"集体神圣不可侵犯"意识的驱动，相信生命的自然秩序和传统家庭价值中的角色分工。显然，他们对基督教音乐的热情和这些观念倾向是吻合的。而乡村音乐同样歌颂传统家庭价值、爱国主义和英雄主义，因此也同样受到3号元世界观者的喜爱。3号元世界观者的理念和喜好清晰明确，不会随波逐流。我们可以观察到，多数3号元世界观者不喜欢独立音乐、世界音乐、雷鬼音乐、朋克音乐、拉丁音乐。不过这条规律同样并不普遍。尽管多数3号元世界观者对独立音乐心生反感，仍分别有19％和6％的3号元世界观者喜爱和非常喜爱独立音乐。这意味着我们可以找到触及喜爱独立音乐的3号元世界观者的途径，只是它不适合多数典型的3号元世界观者。

将目光转向古典音乐，我们察觉到三种元世界观者均对其给出了较高的净认同度评分，且评分的分布情况非常相似。不过，古典音乐受到三种元世界观者喜爱的原因也各有千秋。3号元世界观者视古典音乐为一种推动后世各种音乐类型发展的文化遗产。基于大家都喜欢古典音乐这一点——至少大家都喜欢《胡桃夹子》（*The Nutcracker*），1号元世界观者可能将古典音乐定义为最主流的音乐形式。2号元世界观者可能认为古典音乐最为包罗万象，因为它内涵广博，具备无穷尽的潜力和复杂性。

以上仅仅是围绕生活方式的一个子项（音乐），基于认同程度这个变量展开的分析。若我们同时新增年龄／生命阶段、性别、民族等属性作为多个子项，情况又将如何？我想，交叉性分析势必能为我们构建的故事注入更多的活力。

七、化零为整

在完成原因分析模型所需数据的收集整理工作之后，我们终于可以着手进行客户交互流程的最后两项步骤。其一是通过与目标客群看待世界的方式相契合的文字、图像、主题等载体，将数据转化为更易于接收和理解的信息。其二就是基于信息做出决策。

我们整合数据的首要目的正是构建一则重点明晰，并能够吸引目标个体或群体的故事。为了实现这一目标，我们在故事中突出强调对于目标个体或群体的世界观而言较为重要的那些本能。具体来说，我们会选取与这些本能的调性一致的文字、图像和主题。如果有合适的机会，我们还会尽力在故事中呈现目标个体或群体与故事主题有关的价值主张、生活方式、态度偏好等元素。故事的结构和细节则由交互的目标和数据的多寡决定。我们发现，根据下列框架组织信息是成功构建宣传推广故事的关键。

（1）**交互目的：**即我们构建一则故事，希望它发挥什么作用，以及我们希望借用这则故事处理什么事项。比如说，是否涉及冲突协调？我们应如何理解目标客群？他们眼中的理想世界如何运行？我们可以将这些抽象问题适当简化，比如说，这个产品、服务或活动能够带给我归属感吗？它能否纠正不义之举？它能保证我的家庭安全吗？它允许我施展自己的创造性才能吗？它能减少我的碳排放吗？它能减轻我的心理压力，乃至让我愉悦吗？

（2）**本能模式：**简明扼要，阐明如何理解某种本能模式，以及这种本能模式如何与年龄/生命阶段、性别、民族等属性结合。这些特征和条件相当于一则宣传推广故事的"英雄"。

（3）**文字、图像、主题：**选用有助于达成交互目的那些元素。如果某些认知偏误与交互目的相关，那么它们应该作为"主题"纳入故事当中。

（4）**价值主张、生活方式、态度偏好：**这些与具体情境有关的变量常在需要为故事增添个性化元素的时候被使用到。它们象征着宣传推广故事的"道德"，通过故事的"英雄"得以表达。

（5）**观测记录和其他输入信息：**这项通用变量囊括了与目标个体或群体特质有关的其他所有可观测信息。

对于那些旨在通过有意义的具体方式触达并吸引目标人群的宣传推广故事来说，每一项有获取渠道的数据都值得详加检视。接下来，我以美国公益广告协会（Ad Council）为例进行说明。美国公益广告协会是一家以制作公益广告为主业的非营利性机构。这些公益广告的内容与主题通常与美国正在经历的主要全国性危机相关。美国公益广告协会的合作伙伴一般是政府机构或其他非营利性组织。这些机构与组织作为赞助者，旨在通过公益广告为具体的事件或观点发声。其中最著名的公益广告包括与美国国立卫生研究院以"果断拒绝"为口号，共同呼吁反对毒品；与联合黑人学院基金会共同呼吁"一名有识之士不应被埋没"；与森林火灾防范协会共同呼吁"只有你能防止森林火灾的发生"（近期调整了措辞，以"野火"替换了"森林火灾"）；与美国交通部共同呼吁"真正关心你的朋友，不会允许你酒驾"；以及与全国罪案防范理事会共同呼吁"减少犯罪"。公益广告通常要言之有物、切合实际，不过也有公益广告表达泾渭分明的观点态度。

2020年的夏天，乔治·弗洛伊德在警察的执法过程中死亡的事件发生之后，美国公益广告协会制作发布了一条共公益广告，其中用到了弗洛伊德的遗言："我不能呼吸了。"发生在弗洛伊德以及其他非裔身上的悲剧激起了全美人民对警察暴力执法的广泛抗议，而暴力执法现象正反映了警察系统根深蒂固的种族主义思想。这条名为《为自由而奋斗》（*Fight for Freedom*）的公益广告的第一幕描绘了在美国国旗的映衬下，一群儿童正在观看焰火秀。此时画外音响起，诉说自由是美国的内核，它体现在日常生活的点滴之中，比如驱车穿越50个州，随心所欲地慢跑，在自己的床上安心入眠，在公园中穿着帽衫，观察鸟类，自由呼吸。这条公益广告具体展示了一些自由权利，目的是阐释：这些是多数美国人认为理所当然但对非裔来说并非如此的自由权利，也同样是导致无辜的非裔男性和女性被谋杀或骚扰的自由权利。对于非裔而言，他们的人生并不是这条公益广告描绘的模样。

这条公益广告体现出一项复杂的假设：所有人都将看到这条公益广告，并自然而然地产生相同的反应。作为一条公益广告，《为自由而奋斗》恰如其分地聚焦于美国文化中被广泛接受认可的公平概念。它表达的核心信息是：非裔无法过上对白人而言理所当然的平常生活，希望观众评判此事公平与否。在这种背景下，大部分人都能理解这条公益广告表达的观点态度。我们甚至能推测，这条公益广告将点燃一些元世界观者的情绪，引起这部分观众更激烈的回应。

而考虑到这条公益广告发布的时间点是在弗洛伊德事件发生不久之后，我们应能意识到，它造成了复杂的深远影响。我们再次引入交叉性概念，以求全面深入地理解美国人如何看待这条广告。首先，我们以社会结合横轴为参考，分析位于社会结合横轴一端的2号元世界观者观看这条公益广告后将做何反应。可以肯定的是，许多2号元世界观者会关注到被限制的自由，而他们所信奉的公平本能足以让他们产生激烈反应。我们能预感2号元世界观者敏感性较高的关爱本能也会被唤醒，进而使他们开始责怪以警察系统为代表的社会管理体制，认为政府的所作所为导致并纵容了社会不公。位于社会结合横轴另一端的3号元世界观者可能也会认为非裔无法行使与白人同等的自由权利是不公平的，但他们由此引发的思考或行动也许与2号元世界观者有所不同。他们可能不会沉湎于个体的悲剧中，而是呼吁人们齐心协力保障广大人民的自由。因此，3号元世界观者可能并不认为自由的沦丧就意味着比如警察系统等社会管理体制亟待改革。

至此，我们的分析结果仍然较为清晰简明，没有体现出较强的复杂性。然而，若要精准评估，我们还需要以民族、年龄／生命阶段、性别等属性作为参考，检视不同美国人群的观点和反应并对此做出解释。比如说，一名居住在城区的X世代白人男性观看这条公益广告后可能有的反应，与一名居住在郊区的千禧世代非裔女性相比，会有什么异同。我们并不需要对每一则故事进行如此细致的探究，但我们至少应当理解会影响到最终叙事的那些属性变量。对于原因分析模型的使用者而言，这是一项利好，因为这个模型的分析框架兼容多种不同的变量属性。

八、媒体平台的选择

选用哪一家媒体平台推送信息或开展宣传推广活动不能只图方便了事。每一家媒体平台都有自己的特质，这意味着不同的平台会对特定本能模式有更高的亲和度，并展示更容易被特定人群接受认可的内容，议论特定人群最关心的话题。举例来说，一个典型的社会结合论者通常会寻找能巩固他们文化传统的媒体平台。这类媒体平台往往捍卫并传播主流文化理念，平台内容不会标榜有煽动性的社会观点。对于社会结合论者而言，他们实无必要选择那些让用户滋生叛逆心理并诱发文化冲突的媒体平台。比如说脸书，它曾是2号元世界观创新者的家园，但如今已成为3号世界观社会结合论者的集聚地。

如今诸位读者已经明白我们是如何汇集不同层次的数据，以构建出关联紧密、完整全面的图景。对我们而言，认识到每一层级的数据与策略决策之间的关联作用至关重要，这透过本能模式和基本指标加以理解。读者可以使用这套规划体系考察自身，了解自己世界观的构造；也可以运用这套体系启发自己对人生的思考，更好地应对今后人生或将面对的考验。更重要的是，这套规划体系可以应用于信息传播、市场营销、行为改变训练等旨在对他人施加影响的情境之中。

（一）交互规划

接下来，我将演示如何运用途景公司交互规划工具。如果我们有充足的数据源，我们就能考察层次更丰富的输入信息。但大多数情况之下，我们仅能获取较为有限的输入信息作为参考。图7-10描述了传统信息传播宣传推广方式的筹划机制，展示了我们如何将各层级的数据点集转换为一种切合实务的观点。我们将进一步探究原因分析模型的筹划机制与传统筹划机制之间存在哪些不同。

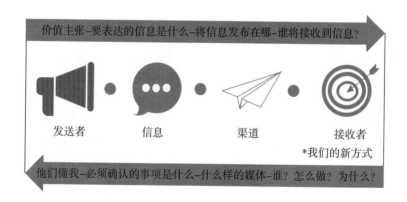

价值主张-要表达的信息是什么-将信息发布在哪-谁将接收到信息？

发送者　　　　信息　　　　渠道　　　　接收者
　　　　　　　　　　　　　　　　　　　　*我们的新方式

他们懂我-必须确认的事项是什么-什么样的媒体-谁？怎么做？为什么？

图7-10　传统信息传播筹划机制

请注意，传统信息传播筹划工作流程中，信息发送者的首要任务，即是理顺要传递的价值主张。这项任务意味着要明确向目标群体传达信息的方式。比如说，我们希望通过信息传播推广某种产品或者服务。当我们希望在市场上推广一种产品时，我们的目标是将这种产品与同类产品进行区分，并尽可能向更多人以醒目的方式宣传这种产品的特色。

接下来需要拟定宣传推广用语的措辞，并选择推送宣传推广活动的媒体平台。根据需要传播的信息，信息发送者可以在电视植入式广告、电视广告、电台广告、网幅广告、博客、通讯简报、社交媒体等形式中进行选择。最终，经过整合的宣传推广信息将被传递至目标人群。通常而言，成本、偏误和便利程度都将影响到上述工作流程中涉及的决策。

若运用原因分析模型，我们将以信息的接收者作为工作开展的起点，思考通过关于目标客户的多层级数据，我们能知晓什么，目标客群的本能模式是什么，那些相关的基本指标又透露出什么信息。

以此为轴，我们或可洞察目标客群对产品或服务感兴趣的原因，并编写与他们的本能模式一拍即合的信息。接下来，我们将审慎地选择信息传播的渠道伙伴。这有助于让收到信息的目标客群体会到这项产品或服务的价值，并由衷认为"他们懂我"。

若我们综合参考其他心理统计指标层级与行为指标层级的数据和观测结果，我们将看到关于目标客群更加完整的图景。

（二）原因分析模型的实际应用

设想我们要协助一家基金会募资，将相关资金用于援助因新冠肺炎疫情影响而流离失所的低收入家庭。我们将优先检视以下有关原因分析模型关键构成要素的多层数据与观测结果。

（1）**基本本能**：这项活动的精神与2号元世界观个人主义者的理念高度契合。当个人主义者意识到，那些没那么富有的家庭在为昂贵的生活开支苦苦挣扎的同时，还要担心突如其来的横祸破坏经济之时，他们的关爱本能和公平本能就被唤醒了。若要获得广大中间派元世界观者的关注和声援，我们可以在信息中强调"我们的社群"，以确保中间派元世界观者不会将那些受难者认定为"他们"。我们还可以邀请潜在捐助者参加测验，检视不同元世界观者对于向受难者提供住所的倡议是否有不同的意见。这么做，或许可以让我们获得更深入的认识。

（2）**基本指标**：年龄／生命阶段属性将如何影响与本事件相关的价值主张？尽管我们聚焦的是社会结合横轴偏向个人主义的一侧，由于本能模式的相对稳定性，目标人群的年龄、性别、民族属性都会呈现广泛分散的特征。围绕主题以合适的图像或文字表达我们的呼吁，是一项值得讨论的议题。我们切实了解到，女性和众多的少数族裔对这项呼吁是否将他们排除在外高度敏感。

（3）**心理统计指标**：这些范围广泛的数据点集可以帮助我们基于目标人群的特点定制个性化的方案。假设我们通过数据推断出了本次目标客群的认知偏误、观点态度、价值主张。借助施瓦茨基本价值模型，我们得知关爱本能和公平本能可以被共情、慈善和博爱这几项基本价值有效激活。因此，我们应该在宣传推广信息中以合适的文字和图像传达这三项基本价值。而个人主义者的行为同样受到来自"对变化的开放性态度"扇形区域相关动因的较强作用，这又关系到我们对媒体平台的选择。由于个人主义者的另一个特征即是对新事物有好奇心，个人主义用户占比较高的媒体平台通常具有与"新奇"概念相适应的特质。这种环境鼓励、诱使人们探索新的行事方式，而这意味着抵制从众的社会压力。个人主义用户在使用这类媒体平台时，可能会觉得比较自在，能够不受拘束地去创新求异。最后，我们需要斟酌"发出邀约"的措辞，希望这份邀约表达的含义是："我们衷心期盼您参与本次公益项目，从每月的收入中拿出一部分善款；这需要您绑定信用卡，不过期限仅仅三个月。"实际上，参与者最终捐助的善款总额很可能超过三个月对应的捐助额度。因为解绑信用卡必须经由本人再次操作，即要求人们主动确认停止自己的捐助行为。许多个人主义者并不会做此决策。另外，表达对捐助动因和捐助决定的赞同，并赞扬捐助者率真而可敬，对这条宣传推广信息来说也是有益的。

（4）叙事：设计一段叙事的关键是理解叙事的目标与对象。因为本次公益募资有较高的时效性要求，我们应当尝试将目标群体确定为那些最有可能成为捐助者的人。我们策划宣传信息时，应优先锁定"真正的信徒"，再在此基础上兼顾其他认同捐助事业但热情不高的广大群体。作为宣传推广策划者，我们需要考虑的首要因素即是如何做出有关价值主张的评判。而价值主张正体现出这则叙事的初衷。比如说，我们这样构建本次募捐倡议的叙事："我们的初衷是扶持那些在新冠肺炎疫情肆虐期间为高昂的生活开支苦苦挣扎的贫困家庭。他们经历了一场经济灾难，蒙受了巨大损失，可他们没有做错任何事情。我们希望可以筹集到一百万美元以帮助困难家庭顺利偿还未来三个月的住房按揭贷款。他们是我们社群中的一员，我们可以伸出援手，让他们不至于流离失所。"这则叙事以理性呼唤共鸣，并且避免了高度情绪化的表达方式。要知道，高度情绪化的表达可能使较为理性的支持者拒绝我们传达的价值主张。

（5）**媒体平台：**我们提出的交互规划体系的一大优势即是对各类媒体平台的高度适应性。我们要时刻谨记，务必要选择对希望触达的目标客群而言有吸引力的媒体平台。针对本次募捐，我们或许可以在众筹平台上发布信息，并在其他常规类市场营销平台辅以宣传。

我们提倡运用一种新模型，它基于对目标群体本能模式的辨识，倡导一种新的思考方式。由此出发，我们演示了这种模型如何通过参考一系列多种其他类型的数据，考察、分析人们看待外部世界的方式。接下来，我们将结合更多的真实案例，阐释如何运用原因分析模型去进行信息传播与信息交互。

第八章

原因的语言

分析与整合新信息都不是简单的事情，尤其在这些新信息和长期以来的观点相冲突的情况下更是如此。我们每个人的天性中包含着各自的既有认知倾向，我们会尝试透过既有认知倾向去解释外部世界。举例来说，当看到一名举止得当的年轻人时，你可能会联想到，"他的父母一定会教育他要通晓是非，从错误之中吸取教训。"或者，也许你会认为他"这种人"都是这般举止得当。再或者，也许在你的观念中，良好修养是他的先天本能与后天经历共同影响下的积极成果。

原因分析模型的底层逻辑是，上述既有认知倾向的主要决定要素不见得是某个人的年龄／生命阶段、性别、民族等属性，既有认知倾向关联着人内心更深层次的某些东西。一开始或许有些难以适应，但一旦你有意识地应用这个模型，它将帮助我们更好地理解自己的行为动因，并优化改善我们在日常生活和职场交往情境中的沟通交流方式。这个模型同样能帮助我们理解那些我们掌控范围之外的全球性重大议题。

若我们将原因分析模型视为一种全新的语言，也许就能顿悟，我们一直在讨论的那些数据点集如何能蕴含无穷无尽的丰富意义。

在这一章中，我希望和读者们进行一些互动，以展示原因分析模型的原理。与其由我讲述一套带有说教性质的故事，不如让我们一起尝试一项思想训练活动。我自己经常进行思想训练活动。读者可以将它看作一场可以在任何时候，与任何人玩的游戏。当你足够集中精力之时，你就能轻易辨识出你周边人的本能模式。

我将向诸位展示要如何做到这一点。

因工作需要，我经常乘坐往返于纽约城的火车，而我认为这里正是观察他人的最佳场景。在这里，人们总在不经意间展露他们的世界观。有一天，我旁听了并肩坐在我对面的两位女士长达一个多小时的对话。这两位女士之前并不认识。她们看起来都是在去城区工作的路上。两人都是白人，年龄在45岁到50岁之间。不过，这二人也有不同之处。

其中一位女士（一号乘客）着装时尚，随身携带着一份《纽约时报》和一座立体建筑模型。她介绍说这个模型是用于展示她要如何将一位客户的阳台改造成绿色花园。另一位女士（二号乘客）身着细条纹的蓝色西装，随身携带着一个公文包和一份《华尔街日报》（*The Wall Street Journal*）。

因为和这两位女士相隔不远，我不可避免地旁听到她们谈话的内容。先前介绍到的一号乘客希望和二号乘客交谈。她多次抛出话头，试着向对方介绍她的建筑模型，并提到她是一位独立设计师。二号乘客出于礼节频频点头致意，不过并没有向一号乘客提及任何自己的个人信息。至此，根据我对本能模式的了解，我倾向于认为一号乘客是一名2号元世界观个人主义者，她携带的《纽约时报》、她对以设计为业的热情和她的时尚品位都证实了这一点。二号乘客在交谈中较为冷漠的态度、她携带的《华尔街日报》和她较为传统保守的着装，说明她大概率属于3号元世界观社会结合论者。

（也许证据不够明显，不过我们可以在这场游戏中大胆假设！）

二人接下来几分钟的对话更加证实了我的推断。一号乘客聊到她在《纽约时报》上读到专栏作家尼古拉斯·克里斯托夫（Nicholas Kristof）的一篇文章，作者在其中写到自己的一个朋友身患癌症，因为没有买保险，境况凄惨，去世的时候已经倾家荡产。二号乘客听罢，淡然评论道："他应该买保险的。"

二人沉默良久。直至列车行至大中央车站前的隧道处，一号乘客终于再次打破沉默——她的行动很符合2号元世界观的特征。当时，她问二号乘客是否听过苏珊·G. 柯曼基金会，一家致力于抗击乳腺癌和拯救生命的非营利性机构。二号乘客对此给予肯定答复，她非常了解这家机构。两位女士找到了她们之间的共同之处，即她们都参加过这家基金会冠名的纽约城"五千米跑"活动。当列车到站后，这段插曲终以两人之间的共同纽带作为终章而落幕。

通过这起案例，我们发现诸如着装、阅读选择、谈话习惯等线索，比诸如年龄 / 生命阶段、性别、民族等传统的人口统计指标更能明确揭示一个人的本能模式。案例中的两位女士的人口统计指标多有相似，但她们各自的属性特征和对诸事的观点态度都存在显著差异。不过，她们仍然会被同一事物所吸引，这意味着人与人之间总有建立共识的办法。传统群体细分模型将认定两位女士从本质而言属于同一类人，因为她俩年纪相同、住所相近，从着装上判断，二人的社会地位和经济实力也较为相似。然而我在列车上进行短暂的思考后，确信这两位女士的行为动因大有不同。

若你深入体悟原因分析模型，你也许会发现自己在不经意间便开启了一局这样的游戏，比如基于他人的车尾贴、笔记本电脑贴、车辆选择、电视节目偏好等事物去揣度他们的本能模式。从专业的角度看，这应该是一种好习惯，因为这么做能让你学着如何更有效且更精准地体察周边环境。曾有一次，我在给一家金融服务公司演讲时误读了听众的本能模式。那次演讲的听众是专业的和有创造力的市场营销师，他们的本能模式应该位于社会结合横轴上偏向于个人主义的那一侧。我也因此倾向于认为这一屋子的听众都是个人主义者。当时，他们向我询问："人们如何选择自己要支持的候选人。"我回答："大家的本能模式能对此产生较明显的影响作用。"你们猜，接下来发生了什么？

当时出乎我的意料，对方公司的领导对我的发言提出发对意见，他不认为本能可以起到我所描述的作用，这让我猛然意识到，他是一名3号元世界观社会结合论者。这位领导坚持认为他的观点是基于对事实的回顾和推理而形成的，并以强硬的态度终止了一切讨论。这起事件给了我一个教训：不要想当然。如果你悉心留意你所发出的信息的接收者，将极大提高你与其顺利交互的概率。

这个道理适用于生活中的诸多场景。无论你正在寻找约会对象、工作机会还是人生机遇，都应悉心留意坐在你对面的那个人。我们曾经接受过一位名叫莫妮卡（Monica）的女性顾客的委托。那年她28岁，认为自己大材小用，所以正在专业对口的图书馆学领域寻觅新的工作机会。她是一名2号元世界观个人主义者。五种基本本能中，权威属性对她的影响作用偏小。

莫妮卡多次顺利地取得了她觉得与自己能力水平相适应的工作岗位的面试机会，然而她总是屡战屡败。她参加的面试都有相同的流程，询问她的专业背景、工作经历、愿景。面试中，有一个环节是关于工作解决方案的即兴问答。

图书馆学理所当然重规范性、可靠性和缜密性。在莫妮卡看来，制定工作解决方案是她的长项。她有许多关于如何解决图书管理服务中常见问题的点子，并有详述心中构想的热情。

莫妮卡有意愿打破传统，并以此为傲。随着她不断讲述自己的这些面试经过，一件事情也逐渐明朗，即在她的面试官看来，她夸夸而谈的提议，听起来似乎并不切合实际。事实上，她的专业背景十分优异，但这无法挽救过度激昂的陈述和那些天马行空的构想给面试官造成的负面印象。

我们推断权威本能对她作用较弱致使她错判形势，让她总是在首次会面之时就过于坦率地表达自己的愿景。基于此，我们通过角色扮演方式的模拟面试场景，帮助她调整了面试策略。不久之后，她就成功收获了一份新工作。

一旦熟练运用原因分析模型，我们就能从一个新层面洞察我们生活的世界。接下来，我将通过一些真实的生活场景向大家展示这一点。

一、原因分析模型如何影响职场上的选人用人

商界不仅是探究人类行为的绝佳试验田，还是诸如收入不均衡、技术发展、全球化进程、教育水平等争议问题的发生地。人力资源工作的职责是员工招聘、员工培训、管理企业文化，所以原因分析模型特别受到人力资源部程度较高的关注。途景公司曾接受过一家金融服

务公司的咨询。彼时，这家金融服务公司正在尝试扩招新员工，以满足企业发展壮大的需要。他们希望招聘标准是在考虑根据应聘者本人是否足够优秀的基础上，兼顾公司团队在当时的具体需要。在这种情形下，我们的原因分析模型能发挥何种作用呢？

任何组织机构的集体文化都体现在它的组织成员、体制机制、目标任务中。大公司中通常还存在着数种次级企业文化，比如某公司财务部的部门文化可能就异于设计部或市场部。另外，有助于识别、定义企业整体文化的方法，也能适用于分辨其各部门的次级企业文化。

公司是由全部员工共同组成的，我们可以将公司员工元世界观的分布情况作为第一步。例如，如果我们考察人力资源部员工，我们将发现该部门员工的元世界观散布于整条社会结合横轴之上，并且对应着不同程度的忠诚本能。这是由于人力资源部的一项典型工作职责即是监督员工执行公司各项政策纪律，但该部门也承担着企业文化改革、培训和发展等要求"向前看"思维意识的任务。这意味着人力资源工作要求从业者具备相对复杂的本能集合和技能集合。

一旦我们知晓了这支团队全部成员的本能模式分布情况，就能判断它是否已准备好迎接未来。他们是否掌握了合适的资源去监管公司日常经营活动？他们之中具有天然领袖气质且能推动公司向前发展的人是否足够多？这项评审工作同样有利于识别公司有意聘用的新员工，到底是掌握了部门进一步发展所需的各项技能组合，还是仅仅只能做好部门正在开展的那些工作。当然，我们还能通过这种方式评估他们与部门文化是否契合。

二、原因分析模型如何影响沟通交流与人际关系

一切人际关系的核心皆是沟通交流。我们每个人都曾经听闻过或者经历过仅仅因为某人一开始说错了话，就导致一段人际关系被扼杀在襁褓之中的事情。当然，我也诚心希望诸位读者经历过与之相反的情况，即因为你与对方一见如故，你们的相处一拍即合，并自此顺风顺水。为何会出现我们上述提到的这些情形呢？这个问题牵扯众多的属性变量，人与人之间的本能契合度为其中之一。如果对于一些重要话题，两个人有相似的思考方式和交流方式，那么这两个人往往比较处得来。

比方说你是一位2号元世界观个人主义者，这意味着先天的关爱本能和公平本能对你有较强的影响作用。当你与一位属于3号元世界观社会结合论朋友或同伴谈论起某件重要的事情时，本能模式的差异将如何影响这段对谈的走向呢？要知道，3号元世界观社会结合论者受关爱本能和公平本能的影响作用较小，但对忠诚本能、权威本能、纯洁本能较为敏感。

假设两个美国人谈论的话题为医疗保障，此时其中一位（我们姑且叫A）正说道："我的商业医疗保险太贵了，我觉得推广全民医保才是医疗保障的最佳解决方案。如今的医疗保障体系让太多人暴露在风险之中了。"

上述发言既体现了关爱本能和公平本能确实是个人主义者的核心本能特质，也表达了他反对商业医疗保险的价值主张：他觉得由政府主导或者由其他单一支付主体主导的医疗保障体系将优于现行的医疗保障制度；他还表达了想守护没有钱购买商业医疗保险的人群的诉

求。上述的观点表达均和2号元世界观个人主义者的叙事高度契合。

与上述讲话者A对谈的3号元世界观社会结合论者对此将作何评论呢？

她的本能模式位于社会结合横轴的另一端。她可能会认为，A的提议将那些本应由个人承担的责任推给了政府。进一步说，3号元世界观社会结合论者不会怜悯付不起商业保险的人，因为他们是"他们"。这段对话可能会以体面合宜的方式迅速终止，或者演变成一场双方都试图改变对方本能性观点的无谓争论，这取决于你们二人的礼仪习惯和亲密程度。熟悉原因分析模型能让你在面对这种情况时有备无患，因为如果你明确知晓或者能推测到对谈者的本能模式，也许你就能猜到对方的回应。若你对对方的本能模式一无所知，还可以借助一些话题进行试探，并且做好接收来自对方不同意见的心理准备。相反，若对谈双方都是个人主义者或者都是社会结合论者，那么这场对谈可以成为双方建立长期纽带关系的机会。

我们能从这个案例中领悟些什么呢？最具实际意义的建议就是在说话时注意措辞。正确的措辞能舒缓对谈的气氛，而错误的措辞将使对方产生抵触情绪。以刚才那段对谈为例，A可以在组织语言时避免使用一些可能会引起对方强烈情绪反应的关键词，比如这么说，"我的医疗保险很贵。单一付款人医疗保障体系[1]可能意味着更实惠的价

---

[1]　单一付款人医疗保障体系是一种由税收资助的全民医疗保障体系，覆盖所有居民的基本医疗费用，费用由独家公共系统支付（因此称为"单一付款人"）。——译者注

格，从而能够照顾到更多人"。如你所见，这段表述规避了"支出责任""政府""未受保护的人群"等关键词，缓和了交流的紧张气氛，或者说，至少避免了不必要的冲突。我们能将同样的方法应用于亲密关系的处理。在亲密关系中，特定的措辞可能夹带着更强的情感作用，让人们的关系更进一步——至少，我们希望如此。

三、本能如何影响我们的兴趣爱好

前文曾提到，本能模式可以影响一个人对音乐类型的偏好。比如说，3号元世界观社会结合论者感兴趣的音乐种类较少，却钟爱基督教音乐和乡村音乐。本能模式对人们兴趣爱好的影响实际上更为广泛，并不局限于音乐这一方面。你的本能模式奠定了你思考人生的方式，而你的人生经历调整着你思考人生方式的细节。

拿职业选择来说。通常，大多数的工作并非只适合某个单一类型的人，而我们也能想到各种各样的人成功适应各类工作的例子。不过，基于你的本能模式，有些工作可能对你来说更具有吸引力。同样的道理也适用于兴趣爱好。大多数的兴趣爱好并非只受到一种元世界观者的欢迎，但有些兴趣爱好就是和一些人的本能模式更加契合。

绝大多数面向广阔市场的公司在营销他们商品的时候，会向拥有超过一种本能模式的群体营销。通常来说，其中一种本能模式是最主要的，对应着这项商品的超级粉丝，即那些对这项商品最感兴趣的人。而通过识别这些超级粉丝的本能模式，我们也能推测其他各个本能模式群体可能以怎样的顺序依次接受这项商品。

近期，一家漫画商向途景公司咨询如何制作一部漫画的发行推广方案。这个案例并未涉及典型的数据分析过程，但它完美地体现了如何利用目标客群的兴趣点。在这个项目中，我们思考的起点是：要将漫画这种特色商品投放到一个边界清晰且对产品较为苛求的市场上。漫画的情节内容则是推广方案的基础。

漫画商需要一条清晰明确的价值主张，以确保变化无常的潜在客群也能接受这部漫画，并支持它的市场投放策略。我们还需考虑的是，除了表达创意团队的真心实意，我们的提案中是否还有其他值得消费者关注的要素？而我们又应通过什么形式展示这些要素呢？

或许有读者已经猜测到，第一步还是识别产品的核心客群，即那些可能率先成为产品忠实支持者的人们。哪些人会率先发现并尝试这款产品，并为此感到自豪呢？在这个案例中，最有可能成为核心客群的是2号元世界观者和4号元世界观者组成的集合体。公平本能对这个集合体有较强的驱使作用。这些人对个人如何影响世界兴致斐然，而且他们不喜欢"被营销"的感觉。他们理想中的世界是他们内心幻想的延伸，而非日常生活面对的事情。

对于这次的项目而言，钻研潜在客群的心理，把握推进的节奏至关重要。如果扩展得太快，或许能取得短期成功，但终将昙花一现，成为漫画史的注脚。

我们给出的建议方案是一种类似于组织建设的策略。其要义是始终关注核心客群的特质，围绕核心客群的预期去改进产品，而不是广泛非核心客群的需求。

一旦我们的核心客群对产品心满意足，我们建议更进一步，向2

号元世界观者和4号元世界观者以外的潜在客群推广。我们会优先在1号元世界观者推广，再转向0号元世界观者。我们的理念是要模拟人们建立友情的办法。我们的目标和策略都是创造一种高于平均水平的产品，它能达到客群的需求甚至预期，因此我们的新朋友，也就是该产品的新增消费者，绝不会对它感到失望。购买它，使用它，这甚至能让我们的新朋友收获意料之外的愉悦。

显然，与企业文化类似，一项产品的发行推广同样具有复杂性。原因分析模型不可能提供让客户一劳永逸的终极答案，但它能帮助我们拟订与目标客群的实际特质更契合的方案策略，而不仅是一个预制的广告活动或数据表格。用原因分析模型得到的洞察不仅有利于我们个人应对日常生活、规划职业发展、处理人际关系，还能帮助各类组织机构以坦率的态度更好地与其消费者、员工或捐助者维系良好的互惠关系。在第十章中，我们将更深入地探讨这方面的问题。

第九章

触达原因

如今我们已理解本能模式如何影响我们的世界观和激发我们的行动。我们每个人特有的人口统计指标与心理统计指标在本能模式的基础即生物本能之上发挥作用，共同描绘出一幅图景，展示了我们是怎样的人，我们为何做我们做的事情。我们的本能模式既可以影响我们对年龄／生命阶段、性别、民族等基本指标的一般印象，也可以影响我们在日常生活中展示给他人的观点态度和行为举止。

一、群体动力学

人们对群体动力学的研究由来已久。社会学家和心理学家都调研过群体对个人发展、社会交际、属性特征等方面的影响作用机制和影响显著程度。在本章，我们将探索元世界观如何发展人们看待他人的潜力，从而增进群体互动。

史蒂芬·杰伊（Stephen Jay）等生物学家的观点有助于我们理解元世界观对群体互动的增益作用。远古时期，人类开始集聚群居，通过建立部落谋求稳定的生活条件，此举也有利于族群的繁衍与进化。部落制定规则，以此规范成员行为，齐心协力克服严苛的生存考验。一些部落比其他部落做得更好。那些成功坚持下来的部落逐渐演化，进入文明社会，它们在克服各种生存考验的过程中汲取了宝贵经验。

当然，我们每个人的本能模式也能影响到群体的兴衰成败。以下列举了一些成功群体[1]的特征和与这些特征契合度较高的本能模式。

（1）**等级结构**。社会等级结构定义了谁将为群体运转成功与否负责。与这项特征契合度最高的本能模式是社会结合论的3号元世界观。

（2）**群体防御**：忠诚本能是一个群体的自我防御机制的核心驱动力。忠诚本能在社会结合论的3号元世界观和平衡论的0号元世界观中较显著。

（3）**关爱后代**：关爱本能是一项具有普适性的本能。个人主义的2号元世界观与关爱本能的契合度最高。

（4）**文化编码**：捕捉文化特征，将其编撰为具有意义的代码并进行传播是纯洁本能的行为具现。纯洁本能在1号元世界观温和主义者和3号元世界观社会结合论者身上有不同程度的体现，常反映为指引人们规避某种文化的主要禁忌。

（5）**进步思维**：进步思维体现在发现新的潮流、尝试新的生活方式和追求多样化和新鲜感，给群体提供了一个新的发展渠道。进步思维是2号元世界观个人主义者的突出特质。

（6）**公平文化**：一种文化的公平感源自一种强烈的社会性本能，即将考虑他人的观点态度作为运行法则。这条法则根植于崇尚公平和互惠的本能中，是个人主义的2号元世界观和宿命论的4号元世界观的标志。

那些持续繁荣的群体善于将各种本能模式特征之所长集于一身。最有益的特质并非稳定不变，而是动态演化。正因如此，这些群体持续影响和改变着它们所支持的属性。这种作用的机制是怎样的？取得各方平衡是文化繁荣的必要条件。如前文所述，群体在稳定和动荡中不断向前发展造就了生命的多样性，让人们有了捍卫自身信念的诉求。有许多能阐释这个过程的方式。我认为，群体的本能模式是潮流、价值观、认同感与理念如何在族群之中传播的决定性因素。

图9-1展示了一个成功理念演化的标准流程[2]，它描述了当一个新理念广泛传播时，不同的社会群体分别在这个过程中起到了怎样的促进作用。

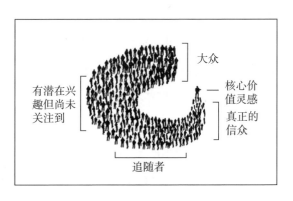

图9-1 一个成功理念的演化过程

我们正在讨论的某个理念可以是一种时尚风潮、一种政治哲学甚至是一次音乐上的创新。这个理念的核心价值灵感一开始仅会受到一小群人的注意。多数情况下，这一小群人的特质与这个理念的组织原理较为契合，这正是本能模式的影响。也许这个群体对各种各样的新生事物都抱有广泛兴趣，也许他们只是对这个核心价值灵感涉及的特定主题饶有兴致。我们将这个群体称为真正的信众，他们对这个新理念"一见倾心"。直到某个时刻，人们对这个理念的兴趣上升到一定程度，象征它可能值得被更多人知晓。此时，下一个层级的群体——理念的追随者，开始参与演化流程。

请注意，真正的信众和追随者的本能模式可能并无明显差异。如果正在传播的理念边界明晰，这两个位于不同层级的群体之间不会有明显的区隔；反之，理念在这两个层级内的流行可以被看作理念传播的两个独立阶段，每个阶段都有自己的流程节点。对于一些或新锐或小众的理念，它们的传播或将停止在追随者所属的阶段。不过，在早期接受者看来不曾变质并具备持续关注价值和广泛传播潜力的理念可以沿着这条传播路径继续向前。

位于下一层级的群体是那些对这项理念有潜在兴趣但尚未关注到它的人。这个群体内部成员有一定程度的差异，但这个群体中有足够多的人和这个理念真正的信众与追随者心意相通，因此他们能意识到这个理念核心价值灵感的显著意义。如果这个群体接受了这个理念，这个理念的传播就不太可能在短时间内停止。随着这个理念价值主张的广泛传播，对其有潜在兴趣但尚未关注到它的这个群体可能会向理念早期的接受者问询，以确保这个理念未曾变质（在这一阶段，这个理念可能已经演变成初创者难以辨识的模样）。

理念传播的最后一个阶段是吸引大众。在这个阶段，理念的新鲜感逐渐褪去，甚至部分真正的信众都已经抛弃了它。但也正是在这个阶段，这个理念终于收获了足够高的认识度，从而能够被传统主义者所接受，而传统主义者往往是最后接纳新事物的群体。

在现实世界中有无数新理念按照这种过程传播。有的新理念无关痛痒，有的则影响深远。嘻哈音乐就是一个影响深远的新理念。它的盛行始于音乐领域，并迅速在文化、时尚、科技等诸多领域得到广泛发展。接下来，我将简明扼要介绍其发展历程。

20世纪70年代初期，一股关于嘻哈的风潮经过良久的酝酿发酵，终于在部分非裔和拉丁裔青年之中蔓延开来。这股风潮的真正的信众，即一直支持嘻哈的人们，见证了它在一些城市里与打碟、涂鸦、街舞等新生事物一同逐渐为人所知。其实，真正的信众在他们的圈子里悉心培养这股尚未成气候的潮流已长达十余年。在这期间，嘻哈音乐一直未走进白人的文化圈和政治圈。

随着嘻哈音乐渐渐被它的追随者熟知，它也终于发展成为一项为人们所知晓并接受的艺术运动，影响力散布到文化发源地（比如纽约市布朗克斯区）之外。过去的40年间，许多有代表性的时尚潮流、音乐潮流和文化潮流的创始人不是富人，而是文化意见领袖。文化意见领袖们以自己的社会资本为担保，为音乐、时尚或文化中蕴含的某种新元素背书。而早在流量时代网络红人出现的许多年前，正是文化意见领袖为当时的文化潮流背书代言、助推它们为更多人所知。而嘻哈音乐正是通过这种方式触达了生活在城郊的青少年们，而他们正是嘻哈音乐新兴文化的首批追随者。广告执行官史蒂夫·斯托特（Steve Stoute）在他的著作《美国之褐：嘻哈音乐怎样创造出成功改写新经济规则的文化》（*The Tanning of America: How Hip-Hop Created a Culture That Rewrote the Rules of the New Economy*）中回顾了嘻哈音乐风潮触达城郊区域并融入主流文化的节点。斯托特提及说唱团体糖山帮（Sugarhill Gang）发表于1979年的那首《说唱歌手的愉悦》（*Rapper's Delight*），这首歌是最早登上公告牌百强单曲榜的说唱歌曲。斯托特写道："不久之后，说唱跨越了种族的隔阂，跨越了地理的限制，让曾经的口语化诗歌成为一种被认可的艺术形式。来自全美各个地区、不同背景的人们以前所未有的热情接受了嘻哈音乐，他们伴着嘻哈音乐在聚会上尽情摇摆。而在嘻哈音乐的陪伴中，人们也走入了未知的80年代。"斯托特创造了"褐色闪光"[3]这个短语，以形容嘻哈音乐文化对原有边界的超越。

唱片骑师库尔·赫克（DJ Kool Herc）与最佳五号弗雷迪（Fab 5 Freddy）消除了嘻哈音乐与其他艺术表现形式的界限，"将说唱融入迪斯科／朋克摇滚，并让美术馆向涂鸦创作者敞开了大门"。在这些嘻哈音乐先锋的引领下，原先对嘻哈音乐有潜在兴趣但尚未关注到它的人们逐渐成为嘻哈音乐音乐的忠实粉丝与传播者。音乐电视短片（MTV）是那个年代的另一项创新，它的出现也推动嘻哈音乐向更广阔的世界传播。直至今日，主流大众对嘻哈音乐音乐的熟悉程度已不亚于诸如摇滚音乐、流行音乐、乡村音乐这些广为人知的音乐类型。

传统的市场营销学和品牌策划学都将消费人群视作有明确角色分工的群体，而非由一些对某项产品或服务抱有共同兴趣的人组成的没有明确定义的集合。而在现实中，这些群体通常将经历从无到有、由兴至衰的生命周期。正如上面的嘻哈案例所指出的那样。不出所料，本能模式的影响作用能填补传统理论解释能力的不足。

我们从头开始看，灵感源头可能是一个理念、一位人物、一种趋势或者一个主题。最可能发现灵感源头的人通常是那些持续找寻新鲜事物的人。而对新鲜事物充满好奇正是2号元世界观个人主义者的典型特征。他们通常不满足于一成不变的社会现状，内心渴望发现对社会现状的偏离。个人主义者也往往会被新鲜感和多样性所驱动。当新文化历经迭代，逐渐渗入我们的生活，它真正的信众通常都是个人主义者。

当时机成熟后，追随者便会加入这场运动。0号元世界观平衡论者有一套用他们的独特技能组合去评价创新事物的方法。而明察人与人之间的差异是平衡论者的天赋。平衡论者通常能将新潮流以更合理、更平和的形式向更广大的受众传播。顺利的话，这股潮流将被推广至下一个层级，即对其有潜在兴趣但尚未关注到的人群之中。这个层级的回应将决定这股潮流最终是否能为广大群众所熟识并接受。相应地，原本对这股潮流有潜在兴趣但尚未关注到的人们需要某种和他们所知的社会现状相容的契机，去接纳这项潮流。有时简单地增加曝光量就能达成这种契机，让人们熟悉新事物。有的时候，必须借助更多的宣传推广手段和交互方式才能让这个群体意识到为什么这股潮流并非虚无缥缈的存在。

1号元世界观者与4号元世界观者一样，他们都十分满足于社会现状。潮流在不同元世界观者中发展的各阶段里，这个阶段历时最久。成功的宣传推广方式让新潮流与社会现状和谐相容，这可以让大众相信，接受这种新潮流是安全无害的。以嘻哈潮流为例，它的这个阶段发生在嘻哈音乐元素被运用在诸如摇滚音乐、乡村音乐、流行音乐等主流音乐类型之时。

新潮流传播的最后一个阶段即是它逐渐被崇尚传统的社会结合论者接受的阶段。此时，个人主义者或许已经对其不再关注，转而追求其他新事物了。聪明的品牌商或策划者会尝试在这个阶段为这股潮流注入新的元素，并在合适的时候，将完善后的版本重新推介给个人主义者，从而让这股潮流有生生不息的活力。

如此看来，一个趋势的流行或一个品牌的推广似乎十分简单，但其实不然。一股潮流在各个本能模式群体之间的传播可不一定顺风顺水。本能模式群体之间的本质差异可能会阻碍潮流的传播。一些品牌商会固执地拒绝接受这个过程，他们急于求成，希望借助媒体迅速宣传推广，从而忽略了潮流传播演化进程的自然规律。于是，他们无法创造持之以恒的潮流，只能收获昙花一现的热度。

二、是文化活力还是文化摩擦

如今，我们理解了群体是如何形成并发挥作用的。接下来，我们将探讨在什么情况下，文化活力可能演变成文化摩擦。有关群体行为最显见的例子是人们组建的政治社群。自美国建国以来，关于如何治国理政，一直存在两种非常坚定的政治观点。

简而言之，一种政治观点赞同强有力的中央政府与中央银行体系，另一种政治观点则希望限制中央政府的权利，赋予各州政府更多的自治权，并且崇尚个人自由。1787年，由亚历山大·汉密尔顿（Alexander Hamilton）和詹姆斯·麦迪逊（James Madison）发起这两种政治观点的争论至今仍热度不减。

图9-2展示了当今美国选民的分布是如何形成的。

图9-2　美国选民分布

图9-3描绘的选民连续体的一端代表个人主义群体，中央区域由中间派元世界观者构成，而另一端则代表了社会结合论者。两个群体的不同思想理念分别锚定了选民连续体的两端。美国开国元勋们关于最优政治体制的争论延续至今，演化成当今民主主义群体和呼吁"让美国再次伟大"的群体之间的争论。

图9-3　锚定选民连续体的两种力量

概括来谈，这两种不同的思想理念分别来自民主党和共和党。我们通常在调查选民行为时，还会加上自由党和独立党两个选项。如我们之前所述，选民的政治倾向并不会弱化年龄 / 生命阶段、性别、民族等基本指标的影响作用。相反，交叉分析能让我们更全面地理解人们的观点态度。

我们需要认识到，这些观点态度对应着极复杂的行为集合。不过，通过表9-1，我们能观察到位于社会结合横轴两端的两种元世界观，与两种相互对立的两种观点态度，二者之间各自具有可靠的两两对应关系。根据我们收集统计的调查数据，2号元世界观者中有59%的人赞同民主党的理念。同样，3号元世界观者中有54%的人赞同共和党的理念。又因为赞同自由党的民众通常也会对民主党或共和党有偏好，只是这种偏好没能体现在调查统计结果中。因此，赞同民主党理念的选民在2号元世界观者中的占比和赞同共和党理念的选民在3号元世界观者中的占比均可能比对应的调查数据高。

表9-1 不同元世界观的政治倾向

党派	2号元世界观	3号元世界观
民主党	59%	21%
共和党	10%	54%
独立党	27%	22%
自由党	4%	3%

许多学科都在探讨这种政治立场分化是如何形成的。但相关研究通常缺乏跨学科的比对交流，从而很难对这种分化形成的机制做出解释。哲学家赫伯特·马尔库塞（Herbert Marcuse）有言：我们的"初稿"是用"神经墨水"写的，但编辑是依据后天经历做出的。本能具有不可忽视的影响力，但政治认同并非与生俱来、不可改变。其实，后天经历不断影响着人们的政治认同。

2016年，有一项研究致力于探索人们观念改变的原因和机制[4]。研究者将人们的信念划分为与政治议题有关的信念和与政治议题无关的信念两类。这项研究表明，诸如对死刑的态度等与政治议题有关的坚定信念几乎不可能被动摇。无论这种信念是支持或者反对这个政治议题皆如此。

图9-4中，柱状体的高度代表了人们改变观念的意愿。与政治有关的议题以浅灰色表示，与政治无关的议题以深灰色表示。如读者所见，当论及托马斯·爱迪生（Thomas Edison）或纸质袋等与政治无关的议题时，人们的情绪反应程度有别于论及移民等与政治有关的议题。我们发现，人们对与政治有关的议题的坚定主张和其本能模式之间很可能存在着对应关系。

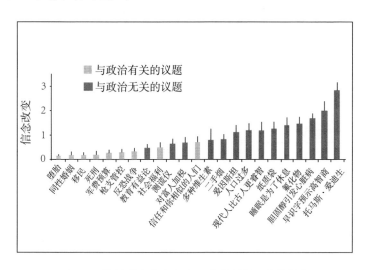

图9-4　你的观念有多坚定？（美国的研究数据）

表9-2概述了2号元世界观与3号元世界观对一些与政治有关的议题的态度。

表9-2 不同元世界观对与政治有关的议题的态度

议题	2号元世界观	3号元世界观
堕胎	认为女性有选择堕胎的权力	反对堕胎
同性婚姻	认为同性婚姻体现了婚姻平等	支持"传统"婚姻
死刑	反对死刑	支持死刑
枪支管控	支持枪支管控	反对枪支管控

社会结合横上各元世界观者对图9-4中列示的议题的态度如图9-5所示,这种渐变的连续体结构有助于我们更直观地理解社会结合横轴两端的对立关系。

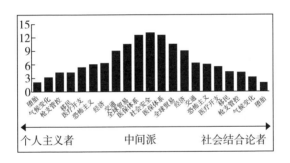

图9-5 列示的议题的态度在社会结合横轴上发生渐变(美国的研究数据)

受到其本能模式的影响,个人主义者和社会结合论者往往对这些议题持有较为极端的态度。而构成中间派元世界观者的0号元世界观者、1号元世界观者、4号元世界观者的观点态度往往没那么极端。

关于这些紧迫性议题的对立观点,已然成为公众关注讨论的焦点。尽管极端立场的声音总是最嘹亮的，但我认为这不能掩盖大多数公众的意志都有较大的流动性这一事实。我认为还是那些灵活变通的人代表了主流公众意见。

三、否认、偏离、扭曲

处理信息方式的不同是导致人们分化成不同社群的一项原因。各个本能模式都在一定程度上倾向于以其典型叙事为尺度去评价外部信息。比方说，如果你本能地遵从文化传统，你将对那些质疑或者对抗文化传统的信息感到不适。基于外部信息和你的本能模式与典型叙事之间的冲突程度，你可能会启动以下三种防御机制其中的一种。它们分别是：否定外部信息的准确性、认定外部信息偏离正在讨论的主题、扭曲外部信息的观点表达。[5]

现在人们似乎生活在分化的世界中，并且这个情形也越来越明显了。分界线一侧的人们衷心相信只要能运用合适的言辞，他们就能让另一侧的人们幡然醒悟。然而，通过原因分析模型，我们明白这无异于痴人说梦。言辞并非重点，因为任何言辞都需要经过听者大脑的过滤筛查与再次编辑，而这种过滤筛查和再次编辑将受到听者本能的影响作用。对抗异见的自然防御机制已然成为当今互联世界中的一项特定考验。如今，点对点社交媒体平台和智能新闻推送两者的盛行都让我们变得更容易去否定、去偏离、去扭曲。

四、特朗普实验

通过原因分析模型，我们即使不用诸如"白人工人阶级选民被剥夺了投票权"或者"非裔选民的投票参与率低"等标准理由，也能解释特朗普是如何赢得2016年美国大选的。

首先，请各位读者和我一起回顾，原因分析模型是如何对共和党、民主党与独立党选民进行一般性描述的。其中，共和党的形象更能吸引3号元世界观者，而民主党的形象更能吸引2号元世界观者。独立党选民在各种元世界观者中分布较为平均。各个政治党派选民群体的形象是特定本能模式和构成群体典型叙事的文字、图像、主题等元素集成的混合体，当一个选民认可一个党派的政见之时，上述元素也将激发他们相应的本能作用。

著名认知科学家和语言学家乔治·莱考夫（George Lakoff）曾从观念起源的角度阐释共和党与民主党的理念之争。他以家庭观念类比政治理念做出解释："美国国内因保守型世界观和开明型世界观产生的区隔，是一种道德层面上的世界观差异，它可以体现于两种不同的家庭形式中：一种是慈父型家庭（开明型），另一种是严父型家庭（保守型）。"[6]

通过这种思维方式，我们可以明白为什么会有政治理念之别。正如莱考夫给出的解释：这种理念起源于党派成员各自接受的家庭教育。父母"管理"我们的方式影响着我们理想中的管理国家的制度。他这样解读特朗普式执政理念对共和党选民的吸引力：

"在严父型家庭中，父亲是最明智的人。他明辨是非且在家庭中

隐藏的本能：探索人类行为新模式

享有至高权威，这种权威确保他的妻子和子女服从并认同他的意志。许多保守的夫妇都接受这种世界观，维护父亲在家庭中的权威，并在家庭生活中严格贯彻这项理念。当他的子女叛逆不从时，父亲有道德责任给予子女足够的惩戒，以让子女学会服从（做正确的事情），而非任性而为。这种理念认为恪守纪律的言行有助于增强子女的纪律性，从而让他们走入社会之后得到良好的职业发展。倘若他们在工作中一事无成呢？这意味着他们的纪律性不够，因此他们缺乏道德，于是贫穷是他们应得的报应。这样的论断可见于保守型政治理念之中：贫或富都是人们应得的。如此一来，生活的责任应被视为个人责任，而非社会责任。你的境遇完全取决于你自己的思想和行为，社会与此毫无干系。你要对你自己负责，而不是对其他人负责——其他人也应该为自己负责。"[7]

受到本能模式的影响，共和党人重视等级秩序和传统，对可能危及他们群体的外部因素非常敏感。民主党人则倾向于将个体视作应受关注的基本单元，并且追寻多样性与新鲜感，抵制社会规范。可以预见，独立党的理念处于共和党和民主党之间。别忘了，若将共和党和民主党的理念视为一条渐变连续体的两端，这两端则代表了人们情绪表达的引擎，而连续体的中间部分则提供了维系文化平衡的压舱物。图9-6展示了各元世界观者的投票情况。内圈各区域的面积大小显示各元世界观者在总人口中的占比，外圈各区域的面积大小显示各党派人士在各元世界观者中的人数占比。举个例子，3号元世界观者占总人口的15%，其中有60%的3号元世界观者支持共和党。

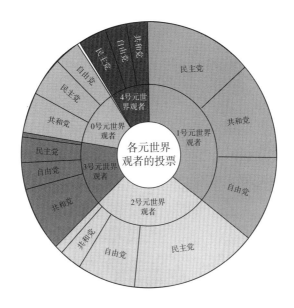

图9-6　各元世界观者的投票规律和偏好

　　值得考察的是，特朗普的支持者属于哪类人？这个群体的本能模式是否会呈现出某种规律？他们是否呈现跨越人口统计指标分界的特征？根据统计结果，特朗普的支持者主要来自3个本能模式群体：占人口总数14%的0号元世界观者，占人口总数36%的1号元世界观者和占人口总数15%的3号元世界观者。这三个群体都出自本能地尊崇等级权威，重视群体间的边界，并对外部威胁高度敏感。自始至终，特朗普的竞选策略就是声称美国正受到来自以下几方面的攻击：

　　（1）移民。

　　（2）非裔。

　　（3）城市贫困人口。

　　（4）非英语母语者。

......

多数场合下，特朗普的竞选策略都发挥了作用。这是因为他意图联合的人群大多对于何谓美国人有较为狭隘的界定。对他们而言，上面提到的四类人不能被称为真正的美国人。于是，对于特朗普的支持者而言，上面提到的四类人是美国的威胁。图9-7展示了特朗普支持者的本能模式的分布。

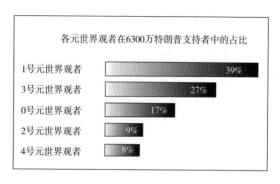

图9-7　特朗普支持者的本能模式分布

从社会整体水平的角度观察，特朗普的支持者大多为1号元世界观者、3号元世界观者和0号元世界观者。2号元世界观者和4号元世界观者中特朗普的支持者较少。我们结合年龄 / 生命阶段、性别、收入水平、民族等属性进行交叉分析后，得出特朗普支持者本能模式的分布情况依旧如此。图9-8展示了不同民族的特朗普女性支持者的本能模式的分布情况。尽管不同民族中的同一元世界观者对特朗普的支持情况各有不同，但特朗普的支持者在各个民族中的分布规律十分相似。

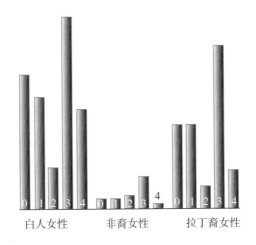

图9-8　特朗普的女性支持者

　　无论在哪个民族群体中，特朗普的女性支持者都主要来自0号元世界观者、1号元世界观者、3号元世界观者。

（一）特朗普支持者的社群

　　我们已经注意到，任何群体的壮大都遵循可预见的模式。理解特朗普支持者群体最初来自何方十分重要。简而言之，随着社群的壮大，真正的信众确保发展中的社群初心不改，而中间派的态度确保社群能长期发展。

　　以特朗普的影响为例，其显著程度在社会结合论者之中最高，平衡论者次之，再次则是温和主义者。特朗普的支持者中，人数最多的是中间派元世界观者，不过社会结合论者内部对特朗普的支持率要高于其他任何本能模式群体。换句话说，特朗普效应真正的信众是社会结合论者（图9-9）。

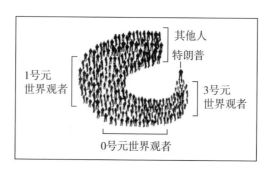

其他人
特朗普
1号元
世界观者
3号元
世界观者
0号元世界观者

图9-9　对特朗普影响的剖析

　　特朗普的竞选活动是一场关于如何唤醒目标受众本能的绝佳案例（表9-3）。特朗普对与施政相关的实际政策法规几乎完全避而不谈（唯一的例外是移民政策）。他也不像其他中间派参选者那样试着展示与所有民众的共情力。相反，特朗普成功展示了他和投票者中与他相似的那部分人有共鸣。特朗普提出煽动性较强的主张，向信徒们证明自己理解他们，因为自己回应了他们长久以来的诉求。而这些诉求，在过去的数十年间，一直被华盛顿的权力掮客视若无睹。

表9-3　在总统选举中得到体现的本能特征

3 号元世界观	0 号元世界观	1 号元世界观
秩序 生活准则 看重"我们"与"他们"的区隔 等级特权是合理的 对欺骗和背叛非常敏感 安全和传统 崇尚规则 年龄、宗教、家庭	对人与人之间的区隔有意识 对差异有明确认知 家庭、年龄、宗教 对新事物持开放态度 乐观 公平和秩序	重视社会团结 安全 守护我们共同认可的生活方式 过往成就 年龄、家庭、成就 平衡

通过向支持自己的选民证实自己与他们处于同一阵线，特朗普在没有征得他们对任何具体施政方案的支持的情况下，就取得了他们的信任。当一个人受到本能驱使时，便很容易失去一以贯之的理智，从而对特定外部信息开启否定、偏离、扭曲等心理防御机制（奥巴马其实也采取了相似的策略，赢得另一组本能模式群体选民的支持。基于同样的理由，这些选民会容忍奥巴马偶尔的失言）。特朗普在他与支持他的选民之间建立了基于本能的连接，驱动这些选民发自内心地支持他。这些选民在乎美国人和其他人的区隔（来自忠诚本能），并且坚定维护传统，认为传统是一个理想国度不可或缺的（来自权威本能）。

特朗普向支持他的选民充分展示了他是发自内心地对上述观点感同身受。因此，他没有必要再刻意宣称"我感受到了你们的痛苦"。他进而以一种强而有力且极具煽动性的方式回应支持他的选民的呼吁。

特朗普支持者的叙事突出体现了社会结合论式的本能特征。这些本能特征进一步遭到 "我们"与"他们"之别的激化。特朗普的支持者对他们眼中那些"不按规矩行事"的人感到愤怒。这就是为什么说希拉里团队对于特朗普将自食其果的判断，实际上是目光短浅的。他们眼中的特朗普的一切专横行径，其实都深受特朗普信众的喜爱。简而言之，特朗普并不害怕被人当作一名偏袒白人、警察、基督教福音派，并轻视有色人种、外来移民以及其他质疑法律与秩序之人的政客。

（二）一道治国难题

正如在百老汇音乐剧《汉密尔顿》（*Hamilton*）中，华盛顿将军（General Washington）对亚历山大·汉密尔顿所说的，"赢得战争容易，治理国家困难。"特朗普看来也遇到了这个难题。鉴于他可能在普选中落败，他的政议能否付诸实践尚且存疑。[①]

在2016年的总统大选中，两位总统候选人各自获得的票数在有效选票数的占比都在50%上下。然而，参与投票的美国公民仅占合格选民总人数的56%。这意味着，每位候选人实际收获了约25%的合格选民的支持。合格选民中特朗普支持者的分布情况如图9-10所示。

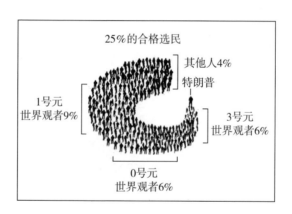

图9-10　合格选民中特朗普支持者的分布情况

这意味着，为特朗普投出选票的选民约为合格选民总数的25%。而在合格选民中，多达75%的人没有给特朗普投票。当然，对于选举预测与评论而言，"可能投票的选民们"的行为更具参考意义，就算

---

① 本书写作时间在拜登赢得 2020 年美国大选之前。——译者注

这些人中相当大的一部分并不会投出投票。如果将美国视为一家公司，这家公司正在销售的商品为民主投票，那么我们可以合理推断，其待开发市场的最大体量为全美75%的人口。

如果我们能逆转选民参与投票率的下降趋势，将产生什么影响？如果政令生效需要多数选民签字确认，又将带来何种影响？如果总统候选人需要得到50%以上的合格选票才能当选，统治者的理政风格是否将比如今温和？较低的选民参与投票率无疑对持极端政见的候选人更为有力。在这种环境中，我们也变得和彼此愈发疏离。

于此，原因分析模型带来了改变现实困局的希望。如果我们能够认识到人们看待问题的方式生而有别，或许我们可以建立一个更有意义也更有影响力的选举投票体系。我们能做到这一点吗？如果我们准备接受这项考验，我们务必要充分运用原因分析模型的各项要素，以理解为什么有接近50%的合格选民没有投出他们的选票。要知道，这50%的合格选民来自五个本能模式群体。我的猜测是，整体而言，美国民众对是否投出选票一事的态度是矛盾的：他们不确定投票从根本上是为国家投票还是为党派投票。而美国民众对各党派的评价也干扰了自己的政治观念。毫无疑问，如果国家足够严肃地看待提高选民参与度这件事，肯定存在不止一种能切实提高选民参与度的手段。在澳大利亚，几乎所有的成年公民都参与了选举投票，毕竟这是该国的法律要求。而对于美国选民参与度偏低的难题，应由无党派人士说服各本能群体，让他们认可选举投票制度的确反映了整个国家的共同价值。毫无疑问，这是一条值得探索的前路。

第十章

如何运用原因分析模型

有时，我们会忽然察觉，或许我们并不真正了解自己的朋友或同伴。他们突然就做了许多我们不认可或不理解的事情。打个比方，你告知你的一位朋友最近你收到多家慈善机构的邮件，今天恰巧是星期二回馈日，你正在斟酌为哪项慈善事业捐款：是援助负伤的退伍军人，是交给美国心脏病学会，还是捐助给山岳协会。你向朋友打趣道："谁会是收到我捐款的幸运儿呢？"你希望从朋友那获得一些建议。然而你的朋友回复道："我不会支持它们任何一家。我赚钱也很辛苦。"这是你不曾预料到的回答，它令你震惊，这位朋友竟是这样的人。实际上，你纠结要将善款捐助给哪家机构是因为你是一名不善拒绝的老好人，所以你也不好意思强求你的朋友。于是，你就此止住了话头。一段时间之后，或许你会发现那只是这位朋友随口一说。又或许，那番言论确实证实了在这个对你而言具有重要意义的问题上，你与你朋友的观点存在重大分歧。

如今，我相信读者们多半已经意识到，类似这种观点分歧的存在与人们的本能模式有关。审视自己在接收到不同信息时第一反应是积极的还是消极的，有助于我们更敏锐地捕捉本能模式的影响作用。某些信息在被你看见或者听见时，是否将引发你极度的厌恶情绪？比如说，你是否在看到某条广告时就会情不自禁地换台？同样地，有没有让你一见倾心的广告呢？你会在听见苹果公司广告的背景音乐旋律或者贺曼公司（Hallmark）母亲节折扣季的主题音乐时就欢欣振奋吗？这些问题的答案与我们的某些本能有关。而广告意图触发的正是这些本能。

　　无论是品牌营销、产品营销，还是公益营销，所有类型的市场营销都致力于在触达新的目标群体并尝试与他们交互时运用合宜的表达方式。正如我们已经观察到的，一则广告若仅仅聚焦于人口统计指标相关属性，通常没办法理顺目标群体各种观念和行为之间可能存在的因果关系。随着大数据建模分析的普及，许多公司以为运用简易化流程是触达目标客群并与之建立交互关系的最有效方式。不过，执行这种分析策略需要运用到的分析工具却并不简单。它可能用到诸如双选测试、多变量统计分析、人工智能算法等新颖、繁复的分析工具。更为重要的是，驱动目标客群行为的那些原因被抽离了，以至于作为营销对象的品牌或公益事业丢失了他们丰富内涵中的复杂性、肌理质感和情绪元素。但是，我们非得接受这种必然存在取舍的分析策略吗？

　　或许有些令人意外的是，公益营销与产品营销在进行市场沟通和理念定位时，运用的工具方法是一致的。二者都始于对目标客群的充分理解。若查阅下一封来自某家慈善机构或志愿者协会的邮件，你将发现它们都在以"做减法"的方式，突出表现某一项具体诉求。平均来看，一项公益营销活动仅能带动不到5%的受众回馈。饥饿、癌症、无家可归、过度采伐、难民、人口控制、贫困、种族主义、气候变化等困扰现代人类的难题，实在不应该只得到如此少的关注度。剩余95%的人是否会用其他方式回应上述议题呢？如果有些人不会受到本能的驱使去关爱受害者，那么他们是否会因为尊崇奉献传统而有所行动？我们又是否能通过呼吁以理智看待经济发展或者通过弘扬悠久传统中的利他主义美德，去激励更多人付诸行动呢？

　　根据原因分析模型，不难看出为何大多数的市场营销都在围绕关爱本能做文章。因为关爱本能是所有本能中最具普适性的那一项，所以关爱本能的影响作用在所有本能模式中都得到了一定程度的体现。大多数人都会或多或少出于本能关心关爱孩童。当然，人们对待自己的子女时，其关爱本能的影响作用将更为强烈。然而关爱本能的内涵不仅如此，它已经具备社会化特征，他人的孩子，和儿童有关的玩具，儿童拥有的物件，甚至是动物（比如小海豹等）都能唤醒人们的关爱本能意识。但是，不同本能群体受到关爱本能影响作用的程度是有差异的。图10-1展示了这一点。

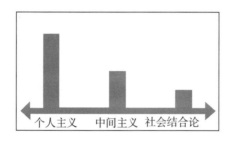

图10-1　关爱／伤害本能在社会结合横轴上的渐变

关爱本能主导了个人主义者看待世界的方式，对个人主义者有深远影响。另一端的社会结合论者则相对冷漠，缺少共情能力。他们本能地更重视自我保护，忠于集体、权威和等级。

大多数慈善宣传推广活动的设计理念蕴含人们有共同的动因这一假设。举例来说，慈善机构通常聚焦于关爱本能以吸引捐助者。但其实，这些宣传推广活动的吸引力的来源没有这么简单。2012年，由温特里奇（Winterich）、张（Zhang）、米特拉（Mitteral）共同发表的论文《政治身份和慈善理念定位如何吸引更多的捐助》（*How*

Political Identity and Charity Positioning Increase Donations）[1]提出，他们的研究表明，一项仅聚焦于单一路径的慈善宣传推广设计理念是有所缺陷的。换言之，绝不只有一种触达意向捐助者的宣传推广方式。在这项研究中，他们模拟创建了一家虚构的慈善机构，尝试借此更好地理解慈善机构的道德基础定位和其捐助者政治身份之间的联系。其中，捐助者的政治身份被划分成自由主义者和保守主义者两派，有关自由主义者和保守主义者的特征描述，与对社会结合横轴两端的个人主义者和社会结合论者的特征描述基本契合。这家虚构的慈善机构分别提供了两版清晰明确的书面介绍，介绍了它的机构设置与理念定位。两版介绍之间只存在少量文字改动。

第一版：救护儿童基金会（Save the Children）致力于与私立机构合作，持续改善全球范围内有需要的儿童的生活境遇。救护儿童基金会募集的资金将由以本地市民团体和宗教组织为主的私立组织托管。这些私立组织将使用上述资金为需要的儿童提供食物、衣物和医护服务。

第二版：基金会致力于与各国政府合作，借助政府干预手段，持续改善全球范围内有需要的儿童的生活境遇。救护儿童基金会在政府资源支持下募集资金，上述资金将交由以美国政府为代表的公立机构监管与支付。这些公立机构将使用上述资金为需要的儿童提供食物、衣物和医护服务。

研究者在意向捐助者们读完上述两则陈述后，分别询问他们对救护儿童基金会的认同程度，以及他们是否会捐款，如果会捐款的话，会捐助多少。意向捐助者的回应如图10-2所示。[2]

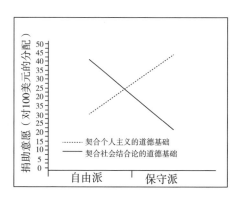

图10-2　高级道德认同的内化

如读者所见，有社会结合论本能模式的参与者更认同保守派风格的描述，有个人主义本能模式的参与者则更认同自由派风格的描述。仅在通过机构介绍大致了解这家基金会是保守派还是自由派的条件下，我们就能推断某个群体的意向捐助者对这家基金会的认可程度，以及他们捐助的可能性有多大。

这项研究质疑了当下盛行的市场营销策略的构建理念，其结果表明，打动营销受众，进而收获营销受众关注和认同的渠道不应局限于一条路径。更多样化的信息表达能够让信息在更广泛的受众中传播普及，从而轻易增加一家慈善机构将收到的捐助。

2007年，美国防止虐待动物协会主创过一条公益广告，它是基于关爱本能进行宣传推广的典型案例。如今，当人们听到莎拉·麦克拉克兰（Sarah McLachlan）演唱的《天使》（Angel）时，就会不由自主地联想到于2007年放映的那条广告，回忆起一幕接着一幕出现的被抛弃或被虐待的宠物们。这条公益广告帮助美国防止虐待动物协会成功筹集到接近三千万美元的捐款[3]，这样的成就足以让它成为历史上最佳的宣传推广活动之一。不过，它尚有进一步提升的空间。

除了关爱本能，还有哪些明确的情感连接能拓展美国防止虐待动物协会的基础受众呢？是众所周知的宠物对主人的忠诚，还是长久以来的传统中宠物在人们家庭中的角色与地位？（历史上，多数新总统入主白宫时，都会带上他们的宠物。）宠物给人带来期待，让人喜悦，这些情感连接也在一定程度上中和了关爱本能所蕴含的严肃意味。尽管美国防止虐待动物协会的这条公益广告大获成功，但它确实局限于唤醒单一的本能性动因。如果美国防止虐待动物协会旨在尽可能地打动更多的潜在捐助者，它可以采用更多元化的方式。市场营销师的困局在于，如果一项宣传推广活动成效显著，人们就会认为它所运用的策略方式就是完成这项工作的唯一解法。然而，在我看来，得到一种可行解法不过是探究的起点而已。

一、客户旅程地图分析

根据客户或者捐助者的理念为其绘制旅程地图这件事，是值得付出努力去尝试的。在客户信息搜集的任意阶段获取到任何指标层级的信息，皆可用于客户旅程地图分析。

因为在如今万物互联的世界之中，我们掌握了品类丰富的数据来源，所以我们能够发现我们的本能模式通过数不胜数的形式得到了表达。而行为指标最容易被观察到，但它们最为变化无端，难以与某种动因相互关联。在进行客户旅程地图分析时，越接近目标客户的本能模式，我们的观测结果就更具有解释意义（图10-3）。

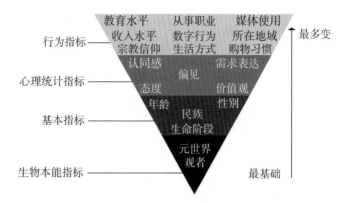

图10-3　在客户旅程地图分析中应用不同指标层级的客群特征

正因如此，如果你正代表一家慈善机构或一项公益事业召集新的捐助者，把握正确的时机是成功的关键。你应当格外注重符合时宜地完成每个步骤。一言蔽之，以营销漏斗法分析，任何客户旅程地图都必将经历：客户留意我们的营销、客户琢磨我们的营销、营销结果的顺利转化这几个阶段。你会向刚认识的某人求婚吗？多数情况下，你应该不会这么做。图10-4呈现了一条我们认为有助于打动更多意向捐助者的客户旅程地图。

图10-4　客户旅程地图

（1）道德支持，或称破冰阶段： 目标群体在这个阶段得知这项对社会有益的事业，在道德上认同这项事业，并表示支持态度。比如说，目标群体可能在社交媒体平台上，为这项事业"点赞"。这已足够说明目标群体对这项事业的道德

支持。而这也是目标群体和公益机构之间可能建立关系的
征兆。

（2）**小额捐助，一般通过线上渠道实现**：这可能意味着意向捐
助者被宣传推广信息中表达的这项事业所具备的某种优良
品质所吸引。

（3）**深度参与**：意向捐助者开始参加相关的活动，和其他有共
同爱好的人打成一片。这证明了无论是参加长跑赛、打高
尔夫球、跳舞，还是清理小溪中的垃圾，大家都不愿意孤
单一人。

（4）**成为会员**：直到此刻，意向捐助者才明确自己与这项事业
的价值观是契合的。根据公益事业和目标群体的不同，到
达这个阶段可能需要十分钟、十周或者十年。

（5）**自发呼吁**：这项事业让意向捐助者产生了归属感，是进入
最后阶段的标志。除了通过捐款的形式对这项事业形成直
接贡献，他们还会将这项事业认定为自身属性中不可或缺
的一部分。他们会志愿带头组织捐助活动，或者通过分
享自己的故事呼吁更多人加入，多方式地支持这项事业的
发展。

一项事业或一个品牌的宣传推广难点皆在于如何灵活应变，找
到一条旅程地图分析的路径，直达这项事业或这个品牌的核心价值主
张。一般来说，我们可以分三步应用基于本能模式的原因分析模型来
完成这项任务。

（一）探索发现：原因搜寻

在这个阶段了解价值主张至关重要。我们通常会和目标企业的领导会谈，以求细致了解拟宣传推广事业或品牌的价值主张。我们既要收集创意材料，也要收集目标客群的有关数据，这些数据显示了目标客群近期是如何回应相关信息的。我们将提出以下问题：

（1）这项价值主张的目标群体是谁？

（2）我们将通过哪些关键指标衡量目标群体是否接收到我们传达的信息？

（3）要如何判断我们是否成功了？

（二）交互构筑：原因绘像

接下来，我们制定战略和规划。在这个阶段，我们提出以下问题：

（1）聚焦于哪种本能模式？

（2）使用哪种媒体（例如直邮、数字媒体、电视）？

（3）时间周期如何设定？

（4）宣传推广活动将展示什么样的叙事？

（三）应用部署：原因测定

一旦确定宣传推广的衡量指标和日程计划，我们就可以开始跟进宣传推广效果。我们将根据宣传推广规模定期发布阶段报告，并根据进展情况，实时做出必要调整。

关于本能模式，我们或许有一些误解：我们想当然地认为，在大规模的人群中，各种本能模式群体可以根据基于一般属性的异同聚合成相互离散的簇团。然而，基于对本能模式群体分布图景的准确认知，我们发现本能模式群体与一般属性之间并没有明确的必然联系（图10-5）。各式各样的人在社会结合横轴上看起来像是随机分布的，而当我们深入探索，进行数据分析，我们将逐渐发现其分布规律。我们拥有的数据越多，我们就越能全面地理解目标人群是如何围绕叙事组织起来，以相似的方法理解外部世界的。而叙事越具体，我们就越能精准地筛查出哪些人不属于某种本能模式群体。同样的道理，一则宽泛的叙事能在社会结合横轴上适配更多人。

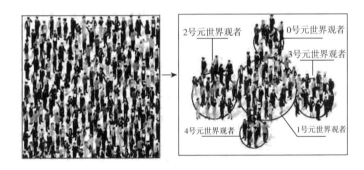

图10-5　本能模式群体并未基于一般属性形成离散的簇团

　　运用原因分析模型，我们确定了美国社会整体的本能模式结构及其各种基本叙事的一般分布。然而，任何市场宣传推广或者政治宣传推广都可以根据某个品牌、某项事业或者某种举动的具体特征创建定制化叙事。相比于粗暴地复制其他叙事模板，定制化叙事能精准地触达各类目标群体，能影响到更多的人。为了尽可能地扩大影响力，我们力求将全部可获取的输入信息融入叙事框架。而宣传推广的最终成效，则取决于输入信息与叙事框架的适应程度。请各位读者和我一同思考，本能模式是如何和下列属性融合交织，并影响某个人对这些属性的理解的。

（1）**年龄：**这段叙事能代表一个人对某个具体事件的真实描述吗？对千禧世代的个人主义者来说情况如何？对婴儿潮世代的个人主义者来说情况又是如何？

（2）**性别：**不同性别的人将如何回应这段叙事？不同性别的个人主义者和社会结合论者又将如何回应呢？别忘了我们之前讨论过的关于性别属性的敏感性。

（3）**民族：**对于各个民族群体而言，是否有一些特别的生活经历让他们根据自己经历过的这些"不容辩驳的事实"得出不被其他群体接受的结论？不同民族的人都是如何受到本能模式和生活经历的影响？我们对民族属性的刻板印象让我们忽略民族属性的影响，在构建叙事时将不同民族的目标人群归入一个大群体。

（4）**宗教：**本能模式很可能也影响到人们通过宗教活动表达自我的方式。或许某种宗教可能对人们产生高于个体特征层级的年龄影响，但人们参与宗教活动的方式仍然因人而异。

（5）**价值取向：**可以确定的是，人们的价值取向是其本能模式和人生经历共同作用的产物。人们对伦理、规范、传统的态度亦如此。本能模式决定了这些元素如何在一个人的世界观中得到阐释。

正如本书之前的章节中所论述的，原因分析模型是一种通过交叉性分析采用多种属性指标的研究方法。

不同的品牌发起沟通、谋求关注、吸引顾客的方式大同小异，其核心要义都是传递能够与目标群体取得共鸣的宣传推广信息。罗杰斯创新扩散模型（图10-6）展示了一种广受好评的理论，它追求进一步解释理念、产品、潮流、行为是如何经历数个阶段逐渐得到人们广泛接受的。读者能发现，罗杰斯创新扩散模型与上一章提到的理念演化过程有相似之处。

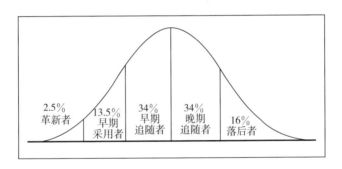

图10-6　罗杰斯创新扩散模型

这个模型主张不同类型的人群分别对应一个创新扩散周期中的各个节点。这与各个本能模式群体对应理念演化不同阶段的思想不谋而合。基于此，我们可以结合元世界观和罗杰斯创新扩散模型（图10-7）去理解一个品牌经历逐渐成形、走向主流、热度消退或者焕发新彩的动态过程。最成功的品牌、机构、理念与事业的发展，都依赖于不同本能模式群体在交互作用下无意识地推进某种宣传推广目标，比如延续一个品牌的生命周期。

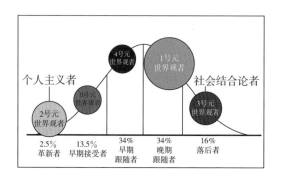

图10-7　元世界观与创新扩散

二、实现拓展超越的现实案例

我在此分享一些现实案例。在这些案例中，途景公司运用原因分析模型助力合作伙伴触达更多的客户，在完成既定目标的基础上实现拓展超越。

（一）《自由》杂志旧档案库案例

2015年3月，我们接到一项有趣的委托，委托方是《自由》（Liberty）杂志旧档案库。《自由》杂志如今已停刊多年，但在1924年至1950年间，《自由》曾全美国广泛流行。作为一款周刊，它拥有300万订阅者。其内容涉及20世纪著名的文学家、好莱坞影人、科学家、体育明星、流行文化名人等社会各界名流，包括门肯[①]（H. L.

[①]　门肯（1880—1956），美国著名记者、作家，代表作品《美国语言》。——译者注

Mencken）、特斯拉（Tesla）、托尔斯泰（Tolstoy）、爱因斯坦、富兰克林·罗斯福（Franklin Roosevelt，有20余篇文章）、贝比·鲁斯（Babe Ruth）。旧档案库如今的主人希望能在某个多渠道平台上向公众再次展示库中这些令人叹为观止的典藏。

在参观旧档案库展示品、探究《自由》杂志特色优势并与旧档案库的管理层会晤后，我们拿出了一套针对《自由》杂志复兴项目的宣传推广方案。其目标是以一种在不招致舆论争议的前提下吸引广告商并引发热议的方式，让当代的广大群众熟知《自由》杂志。经过调研，我们确定理想的目标受众为1号元世界观温和主义者。这是因为他们全心赞同当代社会主流价值，重视维系平衡。我们统计分析了有关温和主义者好恶的交叉样本，在此基础上拟订了宣传推广内容与策略。这份2015年的交叉样本统计结果如表10-1所示。

表10-1 《自由》杂志复兴项目中目标受众的特质

公益事业	娱乐游戏	生活爱好	最关注的女性名人
美国心脏病学会	聚会桌游：反人类卡牌	美食	凯莉·安德伍德（Carrie Under-wood）
救世军	聚会桌游：强手棋	音乐	碧昂斯（Beyonce）
特殊奥林匹克运动会	益智手游：《冷知识问答》（TriviaCrack）	宠物	詹妮弗·劳伦斯（Jennifer Lawrence）
负伤退伍军人援助机构	休闲手游：填词接龙	旅游	泰勒·斯威夫特（Taylor Swift）

续表

品牌	电视节目	电影	最关注的男性名人
可口可乐	《绝命毒师》（*Breaking Bad*）	《冰雪奇缘》（*Frozen*）	道恩·强森（Dwayne Jonson）
福特汽车	《办公室》（*The Office*）	《拯救大兵瑞恩》（*Saving Private Ryan*）	吉米·法伦（Jimmy Fallon）
美汁源	《辛普森一家》（*The Simpsons*）	《肖申克的救赎》（*The Shawshank Redemption*）	贾斯汀·汀布莱克（Justin Timberlake）
耐克	《顶级大厨》（*Top Chef*）	《玩具总动员》（*Toy Story*）	凯文·哈特（Kevin Hart）

接下来需要突破的难题是通过什么方式推广《自由》杂志。我们提出了一个概念性框架，其中包含安全、自由、爱情、幸福、文化、正义、目的等主题栏目。每一篇从《自由》杂志旧档案库中选出并推送给读者的文章都注明了其对应的主题，并配以1号元世界观温和主义者感兴趣的导读标语，以求得到目标受众的持续关注。果不其然，当导读标语偏离首要目标受众的偏好，对应文章的交互水平就受到较大的负面影响。举个例子，我们曾推送一篇爱因斯坦撰写的论文，其导读标语为："爱因斯坦谈安全：为什么他不曾放弃对人性的希望"（图10-8）。在这篇文章中，爱因斯坦提到了安全性和人性的关联。他讲述了如果人们更重视个体之间的相互关怀，这种互惠关系将使我们的文化变得更温暖，那么人性也将体现出更安全、更公平、更鼓舞人心的意蕴。这样的观点表达是2号元世界观个人主义者所乐见的，

而对于1号元世界观温和主义者来说，上述的导读标语令人困惑，且有误导之嫌。

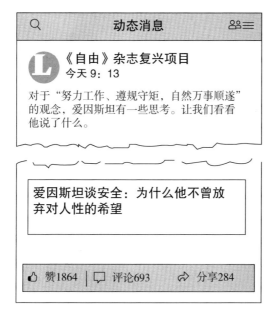

图10-8　导读标语（与核心受众偏好不一致）

需要声明的是，在推送这篇文章后的头四天，它收获了4000人次的浏览量。但随后我们注意到，这篇文章的下方评论展现的攻击性与敌意远超其他文章。我们最终也发现了，在导读标语中提及"人性"更契合2号元世界观个人主义者，而非1号元世界观温和主义者。于是，在推送后的第五天，我们更改了这篇文章的导读标语，让它看起来更像是1号元世界观温和主义者会说的话。更改后的导读标语是："爱因斯坦也认为这是一个平衡问题。"导读标语改动后的四天中，文章的浏览人次有了成倍增长。更有趣的是，文章下方评论中的互动大幅增加，并且留言者们一改之前充满攻击性的姿态，变得友善了（图10-9）。

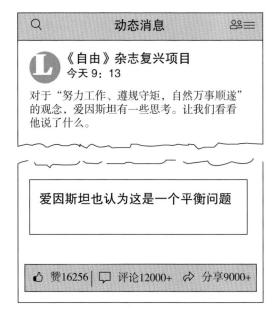

图10-9　改后的导读标语（与核心受众偏好一致）

导读标语改动带来的显著成效证明我们宣传推广思路的主要假设是成立的，即知晓我们在和哪些人沟通交流，并了解这些人偏爱哪种交互方式，将有利于我们传达的信息被听见、被认可。审慎地选择合适的标题是重中之重。文字是极有分量的信息载体，它们蕴含的力量不容忽视。

我们还创建了资源交换策略。经过调研，我们希望在推送《自由》杂志旧稿的同时，也推送一些与《自由》杂志的调性符合的全新原创内容作为旧稿的补充。这样一来，我们推送的内容就不至于全盘来自过去的时代。我们首先选定了美食、户外、旅行、流行文化、健康生活等广受1号元世界观温和主义者欢迎的主题，并在相关网络社区寻找内容互推合作机会。《自由》杂志复兴项目的编辑在网络留言板和社交媒体上跟进与本项目调性一致且可能吸引目标受众关注的信息内容，再联系发布这些信息内容的作者或博客主，向他们发起内容互推合作的邀请。《自由》杂志复兴项目始于2015年7月，到2016年1月，它在一个月内收获了450万位访客（6个月后，本项目负责人出售了这个项目）。如读者所见，这个例子充分体现了原因分析模型对各种具体场景的适应性。

（二）美国职业橄榄球队案例

另一个案例源于一支美国国家橄榄球联盟成员队伍的委托。在这里，我们不公开这支球队的名称。这支球队希望达成的目标也很直接，即设法提高球队官方发送给球迷的邮件的打开率。球队最为关注的是那些至少已经连续三年没有对球队官方发布的市场营销信息做出回应的球迷。在球队票务数据的支持下，我们设法将这些球迷梳理为个人主义者、中间派、社会结合论者，并研究修改邮件标题会如何影响各群体的打开率。举个例子：

个人主义者： "你从未见识过这样的车尾派对[①]"

中间派： "为你增加观看比赛乐趣的车尾派对传统"

[①]　车尾派对，在打开的汽车后备厢旁边举行的派对，起源于美国，有时在体育比赛或音乐会后举行。——译者注

社会结合论者："车尾派对，球队悠久的传统"

图10-10展示了根据各个本能模式群体的偏好调整邮件标题后，邮件打开率的变动情况。

曾点击同主题上一封邮件的用户，将收到同主题下一封邮件。非活跃用户：3年以上未响应的用户。			
☑ 宣传推广主题	采用个人主义风格标题的邮件	采用中间派风格标题的邮件	采用社会结合论风格标题的邮件
☑ 邀请参加车尾派对	+62%	+31%	+31%
☑ 新活动方案	+22%	+18%	+18%
☑ 荣耀戒指球员投票	+45%	+35%	+28%

图10-10　对非活跃用户的邮件宣传推广

有趣的是，体育俱乐部通常都不特别重视个人主义者。而本案例收集的数据表明，个人主义者对球队的宣传推广邮件有积极回应，或许球队市场营销部应该更多地关注他们。至少，对于每一次宣传推广信息，市场营销部都应根据个人主义者的偏好对原版邮件进行优化调整后再定向推送。

（三）直邮营销案例

途景公司的另一位客户是一家通过直邮营销方式动态追踪潜在客群的企业。彼时，这家企业已经建立了潜在客群浏览记录的数据库，正在找寻合适的方法利用数据资源获得更多的客户。通过评估该企业直邮营销收件人名册，我们发现目标受众来自多个本能模式群体，但企业以"一码通吃"的方式，向全部收件人发送了无差别的邮件。但其实，更有针对性的信息表达可以提高转化率。根据该企业的营销目标可以确定，无论邮件采用何种信息表达方式，都应表达两项要点：第一，债务是有害的；第二，债务化解的方式可以很简单。基于上述信息，我们在文本内容、视觉设计、决策策略等方面优化了该企业原有的宣传推广方案，使其更能吸引那些想要更好地管理自己生活方式的人们，这自然就包括厘清自己的债务问题。在该品牌原有回报率的基础上，我们尝试向前再进一步。

我们的价值主张很直接：一项容易执行的债务重组方案将帮助客户树立处理个人财务问题的信心。原因分析模型揭示了本能模式不同的人对负债的态度不同，对于如何处理债务问题也有不同的见解。我们根据各个本能模式群体的特点，采用了差异化的信息表达。

检视本能性差异如何分列于社会结合横轴之上是件有意思的事情。个人主义者认为债务化解意味着回归自由，而社会结合论者希望债务化解能让他们取回自己生活的主导权，而中间派相信有让债务的各个相关方都觉得公平的处理方式。鉴于这些差异，我们的信息表达并未过多着墨于债务化解的逻辑理性（并较少使用大片的密集文字）。我们的目标是让邮件接收者拨打邮件中的服务电话，与客服代表讨论他们当前的债务状况。结果是：该品牌的回报率在原水平上翻了三倍，其获得的客户总量也有增加（图10-11）。

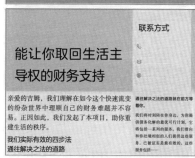

图10-11 差异化的直邮营销设计

受到媒介渠道的限制，这项宣传推广活动仅使用了一个媒体平台。尽管如此，本案例仍展现了本能模式对行为改变机制的影响作用。原因分析模型可被用于识别具体某家公司的目标客群，检验某种价值主张的吸引力，或者通过单一的沟通范式说服客户购买某种商品，产生积极成效。

（四）面向美国政府雇员的保险营销案例

在另一个案例中，途景公司的委托方是一家服务美国政府雇员的全险种保险公司。因为美国政府对保险有可转移的要求（这样一来，政府雇员在受雇于不同企业时，可以转移自己的保险权益），各家保险公司需要参与政府公开招标以获得对政府雇员的服务资格。招标时间通常定在每年的11月。在这次委托中，客户向我们提出了三个问题：

（1）谁是核心客户？

（2）目前的客户交互方式是最佳方式吗？

（3）要如何实现业绩增长？

这次的案例特有的难处是，基于安全和隐私方面的考虑，委托方不愿意向我们提供他们掌握的客户数据，不愿意让他们的客户参与问卷调查，这让我们的前期工作比往常更难开展。不过经过努力，我们还是基于年龄/生命阶段、性别、宗教信仰、教育水平、政府雇员身份等属性对委托方的客户进行了整理归类，并找到了委托方核心客户由哪几个本能模式群体组成（图10-12）。

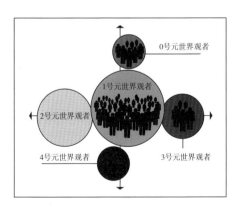

图10-12　美国政府雇员的保险营销案例中的客户绘像

委托方的大部分客户来自0号元世界观者（平衡论者）、1号元世界观者（温和主义者）和3号元世界观者（社会结合论者）。这三个本能模式群体都钟情于维系社会现状，对以下特质相当认同，会以下列特质为行事准则：权威、忠诚、安全、传统。

另外，一则简明扼要的叙事概括了三个本能群体面对生活的态度："我们努力工作，遵规守矩，但愿万事顺遂。处理事情的方式有对错之分。我们认同世上既有领导者也有追随者，有些情况下还会出现胜者和败者。"

这些人的行为动因如表10-2所示。

表10-2　保险营销项目中目标受众的动因

一般动因	维持社会秩序带来的凝聚力
	尊崇文化传统
	守护社会现状，对抗试图破坏它的人
	人生追求是获得内心的平静
	努力工作，好事将至
出于健康考虑的动因	维持健康的生活方式，能让关心你的人安心
	因为健康的生活方式是正确的生活方式，所以我们选择它
	维持健康的生活方式能将生活中的压力和不适降至最低水平，对于你和那些关心你的人来说都是如此
	我们清楚，减轻家庭的压力是我们每个人应该做的事情

除了考虑这些动因外，委托企业的管理层还主持召开了一系列研讨会，主题是针对企业目标受众的相关本能模式开发营销材料，并尝

试回答以下问题：

　　（1）如何向目标客群表达"权威"概念？

　　（2）要确立何种规则规范？

　　（3）如何与"传统"概念关联？

　　（4）如何用"忠诚"概念为参照定义目标受众中谁属内群体？

　　（5）如何自然地传递"安全"概念？这家企业将如何使人们有

　　　　安全感？

　　委托企业的管理层和我们的咨询团队参加了这些研讨会。会上，众人都真诚地对上述问题表达了自己的看法。其中，既有积极的反馈，也有消极的反馈。最后，大家构建了数段基于情节展开的叙事，以捕捉本能如何在客户旅程的某个场景中发挥影响作用。一开始，众人处理每一个客户旅程触点时都很费力，但很快就熟能生巧，减少了对文案内容的依赖性，并且在每个客户旅程触点都将选择精简至不超过三种。

　　就在方案已臻完善，蓄势待发之时，委托企业正要为当年秋天的公开招标季进行编制预算。这意味着他们可以通过保持与上一年一样的预算水平，对比检验今年的新宣传推广策略的效果究竟如何。他们与去年相同的广播电台合作，推送了与去年体量一致的营销广告，并采用百分点收视成本与千人印象成本的计量方式。总而言之，除了采用新的信息表达策略，委托企业还尽可能地保持其他宣传推广活动相关变量与去年相同。对比结果如表10-3所示。

表10-3　保险营销案例新策略的执行成效

年基对比科目	变化幅度
网站流量	+34%
访问时长	+26%
新增销售	+7.89%
顾客满意度	+4.5%

在接下来的两年中，委托企业的网站流量增加了34%。更重要的是，访客的平均访问时长增加了26%，销售总额较上年增加了约7.89%（这很重要，意味着他们摆脱了对低价产品销售策略的依赖），顾客满意度提高了4.5%。

本项目成功回答了一个受到人们普遍关注的一个问题：在当前多渠道的世界环境之中，要如何在客户旅程的所有潜在触点都建立并维系与客户的沟通交流。一份来自高德纳公司（Gartner）的研究报告指出[6]，在20世纪90年代，一段典型的客户旅程由三个触点组成（电视、广播、印刷品）。如今，一段典型的客户旅程包括六个触点（电视、广播、印刷品、网站、电子邮件、多种形式的社交媒体）。这项研究还提出，如果一项宣传推广活动能用好四项触点（电子邮件、直邮、网页广告、社交媒体广告），其营销效果将超过单触点策略或双触点策略三倍。想象一下，当我们结合本能模式原理与多触点策略后，产生的宣推成果将是多么不可限量。

三、原因搜寻、原因绘像、原因测定

房屋保修公司案例

探索发现，原因搜寻： 这起案例的委托方是一家经营范围遍布全美国的房屋保修公司。它拥有架构完善的市场调研部，正在寻求改善宣传推广效果的方法。过去九年，这家公司对自己的营销方案进行了建模和检验，而且市场份额在此期间增长到了20%。这家公司的宣传推广形式以直邮为主，数字媒体和社交媒体为辅。它当前的宣传推广叙事强调的主题为个人责任。它提供给我们两组有关客户档案信息的数据集。第一组数据集是其营销材料接收者的匿名样本。第二组数据集是第一组数据的子集，描述关于收到营销材料的人群中，有哪些人做出回应并与其签订了服务合同。通过这些数据，我们了解到委托企业的典型顾客是60岁左右的男性户主，这些人容易被以个人责任为主题的宣传推广信息所吸引。进一步检视数据，我们发现果不其然，回应委托企业宣传推广信息的人大多属于温和主义者和社会结合论者。

交互构筑，原因绘像： 基于多年以来的数据显示的结果，委托企业更愿意逐个调整原有宣传推广方案的构成要素，以求对既定的宣传推广范式做出渐进性改动。毕竟，委托企业过去九年的宣传推广策略确实卓有成效。正因如此，委托企业一直以来都将年龄在60岁左右的有责任感的户主视为核心客群。其他咨询公司或许希望拿到的项目如一张可以自由描画的白纸，但途景公司愿意以客户需求为引领推进客户委托事项。在这次的案例中，我们建议委托企业进一步完善现有文本内容，在文本中引入风险管理的情境，以提高责任感这个概念对核心客群的吸引力。这意味着，原版宣传推广叙事和新版宣传推广叙事之间只存在一些文本内容上的改动。前面"探索发现"阶段的分析让我们确信打动客户的方式绝不止于一种。我们假定，基于年龄因素和本能因素，那些比委托企业核心客群更年轻且月度生活预算更紧缺的户主将愿意回应另一种不同的宣传推广信息。我们创作了一则强调预算的宣传推广叙事，讲述了如果发生生活意外将导致生活开支被迫增加，这对他们来说将是沉重的压力。也就是说，这则叙事的重心是他们自身以及他们在承担责任时将面对的压力，而不是他们对意外事件的责任。这则叙事的重心与社会结合论聚焦于是非曲直的观念有较明显的分别。这一版的信息表达最终被应用于定向推送给40岁以下个人主义者的宣传推广方案之中。在本案例中，纳入考量的叙事因素不仅有不同的本能模式，还包括了不同的年龄／生命阶段。

应用部署，原因测定：测试方案很简单，我们选定了两组受众，对于一组目标受众，我们应用原有的宣传推广方案，强调个人责任；对于另一组，我们应用强调预算压力的宣传推广方案。测试的结果十分有趣。原有宣传推广方案的响应率达到了委托企业的历史平均水平，而聚焦个人主义客群的新方案的响应率比前一组要高出160％。如此成效说明新的宣传推广方案需要进行更多的运行测试，比如将运行测试范围从原有大概五万名客户增至数十万乃至数百万名客户。令人振奋的发现是，新宣传推广方案没有减少对旧方案目标受众的宣传推广效果，正如图10-13所示。最终委托企业的市场占有率达到了30％~40％。

图10-13 房屋保修公司案例中的两套营销方案

的确，能取得成功的宣传推广方案不止一套，但有多少能实现30%~40%的市场覆盖率呢？

四、在一家企业内找到原因

原因分析模型的最后一个关键应用是识别一家企业的文化。如果我们将一家企业视为一个人们每天进出的独特集群，那么它必然会形成自己的文化、表达、习惯，从而将这个集群与其成员所属的其他集群在概念上区分开来。准确识别一家企业的文化多有助益，比如有利于招募各有所长的员工以避免雇员同质化，再比如有利于识别在推进工作中可能遇到的阻碍。为此，我们应用原因分析模型阐释并描绘了不会随企业规模变化而改变的复杂性文化架构。

一家企业内部有许多不同的层级，比如部门、团队等。无论是同层级内部沟通还是跨层级沟通，沟通的准确性和及时性都至关重要，尤其是在沟通的内容牵涉公司的愿景和价值时更是如此。企业领袖树立企业的愿景和价值，管理层将企业领袖指示的内容与精神完整地传达给全体员工，再由全体员工贯彻企业价值，将公司的愿景和价值传递给顾客。顾客可以对企业的计划落实提出反馈，所以他们也被视作企业文化生态系统的组成部分（图10-14）。

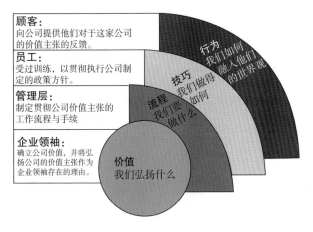

图10-14　企业文化生态系统

许多企业的人力资源部都编制了各自的企业手册，其中概述了企业的发展历程、使命任务、核心价值、管理制度、政策措施和企业对其员工的期望。企业领袖树立的企业价值通过管理制度转化成可在全企业上下贯彻执行的价值主张，可以帮助开展人力资源管理工作。近期，途景公司接受了美国国内一家大型制造型企业的委托，修订这家企业的销售部人事政策。在这项委托中，我们通过一张信息表归纳了该企业销售部的人员构成与岗位要求。图10-15简要展示了我们是如何规划这项任务的。

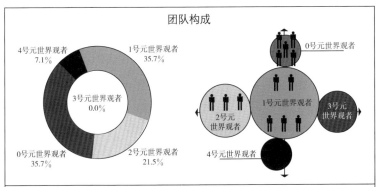

该部门人员以0号元世界观平衡论者和1号元世界观温和主义者为主，都是中间派，这符合该部门遵守流程规范的工作要求。他们的中间派特质意味着他们赞同社会现状，且能在与他人共情的同时，以趋于平衡的理念，对体制和秩序报以合宜的尊重。

　　该部门的领导层一定程度上表现出了一些2号元世界观个人主义者的特质，这无疑将为部门带来前瞻意识。领导层乐于接受新的理念，却也不至于让群体陷入脱离实际的无谓妄想。畅想与实际之间的平衡是这个群体所需的优秀品质。

　　该部门认为它们日常运转较为稳健顺畅，对于该部门关键业绩指标的评价结果表明，其自我描述是中肯的。当招聘新人时，部门面临一项选择，是招聘一名与当前群体特质相似的员工，即有个人主义倾向的中间派，还是招聘一名能让该部门变得更具社会结合论特质的员工。后者的加入将弱化群体共情意识，使部门以更加沉稳的工作作风接受流程管理和秩序规范，这可能有利于推进权责分明的管理制度。这是一项部门和企业高层领导都必须谨慎斟酌的决策。

图10-15　某企业销售部的人员构成与工作要求

通过图10-15的分析，我们能够看到各种工作技能是如何在该部门中发挥作用的。作为以销售为主要岗位职责的部门，该部门展现的群体特质与其工作职能相当契合。其由平衡论者和温和主义者为主的人员构成也相当合理。部门的领导层中个人领导者的比例恰到好处，为部门树立了前瞻意识，且也不至于让群体陷入脱离实际的无谓妄想。这种追求平衡的管理理念是该部门团队工作表现的核心驱动力。

在该企业的人力资源部查看销售部员工的关键业绩指标评价时，我们发现销售部的每名员工都认为他们的团队运转得稳健顺畅，而他们本人也都对团队运转起到了积极作用。在未来招聘新人时，部门领导将面临一项选择：是招聘一名与群体特质相似的员工，即有个人主义倾向的温和主义者，还是招聘一名能让该部门变得更具社会结合论者特质的员工。或许后者会让团队与重视流程秩序且恻隐之心较淡薄的顾客们更顺畅地沟通交流。毕竟，这项任务可谓为社会结合论者量身定做。

为了推进这类分析的实际应用，我们创建了一张该部门员工本能模式特征档案表，如图10-16所示（图中的人名均为化名）。它不仅展示了每名员工所属的本能模式群体，还记录了各项本能对每名员工影

团队成员	元世界观者类型	关爱本能	公平本能	忠诚本能	权威本能	纯洁本能
爱德华	2号					
凯特琳	0号					
戴维	1号					
利	4号					
马修	0号					
斯宾瑟	2号					
安妮特	1号					
亚历克西斯	1号					
布莱恩	0号					
约翰	1号					
迈克尔	0号					
罗伯特	2号					
桑德拉	1号					
德鲁	0号					

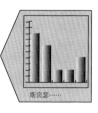

斯宾瑟……

图10-16　某企业销售部员工本能模式特征档案表

响作用的具体强度。通过这张档案表的记录，我们归纳总结出该部门员工典型的个体形象，以及一则具有代表性的个体叙事（表10-4）。

表10-4 某企业销售部员工典型的个体形象和具有代表性的个体叙事

个体形象
这个群体本能地倾向于强调个性化、同理心、公平性和正义感。群体成员们的差异化的行为方式是被允许的，除非他们的行为伤害到其他人，或者这些行为意味着对待他人的方式不公正。群体成员们有对弱者的保护欲，并且一般不会对其他人的个人选择指指点点。他们偏爱新鲜刺激且丰富多变的生活方式，并且看重个人自由。对他们而言，成为第一个吃螃蟹的人并为新生事物代言是值得自豪的事情，这样的行为能满足他们内心渴望超越社会现状的悸动。这样的观念与通过积累物质财富和精神财富获得更高社会地位的观念之间存在显著区别。

个体叙事
当我环顾周围的世界，这里充满了新生事物与多样选择，并允许人们以不同的方式表达自己。随着科技的进步，我们生活的方方面面都日新月异。这令我十分振奋，因为它们都是我的理想。理想的世界触手可及，这实在令人为之着迷。我热爱艺术和音乐，而我恰好具备欣赏与钻研任何可以被感知的艺术和音乐形式的能力，这对我来说不是难事。令我担忧的是，我们的世界变得越来越容不下差异，我看到一大群人希望所有人都按他们的想法行事。这让我很担忧，因为我认为如果他人没有影响到你，你就不应该对他人指指点点。人们有权利以他们觉得合适的方式进行表达，但我发现我的周围有许多人生活得并不幸福，而我们并未能付诸足够的努力以确保每个人都能承担生活的不幸。有太多的例子可以证实并非所有人都受到法律的平等保护。我认为这是不对的，我们有义务去纠正这一切。

　　在本书开篇部分，我们讨论了先天作用和后天作用哪一方对一个人的人生道路影响更大的问题。销售职业可以帮助我们深入讨论这一问题。一种观点是有的人生来就适合从事销售，销售才能是一种与生俱来的个人特质。另一种观点是销售和其他职业类似，其所需的才能

和技巧是可以习得的。因此，在这一行，勤勉工作同样能造就成功。无论如何，如果一个个人主义者和一个社会结合论者都致力于在销售这一行做出成绩，两者需要战胜的考验必然有所差异，而两者也各自拥有与生俱来的可解决不同难题的差异化优势（表10-5）。

表10-5　两种元世界观者面对销售工作时各自的优势与挑战

2号元世界观者	3号元世界观者
优势： 对世界有普遍的好奇心 对新生事物感到新鲜刺激 能够自然而然地与他人共情 善于处理人际关系 通常善于解构问题并灵活应变 普遍天性向往公平互惠的人际关系 经常能"发现"应对事物的新方式，带来超预期的成效 受到关爱、公平、正义概念的本能性触动	**优势：** 在有明确规章制度和责任划分的工作环境中得心应手 在有等级权力的环境中感到舒适 通常会发本能地基于社会秩序建设团队 认可群体有效运转的优先级高于个人感受 处理焦点事件得心应手 重视能系统性解决问题的流程与制度 有较强的自主性与自律性，并且希望取得受人赞赏的业绩 享受团队协作
挑战： 可能有抵触常规惯例的自然反应 结构分明在他们眼中或许意味着武断和／或严苛 或许认同群体利益高于个体得失 可能不善于归档记账 可能会受拖延症所扰 可能会觉得日复一日的工作无聊 不走寻常路的渴望可能与流程式的岗位要求相冲突	**挑战：** 可能固守陈规，抗拒变革 结构分明的环境对他们而言是舒适圈，也许会让他们不思进取 只以业绩论英雄 过于追求权责分明，对待一些工作有事不关己的心态 带来过于刻板的等级秩序（比如领导者和追随者，胜者和败者）

对于前来应聘的销售人员，委托企业的领导层打造了一套专业评估体系流程。这套体系流程包括销售技能测验、生活方式与习性问卷及技能面试环节。我们综合分析了委托企业对销售岗位的各项要求，发现社会结合横轴两端上各个群体都可以适应销售岗位的工作要求。鉴于委托企业销售部当前的人员构成（中间派元世界观者为主，且偏向个人主义者一端），我们发现了一种理解该部门发展需求的思路，据此挑选最合适的候选人。这些候选人应具备与部门发展需求紧密相关的各项技能，这意味着他们是最有可能胜任这项工作的人选。

该企业销售部经理拿到分析报告后评论道："这就说得通了。我们部门的共情力有些过剩了。3号元世界观社会结合论者是我们需要的新鲜血液，我们部门需要多一些这种一板一眼的气质。"我们很欣慰，这位领导并不是在找寻"气场最相合"的候选人。相反，这位领导扪心自问："我们团队缺乏的是什么？作为一家机构，我们发展的方向是什么？"鉴于该委托企业的销售周期较长，我们尚未向委托企业提供经过审慎评审的建议，所以本书不会深入介绍我们对这家委托企业的具体建议是什么。不过，我们能够明确的是，部门团队运行良好的某些征兆通常和特定的本能模式与管理风格紧密相连，而我们也能以此作为参考，去改进团队的协调性、生产效率和工作表现（表10-6）。

表10-6　成功的征兆与元世界观及管理风格的对应关系

2号元世界观者	3号元世界观者
人员特点适应以下工作要求： 优秀的管理技巧有用武之地，并且非常依赖于可建立并维护良好客户关系的销售机会 善于与人交往且乐于与人交往，将建立并维系客户关系作为一项基本的销售手段 时而精明理智，时而率性而为 在特定的销售场合，较好的问题解决能力、较长的销售周期和非标准化产品方案对其有优势 以顾问式销售作为常规营销方法	**人员特点适应以下工作要求：** 目标明确、预期清晰的流程化销售机会 将秩序规矩与团队协作视为开展工作的第一原则 一旦理解了工作方法和预期，就能在公司系统内独立自主运作 本身可以作为优化团队工作流程的一项资源
同样重要的管理风格： 如果销售管理体系依赖于结构化的流程汇报机制、等级秩序、标准化工作方法，这种管理风格可能会一定程度上削减该群体的工作热情和工作成效 鼓励在提出问题的基础上解决问题，支持不拘一格的创新工作方法 提供多样化的挑战、实在的激励和深入探究的机会 以多样性和刺激感作为驱动力	**同样重要的管理风格：** 如果销售管理体系依赖于结构化的流程汇报机制、等级秩序、标准化工作方法，这种管理风格将使该群体如鱼得水 积极打造具有可预见性和秩序的工作环境 理想的销售方案是个人技能、知识和可重复过程的最佳整合 依赖于灵活策略的非标准化销售方案可能让团队感到不适或为难

　　这里有一处重要启示。我们相信运用原因分析模型有助于帮助企业的招聘主管理解他们在主持面试时，自己潜意识中可能存在的偏误，即错误地认为谁"适合"公司的价值理念。认识到偏误的存在，可以制止那些以"适合公司"为借口的职场歧视，也可以遏止那些阻

碍公司朝更多元和更包容的方向发展的错误倾向。研究表明，招聘面试中的确存在民族歧视、性别歧视和年龄歧视，这些歧视的存在也的确影响到了最终谁能得到这份工作。人们总想雇那些和自己志趣相投的应聘者，在周围人都与自己有相同爱好、习俗、语言、民族、性别的环境中，人们会感觉更舒适。招聘主管选择应聘者时，会选择自己愿意与之结交的人，与自己志趣相投的人，自己的校友，已成家／未成家的人，住所离公司近的人，大学时期曾与自己参与相同运动项目的人，自己的老乡等。如果发生这种情况，则意味着招聘主管的选择并非基于应聘者具备哪些与这份工作最相关的各项技能。当然，我们不是说具备与这份工作最相关的各项技能的应聘者一定具备最突出的在校成绩和工作经历。招聘主管们在决策时，或许应该考察哪位应聘者能最快速地适应这份工作。原因分析模型能帮助招聘主管在决策过程中洞察一名新员工的加入将对公司产生的影响。这可以成为降低招聘主管在决策过程中有关年龄、性别、民族等属性的偏误影响作用的方式。运用原因分析模型还可以确保招聘主管不会重复犯同样的错误，即陷入不断招聘"相同"应聘者的系统性歧视的怪圈。

五、团队的风格

团队不是凭空出现的，团队建设应符合所在企业的企业文化和发展战略要求。企业的发展战略是要求创新开拓，还是要求稳健增长？如果是前者，团队将鼓励个人主义式的开放态度，勇于尝试新生事物，提高队伍的灵活变通能力。如果是后者，团队将更偏爱社会结合论者，因为他们崇尚等级、规则和一致性。两种风格都有自己的优势和劣势，一名优秀的领导者知晓如何在合适的时间，以合适的风格搭建团队，推进合适的项目。

我已经意识到，那些最优秀的团队普遍由来自不同专业背景和工作经历的队员组成，他们具有多元化和包容性，能够互补协作。不同的工作风格也是其成功的关键要素之一，因为每一位队员尊重的价值理念、推进工作任务的方式、沟通协作的方式，都可以成为对团队的贡献。比如说，有些人敢于挑战、积极进取，有些人重视团队协作、忠实可靠；有些人行事稳重、规则意识强，还有些人乐于探索不确定的事物；有些人务实肯干，另一些人则勇于开拓；有些人果敢决断，另一些人更加审慎明辨。这样的例子数不胜数，不过绝大部分人都重视成员间的相互信任。你应该能在自己或者同事身上找到一些上文提到的特质。

尽管各种工作风格都是可取的，但有些工作风格相互之间有冲突。个人期待和团队期待之间的清晰分界是两种工作风格产生冲突摩擦的最主要原因。如果一名团队成员想要通过一场头脑风暴拓宽思路，而另一名团队成员偏好条理清晰的工作思路，并希望能专注完成摆在眼前的工作任务呢？这意味着团队中一部分人的想法天马行空，而另一部分人强调组织纪律和工作细节，不愿意为不能确保实际效益的事情投入时间或精力。在他们来看，这样的行为无异于挥霍已经建立的优势基础。再比如，如果团队中有人认为一项不可行的解决方案应当被彻底抛弃，而另一些人则认为一项成功的方案应当取百家之所长。这很有可能引发双方的冲突。又比如，重视长期目标的成员和重视短期目标的成员之间的差异理念也将引致争端。前者会认为后者没有思考可持续发展，坚持要一步一个脚印，而后者强调若无法妥善处置眼前的事务，就没有未来可言。诚然，人们的理念差异在现实职场中的表现，不似上文列举的例子这般直接，但其中的道理是一样的。我们都会以自己的工作习惯为准绳。而团队内对立的工作风格能让大家发现思考的新角度与新方式；团队内一致的工作风格能让大家更顺畅地建立信任关系，融洽相处，加深成员对团队的忠诚度。不过，后者更易受到趋同思维的影响，并且让团队滋生较重的排外意识。

六、最大化激发团队效能

如果要建立让每位成员创新思考、有效行事、和谐共处的团队，那这支团队应由有不同世界观和不同工作风格的成员构成。应如何管理一群工作风格不同的成员？笼统来说，管理者应理解成员的风格特点，并确保团队中每一名成员的声音都能被清楚地听见。举例来说，如果有人想要一场头脑风暴，就提供给他们一块黑板，并确保至少有人来协助这项活动开展。在产品研发工作中，通常头脑风暴的时长会受到限制。每位参与者都有两到三分钟的发言时间。这既确保了团队中的每位成员发言的机会，又照顾到了那些不愿意参加冗长会议的成员。主持人还可以在头脑风暴开始之前把相关话题背景资料提供给需要更多条理结构的成员，帮助他们充分思考、梳理思路、收集信息。对于善于在竞争环境中成长的成员，管理者应给他们提供挑战；对于倾向于和团队共同进步的成员，管理者应给他们提供与企业内部各个团队结识的机会。

更为重要的是，管理者务必要重视倾听少数派的声音。如果不这么做，就是将团队置于忽视新数据的危境之中。这将必然导致团队思维受限，难以走出自己的舒适圈。根据我的经验，引入少数派提出的新理念，将点燃团队思想的火花！差异，其实是一种资源。

加拿大银行市场案例

以下是关于如何运用原因分析模型的一个案例，它讲述了由原因分析模型揭示的一些值得所有市场营销人员学习的现象。从中，我们可以了解市场目标受众的元世界观模式是如何在市场机制之中得到体现的。基于这些体会，品牌商能够有意识地执行宣传推广活动，吸引他们在他们看来会基于自身的元世界观模式偏好某些产品与服务的目标受众。各品牌商的运营成效最终会反映在市场这块计分板中。

我们的分析始于统计各元世界观者在加拿大总人口中的分布情况。我们在第七章中介绍过，加拿大1号元世界观温和主义者占全国总人口的比例高于美国。基于这项认识，我们要想审慎评价品牌商在加拿大市场的表现。接下来，我们将通过深入分析加拿大五家最大银行的市场表现，判定加拿大银行业的整体发展情况，以及这些银行与各种元世界观者的关系。各家银行对不同元世界观者的吸引力有差别吗？金融服务市场的目标客群具有多元的特征吗？还有，各家银行只是在切分一个目标客群高度同质化的整体市场吗？

这项分析研究始于新冠肺炎疫情暴发之后，我们很好奇消费者们会如何与他们曾经信任的品牌商合作。消费者会继续信赖他们吗？是否存在某个未曾受到疫情影响的行业？市场终会回到原来的样子吗？又有哪些品牌商亟待找到能更有效地与消费者沟通交流的新方式呢？

　　加拿大的综合金融服务银行需要深刻自省，才可能挺过这场新冠肺炎疫情引致的危机，回归危机前的运营状况。不只是银行，对于任何行业或任何公司而言，想完全按照往常的步调开展经营活动都是不切实际的。任何一家公司的高级管理层对疫情的应对方针都是这项研究重要的信息来源。以银行为例，银行高管们是决心快速行动以稳定金融市场，还是趁机另辟蹊径找寻新蓝海？我们分别和五家银行合作，对它们各自的基础客群进行了调研，尝试预测这些客户对新冠肺炎疫情时代的市场推广将作何回应。结果表明，在新冠肺炎疫情时代的新世界中，也许还有让品牌商们触达新客户的机遇。总而言之，我们尝试回答以下问题：

（1）根据原因分析模型展示出来的加拿大市场中消费者的一般特征。

（2）各大综合金融服务类银行在市场表现方面展示的规律特征，包括它们如何拟订市场营销方式、信息沟通策略和对市场反馈的应对机制。

（3）各家银行如何具体地从它们吸引到的基础客群身上获益（考察全部的本能模式群体）。

七、加拿大人口的特征

　　图10-17展示了年龄在20岁至80岁之间的加拿大人的元世界观分

布情况，各色矩形的面积大小显示了各元世界观者的人数多寡。其中3号元世界观者人数最少，为1948476人。1号元世界观者人数最多，为10025733人，这表明加拿大文化主要体现出1号元世界观的特征，即从常识出发考虑问题且有能够灵活变通的智性。这不是说加拿大文化是高度趋同的，只是说加拿大人普遍认同常识中心论。这条结论意义显著，因为有许多文化的内部都天然存在两股相互角力的极化思潮。

图10-17　加拿大国内各元世界观者的分布情况

我们分析了加拿大消费者对一些品牌的评价，并经换算得出了加拿大消费者对各个品牌的净认同度排名（图10-18）。我们请消费者对某个品牌进行评分，评分范围在0分（厌恶它）至100分（喜爱它）之间，位于区间中央的50分则代表模棱两可的态度。最终的净认同度评分等于积极分数（60至100分）与消极分数（0至40分）的差值。相比于原始得分，换算后的净认同度评分更加便于测定与评价。我们一共提供了30个品牌供消费者评分，其中16个品牌得到了正值净认同度评分，14个品牌得到了负值净认同度评分。值得注意的是，加拿大轮胎公司（Canadian Tire）、劳伯劳斯超市（Loblaws Supermarkets）、雀巢公司（Nestlé）、西捷航空（WestJet）均得到了正值净认同度评分。

这个统计涵盖了不同市场分类下的众多品牌。和我们预想中的情况一致，直接面向个人消费者的品牌比诸如能源、交通等行业中供需

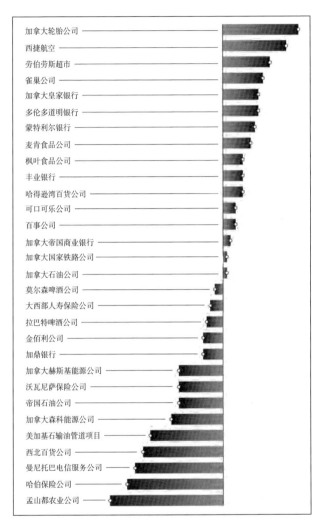

图10-18　各品牌在社会整体层面的净认同度排名

双方都是企业的品牌（B2B）更容易得到较高的评分。我们还能发现
市场内部呈现出的一些更细致的模式。首先，我将回顾1号元世界观
者对上述品牌的评价情况（图10-19）。

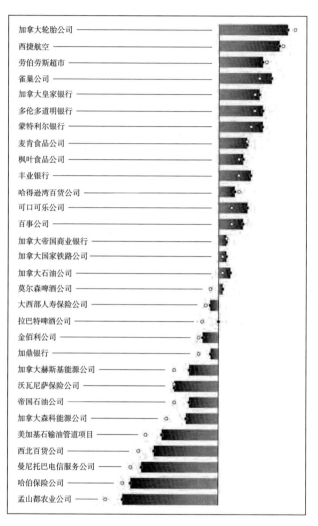

图10-19　各品牌在1号元世界观者中的净认同度排名

　　所有在消费者整体层面得到正值净认同度评分的品牌，在1号世界观者层面也得到了正值净认同度评分。鉴于1号元世界观者是占加拿大总人口比例最高的元世界观者，这样的结果也是合情合理的。

基于上述数据，我们似乎可以认为某家品牌在加拿大取得成功的方法就是取得1号元世界观者的认可。但事实并非完全如此。观察图10-20就能发现，在整体层面取得较高净认同度评分的品牌同样受到2

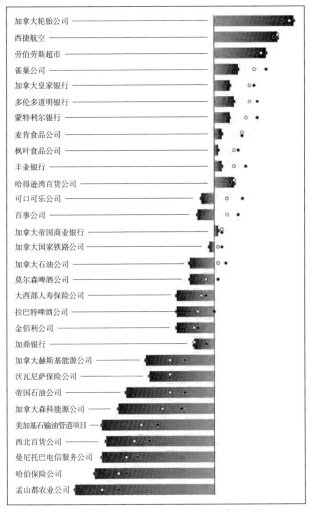

图10-20　各品牌在2号元世界观者中的净认同度排名

号元世界观者的欢迎。加拿大轮胎公司、劳伯劳斯超市、雀巢公司、西捷航空在2号元世界观者中的受欢迎程度几乎是其他品牌的两倍，这一成绩可谓相当惊人。一般来说，上述情形在一个品牌的价值主张旨在吸引超过一类目标受众时才会出现。而品牌的宣传推广策略也会反映在其信息传达方式之上。本案例中，成功连接品牌商与2号元世界观者的桥梁是公平本能。整体来说，比起关心世界如何影响社群，2号元世界观者受本能性影响，会更关心世界对个体的影响。

因此，对于一家面向加拿大市场的品牌商来说，制定能吸引最认同社会现状的群体的价值主张固然重要，但同等重要的是，不要将品牌的价值主张的目标受众局限在任何一种元世界观者范围之中。

八、综合金融服务类银行的市场表现

让我们先厘清综合金融服务类银行的用户是哪些人，以及用户认可一家银行的判断依据是什么。银行行使储蓄借贷等职能，在任何金融体系中都扮演着重要的角色。而通过考察各家加拿大银行在积极支持加拿大人金融决策这方面做得如何，我们就能判断各家银行是否取得了加拿大人民的认可。

图10-21展示了新冠肺炎疫情暴发之前加拿大人对各家综合金融服务类银行的净认同度评分情况。我们可以看到，1号银行、2号银行、3号银行并列榜首，5号银行位列其后，4号银行以明显劣势居于末位（考虑到各家银行的保密要求，我们仅以代号称呼它们）。

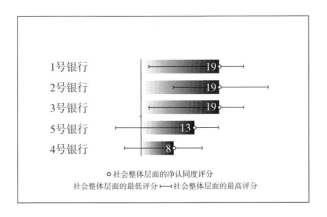

图10-21 各家银行在社会整体层面的净认同度评分

我们无法仅通过图10-21中的信息得知各家银行的策略异同。1号银行、2号银行、3号银行应用了相同的策略，还是应用不同策略，恰巧收获了相同的成效？4号银行和5号银行是否意在剑走偏锋？

为此，我们进一步考察加拿大的各种元世界观者分别是如何对这些银行进行评分的。结果如图10-22所示。五家银行中，1号银行最受

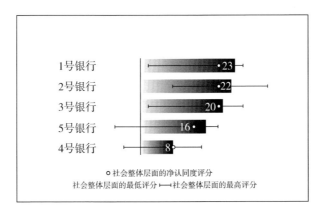

图10-22 1号元世界观者对各家银行的净认同度评分

1号元世界观者青睐。2号银行以微弱优势排在3号银行之前，位居第二。5号银行对1号元世界观者的吸引力略高于其在加拿大国民整体层面的吸引力。4号银行对1号元世界观者的吸引力则与其在加拿大国民整体层面的吸引力相等。

显然，1号银行紧紧抓住了加拿大综合金融服务市场的主要目标受众，即1号元世界观者。而4号银行对1号元世界观者的吸引力有所不足。

在2号元世界观者之中，五家银行受欢迎的程度均发生了一定程度的变化（图10-23）。主要包括：相较于在加拿大国民层面的净认同度评分，1号银行的净认同度评分下降了接近50%，2号银行和3号银行的净认同度评分均下降了约33%。在2号元世界观者中，2号银行和3号银行受欢迎程度旗鼓相当，1号银行受欢迎程度落到了和5号银行相同的水平（别忘了，加拿大轮胎公司、劳伯劳斯超市、雀巢公司、西捷航空在2号元世界观者中受欢迎程度均超过其在1号元世界观

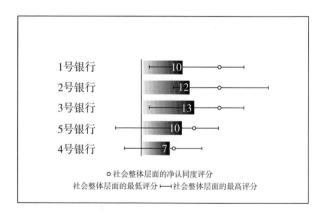

图10-23　2号元世界观者对各家银行的净认同度评分

者中受欢迎的程度）。

净认同度的下降对各家银行来说都不是好现象，这意味着尽管2号元世界观者以乐于接受新品牌与新产品而闻名，但他们对综合金融服务类银行没有太多天然好感。

接下来，我们转而考察在社会结合横轴上距离2号元世界观者最远的3号元世界观者，它也是综合金融服务类银行的第二大目标受众者。在3号元世界观者中，1号银行得到了与其在1号元世界观者中一致的净认同度评分；2号银行在3号元世界观者中的净认同度评分比其在1号元世界观者中的评分低30％，但仍略高于5号银行；5号银行在3号元世界观者中的净认同度评分与其在1号元世界观者中的评分较为接近；4号银行则在3号元世界观者中得到了负值净认同度评分（图10-24）。

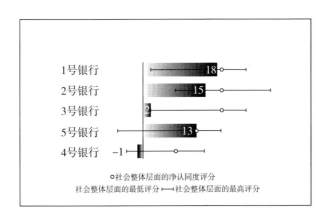

图10-24 3号元世界观者对各家银行的净认同度评分

实际上，上述规律对于大多数银行而言都是成立的。金融业自有其行业特性，契合金融业特性的人从事金融活动时也更得心应手。

令人意想不到的是，3号元世界观者似乎并不待见3号银行。3号元世界观者的净认同度评分与加拿大国民整体评分相比，低了接近90%。这意味着3号银行和传统派金融活动参与者之间没有积极的关系。传统派金融活动参与者乐于接受契合金融规则、经济规则、市场规则的价值主张。他们以目标结果为导向，不感情用事，对于他们而言，这种行事准则已成为一项由来已久的传统。这是一项重要发现。

现在看来，1号银行和2号银行在打动常识派1号元世界观者的基础上，成功将自己的目标受众扩展至传统派3号元世界观者。上述两个群体在参与金融活动时，常表现出较强的忠诚度与传统性，并且墨守成规，反对变革。

剩余两个本能模式群体不是大型综合金融服务商重点关注的对象。在加拿大，0号元世界观者和4号元世界观者总共仅为5845428人。宣传推广策略往往不会关注这些边缘受众，至多也只是在面向主要受众营销时顺带捎上他们。

如图10-25所示，4号元世界观者对各家银行的认同度都很低。不过，如果一个弱化社交互动元素并主打科技元素的品牌商想打入某个市场的话，4号元世界观者反而会成为很好的切入点。另外，0号元世界观者对各家银行的认同度均偏高（图10-26）。0号元世界观者与1号元世界观者多有相似，比如对许多事物有相似的敏感性。但0号元世界观者也有一点迥异于1号元世界观者的特质，即0号元世界观者清楚地意识到社交边界在哪。4号元世界观者漠视社交互动，0号元世界观者则对社交互动兴致盎然。每当有新潮流或新生活方式出现在主流视野中，0号元世界观者通常都会成为将它们成功融入主流文化的那群人。

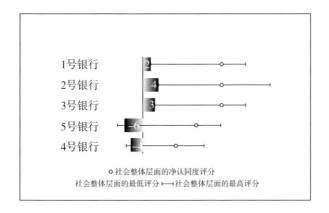

图10-25　4号元世界观者对各家银行的净认同度评分

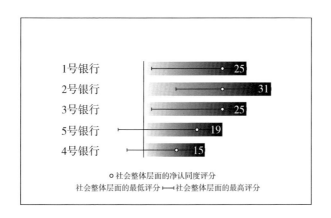

图10-26　0号元世界观者对各家银行的净认同度评分

在这个例子中，2号银行在这个群体中获得了最高的净认同度评分，1号银行和3号银行紧随2号银行之后。

概括来说，大多数金融机构和崇尚社会结合观念的3号元世界观者以及秉持温和主义理念并能敏锐洞察个体差异的0号元世界观者有稳固的客户关系。我们对每家银行的分析结论整理如下。

1号银行：

1号银行坚持以传统派金融活动参与者作为目标客群。

（1）1号银行是2号银行与3号银行的有力竞争对手。它的净认同度排名证实了市场中有对其忠诚的客群支撑它的业务发展。

（2）可以预见，2号元世界观者之中有1号银行的新商机———一个公平且平等的新商机，代表着触达一群正在寻找指引以规避新冠肺炎疫情时代各种陷阱之人的机遇。

2号银行：

这是一家传统派的银行，它的市场地位建立在非常保守的价值主张之上。

（1）对偏好平衡市场的主流加拿大人（1号元世界观者）而言，2号银行有较强的吸引力。其次，2号银行与重视稳健作风的金融活动参与者（3号元世界观者）建立并维系了长期合作关系。最后，2号银行深受诚挚支持社会现状的人们（0号元世界观者）欢迎。

（2）2号银行与2号元世界观者的客户关系不温不火。这既是其品牌影响力的一项劣势，也是进一步拓展市场的机遇。他们在编制来年预算时，或许可以考虑加大对2号元世界观者的营销投入。

3号银行：

这是一家在消费者市场上十分活跃的银行。这家银行有时候表现得像传统金融服务商，有时候不像。

（1）这是一家资本充足的跨国银行，这样的形象给常识派中产阶级（1号元世界观者）和对社会现状心满意足的人们（0号元世界观者）留下了良好印象。然而，它并未受到推崇传统金融理念的人们（3号元世界观者）的信任。

（2）也许是3号银行的品牌形象展现出的灵活变通能力，让它能够有效触达2号元世界观者。

4号银行：

这家银行似乎还在寻找自己的价值主张。它在各个群体中的净认同度排名都不高。另外，它尤其不受传统派金融活动参与者待见。

（1）也许它应该规划如何通过触达2号元世界观者来拓展客群。这可能是它聚焦于一直以来被市场忽视的基础客群，构建一种新型经营策略的最佳途径。

（2）0号元世界观者对4号银行的印象很好，这也许可以成为4号银行进军主流市场的契机。

5号银行：

作为规模排在加拿大前五的大型金融机构，5号银行没有锚定任何一个本能模式群体，这很令人意外。各个本能模式群体对5号银行的净认同度评分波动相对较小，但整体而言，各个本能模式群体对其印象不算太好。

（1）净认同度评分波动相对较小是5号银行最显著的特征。如果想在新冠肺炎疫情时代做得更好，他们需要试着构建具有更明确价值主张的经营策略。

（2）它可以拟订优先触及某种元世界观者的寻常发展规划策略。

本章回顾了如何将本能模式应用于不同情境的案例之中。这些实践证实了原因分析模型是一种有助于我们理解"人们为什么做他们做的事情"课题的分析工具。我们也相信，这些案例不仅证明了原因分析模型的自洽性，还证实了原因分析模型对其他分析模型、数据集、可观测行为的整合兼容能力。

接下来，我们将探讨世界观如何影响人们对许多争论最激烈的议题的立场选择。

第十一章

翻转剧本：以本能解决问题

解决问题的理念自身与原因分析模型之间似乎就存在难以协调之处，这是因为原因分析模型的理论基础是两种难以动摇的世界观，它们分别位于社会结合横轴两极。那么，应从何处入手探索解决问题的途径呢？随着逐渐理解社会结合横轴，我们能够评估人们秉持的信念之中裹挟的情绪。这些信念代表了社会结合横轴两极对复杂社会议题的观点态度，这些议题包括堕胎、气候变化、枪支和死刑。值得庆幸的是，美国人口分布规律显示，只有少数人面对上述议题会产生激烈情绪。大部分人都属于中间派，他们的观点较为温和，能接受用多种方法来解决问题。

那么，如果我们不考虑选择任何一种立场，我们的最终目标又是什么？务实地说，我们的最终目标是让大部分人都愿意接受。这种理念隐含的假设是：最成功的文化是那些聚合了社会结合横轴上全部本能模式群体的文化。如果我们接受社会结合横轴的两侧没有任何一侧具有高于另一侧的道德优越性这一客观事实，我们就能找到梳理问题的思路，去找寻对大多数人而言的最优解。不计其数的社群、国家、公司等都是围绕这一理念构建而成的。

我们可以设想以下情形，比如一位小城的市长在筹划市政服务方案时如何平衡多方利益，或者一家公司的首席执行官在优先考虑公司员工权益还是公司股东权益之间举棋不定。通常来说，优秀的领导者应基于多数人的利益行事。那么，这样的理念可能对公司治理带来何种改变？又将如何影响国会的运转？

在特朗普的总统任期的头几年间，他和他的亲信们非常清楚要联合哪些人。从特朗普政府的施政情况来看，特朗普政府堪称历任美国政府中政治立场最极端的之一。这种执政理念不易改变，因为这种执政理念的内在凝聚力体现为对等级、结构、法律与秩序的严格奉行。这种恪守宗教信条（高度的纯洁本能）并遵奉代表着"我们行事方式"传统（高度的权威本能）的理念，具有一种律己性质。这些本能特征像一张滤网，通过过滤筛选，创造出新的群体共性，具体表现为众人对种族、民族、性别、收入水平等属性的共同信念。如果有些人明确意识到上述属性内部区别的界限所在，他们就会明白特朗普划界而治的施政理念正是由此而来。我们不妨想一想特朗普政府早期政令给哪些群体带来了最剧烈的影响。且不论这些政令的意图，仅从结果论之，特朗普一直试着紧密团结他的基础受众，依托这部分受众的支持推进国家治理。这就致使他难以跨越那些可见于社会结合横轴上的本能性障碍。

这并不代表我们作为公民没办法诊断为何有些具体的问题变得越发棘手，并且我们也无法依靠自己的力量解决问题。要如何运用我们对本能模式的理解，减少本能差异造成的疏离，鼓励跨本能模式的合作共赢呢？为了达成这一目标，仅仅诊断问题所在尚不足以解决问题。解决问题需要广大公民积极参与，去颠覆现在似乎已经被编码到我们文化基因中的历史剧本。我们通常把这种行动称为"翻转剧本"，而"翻转剧本"的最佳时机便在当下！

我们先考察行为如何作为具体世界观的载体而存在。比方说，围绕民族平等的讨论往往会被以权威本能、纯洁本能和忠诚本能为幌子的观点所挟持，从而忽略或掩盖了一系列种族相关或民族相关问题的重要性。具体来说，在对警察执法的讨论中，一种常用的理念载体就是对方"违反规定"。举例来说，2020年5月25日明尼阿波里斯市警方在执法过程中导致乔治·弗洛伊德死亡事件发生之后，纽约市出现了明确针对种族歧视、民族歧视和警察暴力执法的抗议活动。在此期间，纽约市曾短暂实施宵禁。大多数时候，如果游行集会和平进行，抗议者将被允许回家。然而，有时候纽约市警方会攻击抗议者，即使抗议者没有任何挑衅行为。警方的理由是抗议者违反了宵禁规定，因此己方的行动是正当的。这是一个实质性问题（与种族问题相关的警察执法）与一个理念载体（他们违反了规定）相碰撞的典型案例。这个理念载体让当权者得以声称他们只是在做自己分内的工作，而非基于种族主义行事——"如果抗议者不违反规定，我们就能更有人情味地执法。"

一、找寻全球气候变化争论的原因

美国民众正在激烈争论着的一项议题是全球气候变化。我们先考察这项议题涉及的理念载体（见表11-1）。

表11-1　全球气候变化争论涉及的理念载体

个人主义者	社会结合论者
尽管这涉及很多需要考虑的细节，但是我们清楚，科学已经证明碳排放和气候变化之间的联系	天气周期循环往复，而我们终将适应这些自然规律
人为污染是气候变化的原因之一	人类只是一个微不足道的影响因素
气候变化是切实存在的威胁	我们终有一日会死去

续表

个人主义者	社会结合论者
我们有事实依据。现在还为时未晚，我们必须立刻行动起来	我们不能因噎废食，阻碍发展进步
看看周围已经发生的变化	你不能强迫我去做这件事

在这项议题中，基于不同本能模式的表达，人们选择了针锋相对的立场。尽管近年来有越来越多的人认识到气候变化的真实性，围绕气候变化的紧迫性和如何应对而展开的争论依然没有停止。

2014年，超过40万人参加了纽约市的人民气候游行。声势浩大的游行队伍带来的视觉震撼可能会让外部观察者产生人们对这场运动态度一致的错觉。之后的两年间，我们发起了一项调研项目，旨在了解世界各地的人们如何看待环境保护运动。具体来说，我们检视人们在讨论环境保护运动时的措辞。举例来说，我们在本能模式测验中添加一道问题，询问参与者当他们听到"绿色"这个词语的时候，他们会做何联想。结果如表11-2所示。

表11-2 "绿色"对你而言意味着什么？

个人主义者	社会结合论者
热情	颠覆
关心	反动
关爱	环保主义者
慈善	危险
有同情心	冲动
环保主义者	不忠

续表

个人主义者	社会结合论者
开明	极端

当一名领导人身处两种观点对立的困局之时，都会试图选择一方站队（正如特朗普所为）。但这种方法难以切实解决问题。无论是在枪支管控上还是在环境保护上，中庸理念才是推进问题解决的有效方式。极端理念催生灵感与热情，但在各个本能模式群体之间搭起桥梁是实现结构化变革的必然要求，唯有通过这种方式，才能尽可能地实现跨本能模式群体的联合。

需要声明的是，中庸理念并不意味着妥协或者以和稀泥的方式违背自己的原则。中庸理念的要旨是找到能吸引每种本能模式驱动本能的价值主张。请谨记，人类生来就受到本能的驱使。对于我们远古的祖先而言，本能是他们赖以生存的关键。

接下来，我将考察全球气候变化争论之中潜在的价值主张。

一种社会结合论的价值主张：以慎重对待地球资源、保护水资源和空气资源、破除碳依赖、推广利用可再生能源的方式生活。毕竟，保守主义奉行的一项基本原则就是"保护"。

但是，如果我们理解本能模式的机制，我们或许能找到各个本能模式群体都会接纳的信息表达。

社会结合论者的本能性动因有：

（1）守护集体。

（2）坚持传统的行事方式。

（3）认同并提倡领导者与追随者有别、胜者和败者有别。

（4）遵奉"自然秩序"。

其理念载体有：

（1）没有任何人的利益高于集体权益。

（2）科学家只是模棱两可地表达他们的主张。

（3）我们要为自己的所作所为负责。

（4）我们无法影响（支配）事件发展的最终结果。

基于社会结合论，可以进行类似于下列陈述的有效信息表达：

（1）"长久以来，我们珍视我们居住的环境，珍视水、空气和美丽的大自然。"

（2）"我们的传统正恳求我们，要让世界因我们的行动而变得更好。"

（3）"确保有充足的洁净空气和洁净水，是我们的责任。"

（4）"科学不是我们如此行动的原因。我们这么做是因为从道德层面上来说，我们应该这么做。"

一种个人主义的价值主张：以慎重对待地球资源、保护水资源和空气资源、破除碳依赖、推广利用可再生能源的方式生活。

个人主义者的本能性动因有：

（1）审视我们作为个体是否遭受了不公的对待。

（2）审视是否有认识理解气候变化的新方法。

（3）抗拒从众性，从而拥抱非传统的问题解决方式。

（4）认为全球气候变化是切实存在的威胁。

其理念载体有：

（1）科学是行动的驱动力。

（2）将经济利益看得比人更重要是不正义的。

（3）如果我们毁坏了这个世界，我们不会再有另一个世界，其他的一切都将丧失意义。

（4）这是因人类而起的问题，我们必须为此承担责任。

基于个人主义，可以进行类似于下列陈述的有效信息表达：

（1）"我们明白我们需要做些什么。"

（2）"无论这需要多少钱，我们都得投入。"

（3）"我们已经处于地球的生存保卫战之中。"

（4）"唯一要考虑的问题是我们应变的速度得有多快，以及我们要做到何种程度。"

显然，无论目前我们对全球气候变化可能造成的影响和人类应对全球气候变化的紧迫性做出怎样的判断，对于个人主义者而言都还远远不够。我们应将类似于"完美是优秀的敌人"这样的警示性信息传递给个人主义者。值得庆幸的是，个人主义者对来自其他人的不同意见和让自己心生不满的事物都有较高的容忍度。

同样，我们需要传递特定的信息，以触发社会结合论者的理念载体。比如，弘扬珍惜资源的传统；激发以让世界因自己的行动而变得更好为责任的本能；强调人们应该为所当为，不必通晓缘由，科学主张不是行动的唯一驱动力。

诚然，这两派难以动摇的理念看上去大相径庭，但经过上述梳理后我们也许找到了一条路径，它通向能被大多数公众或至少是大量公众接受的可行意见。我们吸收对本能模式的理解，就有可能劝说公民走出他们固守的社群。这并不是假以附和社会现状的温和主义之名鼓动妥协，相反，整个社会生态系统需要的是可持续的渐变。

（一）改变全球气候变化趋势，实现向好发展

能够运用原因分析模型探究个人、团体、公司、政府之间关系不佳的成因，是基于本能性的问题解决方案成立的前提。现实性检验有助于我们脱离已无用武之地的陈旧习气和惯性思维，或者说，现实性检验至少让我们更容易发现自己从前错在何处。这个过程将揭示隐于现象之下的元素，而正是这些元素说明从何时起某个问题开始变得棘手及其肇因是什么。

2014年，我曾受邀参加一场在冰岛举办的沙龙活动，参会者包括科学家、社会活动家、作家和非政府组织成员。活动主题是讨论环境保护运动将走向何方。沙龙组织方这样引述核心议题："为什么一直以来，实用的科学知识对全球气候变化议题的影响有限？这是否意味着硬科学无法驱动人类的建设性行动？"

在现场，我旁听了数小时其他参会者的讨论。众人都一致认为科学能够驱动人类的建设性行动，并尝试寻找能激发人类发起决定性行动的引燃点。临近尾声之时，我向众人提出了一个具有"翻转剧本"性质的颠覆性问题："如果科学无关紧要，我们又当如何？"

需要声明的是，早在19世纪甚至更早的时候，科学家就已经在进行与碳循环有关的调查研究。当时，人们还远未将碳排放和人类活动关联起来。20世纪30年代，学界才首次引入气候循环的概念。1960年一般被认为是测定大气中二氧化碳平均浓度的元年，那一年，科学家查尔斯·戴维·基林（Charles David Keeling）首次提出夏威夷群岛

莫纳罗亚火山的气候条件代表了最适合地球存续的气候条件，即大气中二氧化碳平均浓度为百万分之315（315 ppm），且平均气温为13.9摄氏度。1967年，真锅淑郎（Syukuro Manabe）和理查德·韦瑟尔德（Richard Wetherald）就人类活动将导致大气中二氧化碳浓度升高，发出了有史以来的首次预警，并预测全球气温将开始因温室效应而攀升。如今，地球气温逐渐变高的趋势似乎不可阻挡。[1]

也就是说，上述科学论述对当代人来说并非新鲜事物。不过人们的观点态度通常并非由对科学数据的理性检验形成，而是由各自的人生经历和本能模式形成。有关全球气候变化的科学论述只不过是可供参考吸收的大量信息之中的一项。无论科学论述多么有理有据，经过几个世代的变化，美国公众对此问题已经形成了固有的观点态度。唯有站在当代文化情境之中，才有可能突破眼前的困局。

（二）抗癌事业的启发

我们再来讨论另外一个严肃话题——抗癌。1971年，美国国会宣布向癌症宣战。[2]当年癌症患者的存活率要远低于现在。科学在抗癌战争中扮演了类似事实的裁决者的角色。这场战争我们打得如何？胜利的天平在向哪一方倾斜？这些问题都有简单明了的科学测定方法。实验室里有关癌症的科研细节并未向公众透露，而对于应该支持哪一项研究实验，公众也没有形成任何有明确意义的观点态度。尽管宗教信仰在一定程度上影响了人们对科学抗癌的态度，但由于这项研究不断取得新进展，因此整体而言，公众对科学抗癌的态度未出现过太大的争议。公众在抗癌问题上的主流观点是团结起来，支持患者并募集资金。即使在今天，仍有众多没有任何政治立场的基金组织在筹集数十亿美元的资金支持抗癌事业，而癌症学家也是一种受人敬仰的职业。

气候科学受到的待遇就没有这么好了。当我们向癌症宣战时，正值尼克松总统成立美国国家环境保护局。[3]该机构成立之初由两党共治。与癌症相似，环境保护也曾被认为是一项不会引起争议的议题。但两者之间有以下关键区别：

（1）因为多数能源都来自化石燃料，所以气候科学与全球最具影响力的行业之一——能源行业有利益冲突。当然，能源行业不承认气候科学领域的新发现。

（2）美国国家环境保护局的介入影响了人们当前的生活方式，但其回报却无法在当下实现。这让一些人难以接受——未来的回报太过抽象了。直白的动因总是更容易被接受。

（3）气候科学受到公众质疑。气候学家不能准确预测自然灾害发生的时间点，只能宣称它们是无可避免的。

（4）科学重视自洽性，因此任何有矛盾的细节都将破坏所有的努力。举个例子，基于一张2020年在美国冰川国家公园拍摄的照片中的线索，有预测声称该地点的冰川将于当年年内全部融化。鉴于2021年该地尚有未融化的冰川，一些人将这项预测视为科学研究的又一次失准，这让他们更有理由去怀疑一切关于全球气候变化的科学主张。

不同于对待抗癌事业的态度，在应对全球气候变化这件事情上，美国民众并没有团结起来支持受害者或为这项事业募资。在冰岛的沙龙活动中，我们尝试探寻其原因何在。正如早前所述，人类本能促成了这个话题中的各种理念载体，它们清晰地排布在社会结合横轴之上。位于一端的社会结合论者支持小政府，他们不愿意改变依赖碳产品的传统，并抗拒任何声势浩大的政策变革。位于另一端的个人主义者的驱动力则来自对社会正义的信念，矫正资本主义不平等现象的理想，以及拯救地球的道德制高点。个人主义者倾向于相信全球气候变化问题是如此显而易见，因此专门针对这个问题呼吁人们统一思想实无必要。说到这里，我们都能发现，全球气候变化问题不仅是一个科学问题，还是一个道德问题。

在面对全球气候变化问题时，科学是否还能如在抗癌事业中那样扮演事实的裁决者的角色？致力于科学研究的气候学家如今已经察觉，他们还需要额外扮演倡议者的角色，告知公众下一步要做些什么。这是否会让我们如今的处境变得更加扑朔迷离呢？当然，我们需要气象学家的专业意见。但我们也必须明白，这些专业意见在经由我们的大脑接收处理时，也会受到我们本能模式和人生经历的过滤性影响。

因此，我们不能将一切都交付给科学家。我们需要深入浅出地解释为什么简单直接的科学警示没能获得公众的共识——至少不足以引发实质行动。途景公司发现当某种行为不和一系列具体动因关联起来时，说服人们改变这些行为要容易许多。也就是说，我们需要让更多人去做正确的事情，且要避免让他们觉得自己是为了附和我们认为"正确"的理由才这么做。图11-1简化了这项任务，并且分解了其中涉及的角色流程。

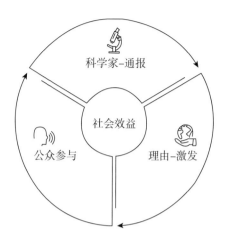

图11-1　科学如何引发公众行动

第一阶段，由科学和科学家作为事实的裁决者，回答诸如"我们是否在这场战争中处于优势地位"等问题。第二阶段，匹配事实的组成要素与公众的兴趣热点。在此阶段，那些与公众兴趣一致的缘由将成为他们后续行动的契机。正如我们先前所述，当人们的本能和价值与某项缘由一致的时候，人们容易受到激励去完成难以置信的事情。第三阶段，公众的个人动因被特定范围内的缘由或兴趣唤醒，从而让他们投身于某项事业。

线上期刊《对话》（*Conversation*）中有一篇饶有趣味的文章，讨论了媒体如何影响美国公众对气候变化问题的态度。在这篇名为《<难以忽视的真相>中难以忽视的真相》（"An Inconvenient Truth About *An Inconvenient Truth*"）的论文中，作者多米尼克·史提库拉（Dominik Stecula）与埃里克·默克勒（Eric Merkle）详细回顾了阿尔·戈尔（Al Gore）参与制作并亲自出镜的纪录片《难以忽视的真相》（*An Inconvenient Truth*）所取得的成功。[4]文章点明了这部纪录片是如何唤醒为数众多的美国人民对全球气候变化问题的意识。然而，媒体对这部影片的报道引发了预料之外的结果，即将科学认识与信息传递者的身份关联起来，从而限制了科学本身的影响力。史提库拉和默克勒写道："我们梳理了自20世纪80年代以来媒体对全球气候变化的报道，并研究了媒体在美国公众观念极化的过程中是如何推波助澜的。其中最显见的规律是公众意见往往会跟随政治精英们的言论，而非引领政治精英们的言论。"

选民，尤其是美国选民，往往对政治党派爱憎分明且态度坚决，这构成了他社会身份中至关重要的属性之一。当对诸如全球气候变化等此类新奇的政治话题没有明确己见之时，公众会转向政治精英，将他们发出的信号视为指引。在多数情况下，这些信号是经由大型主流媒体传达给公众的。

我们考察了诸如《纽约时报》、《华尔街日报》、《今日美国》（*USA Today*）等主要高发行量的日报，诸如美国广播公司、哥伦比亚广播公司、美国全国广播公司等网络电视频道供应商，以及诸如福克斯新闻网等有线电视新闻频道对全球气候变化的报道情况。我们发现人们构建了一则细致入微的故事，它对公众在全球气候变化问题上态度极化的成因有所启示。

首先，随着全球气候变化问题重要性的提高，媒体更多地报道了政治家对这一问题的看法，使全球气候变化问题增添了政治色彩。这让公众更多地接收到政治精英们传递的信息。

其次，民主党人对全球气候变化的观点表达较为频繁地出现在新闻报道中。而意料之中的是，他们一致呼吁积极应对全球气候变化。相反，共和党人较少在新闻报道中谈论这一话题，而且直到奥巴马任总统期间，共和党人才明确表达他们对全球气候变化问题的态度。与媒体上经常流行的说法相反，其实只有少数共和党人明确否决了关于全球气候变化的科学主张。

当出现上文描述的情况，即一方观点明确而另一方含糊其词的时候，支持共和党的选民会对照民主党的主张来确定自己的立场，这也是顺理成章的事情。在如今这个情感极化的时代，共和党的支持者和民主党的支持者都越发厌恶彼此，因此共和党的支持者至少会一定程度上反对他们从民主党精英那里接收的信息，这将促使他们选择与民主党人在全球气候变化问题上针锋相对的立场。

阿尔·戈尔在这个过程中扮演了什么样的角色呢？阿尔·戈尔是新闻媒体报道全球气候变化的焦点人物。尤其在美国公众开始重视全球气候变化问题，并对这一问题的观点态度逐渐极化的时期更是如此。具体来说，2006年全年，福克斯新闻频道48％有关全球气候变化的节目中出了阿尔·戈尔的身影，其中28％明确提到了《难以忽视的真相》；2007年全年，57％的网络电视频道同类节目有阿尔·戈尔的参与，并有17％明确提到了《难以忽视的真相》。相反，共和党的一位主要的全球气候变化否认者，来自俄克拉荷马州的吉姆·英霍夫（Jim Inhofe）议员2006年年末在媒体上发表对于全球气候问题的观点；而在2007年，他在同类媒体的曝光率仅为1％。

另一组数据也能说明阿尔·戈尔是当时传统媒体的重点关注对象。在2006年与2007年，当时的美国副总统阿尔·戈尔就全球气候变

化问题的观点看法在主要日报的曝光率分别为13％与17％，其在主要
网络电视广播媒体的曝光率分别为16％与23％，远远小于阿尔·戈尔
的曝光率。换句话说，如果那两年间美国公众想观看有关全球气候
变化的新闻，他们总会看到阿尔·戈尔，并接收到他传递的信息。
尽管阿尔·戈尔一直高声呼吁人们付出有力行动以积极应对全球气
候变化，他的呼吁或许使共和党的支持者更加反感全球气候变化
说。因为对共和党的支持者而言，"戈尔只不过是一名令人厌恶的
民主党政治家罢了。"[5]

基于以上分析，我们应该要反思我们应对诸如此类高度繁复性考
验的方法。比如说，在2020年1月的达沃斯冬季论坛上，美国财政部
部长史蒂芬·姆努钦（Steve Mnuchin）在被问到他如何看待瑞典环保
少女格蕾塔·桑伯格（Greta Thunberg）本人及她对全球气候变化的观
点时回应道："等她在大学学过经济学之后，可以回来向我们解释这
些。"姆努钦的回应并不是评论我们切实身处的困境，而是质疑桑伯
格是否够格讨论此事。如今，我们是否已经对这样的回应见怪不怪？
但如今，我们是否应该要拿起另一套剧本，在尚且为时未晚的时候激
发公众行动起来？

如今，遏止全球气候继续恶化是不是为时已晚？希望不是。如果
我们能够停止命令所有人必须以相同的方式去认知并回应这个问题，
我们或许能成功翻转剧本。但正如众人所言，现在的我们正在浪费宝
贵的时间。

二、对于教育，翻转剧本可行吗

现在我们来谈谈教育问题。众所周知，美国的人口大州对美国课程体系有深远影响。加利福尼亚州和得克萨斯州是美国人口最多的两个州。近期，达娜·戈德斯坦（Dana Goldstein）在《纽约时报》撰文，深入述评了以上两个州的各个学校是如何教授美国历史课程的，简而言之即为："两个州，八本教材，两种美国故事。"[6]

戈德斯坦写道："这些教材涵盖了相同的宏大叙事，讲述的内容从奴隶制的残酷到争取公民权利的艰辛，从美国建国文稿中那些自明的真相到移民潮如何重新塑造这个新生的国家。不同的教材出自相同的作者之手，并由相同的出版商出版。但是教材经过各州的修订，一些内容差异反映出美国政党之间根深蒂固的分歧。"住址、学校不同的学生们虽然学习的是相同学科，但他们接收到的观点之间有显著差异，这造成了教育共识的锐减。奴隶制、公民权利运动、水门事件、对克林顿总统和特朗普总统的弹劾中，涉及哪些客观事实，哪些主观意见？如何看待诸如此类的历史事件很大程度上反映出各州是如何审视和修订各自认定的那一版"国家概念"。其中，加利福尼亚州和得克萨斯州的观点常有冲突。加利福尼亚州的教育系统中不乏值得信任的专业教育家，由他们对教材内容细节和历史叙事的准确性进行复核和评价。而得克萨斯州对教材内容和历史叙事的复核通常是由共和党派控制的州立教育委员会执行。州立教育委员会的成员并非仅有教育家，还包括家长、基督教牧师、政治家、企业代表。通常来说，各州对教材内容和历史叙事的复核将产生出差异明显的"州立版本"。鉴于州内学生的数量各有不同，因而教材的订购量各有不同，不是每个州都有能力左右出版商。这导致了不同"州立版本"教材的存在，并且通常意味着教材中出现了无法满足学术准确性要求的内容。

戈德斯坦的这篇论文在推特上引起了热议。不出意料，其中不乏针锋相对的观点。例如以下两种：

一号推特用户写道："要实现上下团结一致的国家理念，就只能淡化过去发生的屠杀和奴役。唯有这般曲解国家叙事和政治现实，才能消除数百万人的质疑。所以说，国家叙事是独一无二的这一信念本身就是天真的。"

二号推特用户写道："上下团结一致的国家理念基于一则国家叙事的存在。对于美国而言更是如此，因为美国正是一个建在这种理念之上的国家。每个州都有经过自己加工过的'州立叙事'会导致相互矛盾，而正是这种矛盾导致了我们的政治体制的紊乱失调。"

与全球气候变化问题一样，教育也是一个我们应该有方法去处理的问题。但我们却同样一直被水火不容的理念载体所挟持而不得其法。尽量减少"州立版本"教材内容的差异，或许是逐步矫正这个问题的良好开端。

三、对于投票参与率，是否存在可供翻转的剧本

在美国，即使是总统大选的选民参与率也仅略高于50%。在这种情况下，尝试提高选民参与率会产生什么意料之外的负面影响吗？如果我们从字面意义上提高美国公民选举参与率的目标为出发点思考，

很快就能发现问题所在。受关爱本能和公平本能驱动的个人主义者相信投票权是一项人权，选举日应该成为一个国家节日（可能是因为他们以为新加入的选民将和他们处于同一阵线），而且应该采用全民邮寄选票的投票形式。

社会结合论者同样希望鼓励更多的选民参与投票。但是他们认为投票权和所有其他权利一样，有与之共生的责任存在。他们相信参与者必须证明自己是合格的选民，并且证明自己的身份，这表示他们必须亲自到场参与投票。

个人主义者和社会结合论者对于投票形式的分歧，不如在全球气候变化问题和枪支管控问题上的分歧那么大。设身处地地站在因为工作繁忙而不能投票的选民的角度思考能对调和问题有所帮助吗？站在发自内心担忧选票统计结果不公正的选民的角度思考又当如何？如今新冠肺炎疫情迫使美国考虑引入邮寄选票以外的新投票形式，这一现实情况是否能让人们各退一步呢？

第十二章

面向未来

本书伊始，我们探索了大部分有关市场营销、消费者洞察、市场沟通的实证研究缺陷何在，并解读了这些缺陷是如何影响到专业信息传播者的思维方式。这种思维方式以基本指标、心理统计指标、行为指标三个层级的属性数据为载体，通过流行媒体进而影响了公众在广义文化情境下看待他人的方式。为深入理解这个话题，我们探究了人们的本能模式是如何构筑起个人世界观的雏形的。再往后，我们进一步探讨了各种世界观与我们的社会生态系统相互作用的机制，以及这对市场营销、广告、政府治理、行为改变等课题有何启示。现在，让我们将注意力转到全人类正在共同面对的那些重大考验之上。

这些重大考验包括但不限于全球化、健康医疗、收入差距、恐怖主义、新冠肺炎疫情等。而探究我们如何与彼此联系起来，是所有解决思路的起点。如果我们能够更融洽地相处，携手共建一种可持续且可信赖的文化情境，我们就能更有效地应对上述考验。

一、修养的衰退

过去的五十年间，美国公民的修养日趋衰退。我们曾在谈论政治立场极化现象时提及公民修养衰退的话题。但更令人担忧的是，诸如政治选举的组织筹办、注册参加、投票行权等公民活动的参与率呈现出了下行趋势。那么，借助原因分析模型是否可以扭转公民修养衰退的状况呢？

从2010年开始，行业领先的公共关系咨询公司万博宣伟（Weber Shandwick）每年都会发布名为《美国的修养——一项全国性研究》（*Civility in America：A Nationwide Survey*）[1]的年报。2010年的报告指出："绝大多数的美国人将人际交往中的修养沦丧视为当今时代的一个主要问题，并觉得这种令人失望的情形由于受到经济衰退的影响而愈演愈烈。公民修养日趋衰退在日常生活中最显著的表现是网络暴力、线上'喷子'、博客中粗鄙的留言评论、电视真人秀和新闻节目嘉宾之间恶毒的争吵、各派政治家及他们的拥趸者对异议人士小肚鸡肠的恶意中伤。"

2018年的报告中，万博宣伟还发现，"80%的人表示他们在生活中曾遭受过一次甚至更多次他人的不文明行为。也就是说，个人遭遇不文明行为的概率是相当高的。人均每周遭遇不文明行为的频率提高至2018年的每周10.2次后仍一直居高不下"[2]。这一指标的增长很大程度上是由于人们交际方式的日渐丰富，其中就包括社交媒体应用的激增。万博宣伟注意到，人们将在社交媒体平台上遭受的不文明行为也归于统计口径之内。另外，大部分人在保持修养做派的时候会避免谈论政治。

2012年，乔纳森·海特（本书前两章曾述，乔纳森·海特与克雷格·约瑟夫以及其他道德心理学者共同创建了为原因分析模型的本能模式奠基的道德基础理论）和马克·海斯廷顿（Marc Hetherington）尝试通过考察美国的极化，深化"不文明"的概念[3]。南北战争后的美国国会已经相当极化，直到第一次世界大战和第二次世界大战期间，美国国会克服了这种极化催生的隔阂。海特和海斯廷顿写道："但在

20世纪60年代和70年代，随着民主党代表公民权利而共和党捍卫宗教权利，事态再次发生变化。到了20世纪80年代，两党的意识形态已逐渐成形：自由派和新晋的温和派共和党人，与保守派的民主党人一样，都已经不受各自党内人士的欢迎。"而事态变化尚未止步于此。

在互联网泡沫破裂的2000年，哈佛大学的社会科学家罗伯特·普特南的代表作《独自打保龄》[4]出版发行。这本书的基本假设是我们不再像从前一样在集体、组织、社团、队伍中和其他人交互，20世纪50年代以来，这所有的一切都在日趋衰退。正如詹姆斯·法罗斯（James Fallows）在一篇发表于《大西洋月刊》的评论文章所述，"普特南发现我们已经变成了一群形单影只的孤立个体，我们与其他人互不相欠，我们是一群离散的个体，而不像是一个社会"[5]。

根据普特南的研究，打保龄球的总人数并未减少，但是人们的心境已经不同了。人们不再和熟悉的伙伴约好定期去打保龄球，而是零星前往，甚至只身前往。如今，这项运动缺乏具有规律性和协调性的交互行为。而更重要的是，这种缺乏其实是人与人之间的交互缺乏。普特南发现，这种交互缺乏体现在各种类型的集体活动中，其中包括政治集会、公民组织和联合同盟。

普特南提出家庭生活的重塑也是促成人们交互衰减的因素之一。小城镇的生活在20世纪50年代末期开始衰落。全国各地的人们都迁出小城镇去往大城市生活。还有人搬到大城市郊区，每日通勤往返，这样的生活方式费时很多，侵占了属于家庭生活的时间。普特南还指出，增加10分钟的通勤时间就意味着减少10%的社会资本。设想那些每天需要花两小时甚至更多的时间在通勤上的人。在通勤侵占了人们大量的可支配时间的情况下，谁还有空余时间去社交呢？此外，人们的工作时长也在增加。即使你幸运地找到了一份朝九晚五、作息规律的工作，工作日晚间加班或周末加班的情况也并不罕见。对于那些零工职业者来说，通勤和加班的经历更是一言难尽。如今人们事事匆忙，抽不出足够的时间去参加社团，与人会晤、联络。并不令人意外，近二十年来，这一问题变得更加尖锐了，随之而来的则是，我们可选择的娱乐活动也已经变得越来越孤立隔绝。网络站点、应用程序、即时通信、电子邮件、社交媒体等都标榜自己创造并维系连接的能力。然而事实却是，这些产品让用户变得越来越孤独了。

诚如诸位读者所见，途景公司认为，在理解先天本能模式的基础之上，结合后天人生经历的影响作用，我们就能揭示人们的行为动因是什么，以及通过哪种方式有望激发人们的行为改变。如果婴儿潮世代最先开始修养的衰退，X世代和千禧世代耳濡目染，长此以往，修养衰退的境况就难有改善。我们是否还记得如何团结一致？又有什么能驱使我们创造更团结的文化情境，共筑美好明天？

如我们所知，要改变任何根深蒂固的习惯都非常困难。你是否经常下定决心要减肥，要健康饮食，要戒烟，或者要养成经常锻炼的习惯，却没有付诸行动，或者半途而废？我们极少改变自己的习惯，尤其是那些让我们乐在其中的习惯。因为这些习惯都蕴含了某种回报，以激励人们保持它们。那我们要如何控制我们的本能远离那一个个由我们亲手创造且具有高度个人特质的孤立世界？日常生活中的文化压力源要如何才能成为指引人们共同前进的灯塔，而不是变成促使人们变得固执狭隘的精神毒药？下列都是我们尝试解决的事项：

（1）**疫病疫情**：科学表明，全球性的新冠肺炎疫情将成为我们未来生活中的常态。

（2）**全球化**：随着全球各国民族主义情绪的升温，过去75年相对和平的全球局势似乎即将走到尽头。各方对恪守数十年的国际贸易协议和条约的效力忽然就存疑了。

（3）**民主参与度**：公民充分行使投票权一直是民主机制顺畅运行的基本保障。但仅通过50%左右的投票参与率（在美国）选拔出的领导者真的代表公民的意志吗？

（4）**机会不均／未来工作的出路**：美国富人和穷人之间机会不均的现象，或者超级富人和其他所有人之间机会不均的现象，似乎都越发根深蒂固了。自动化生产和其他技术进步造成社会边缘人群未来的工作、收入、社会待遇都充满了不确定性。

（5）**多数的少数**：这个名词描述少数族裔群体正在逐渐成为美国人口多数组成部分的现实。从千禧世代的人口分布来看，我们正步入具有多数的少数特征的未来。年长一代正在竭力适应这个新现实。

（6）**点对点社交媒体**：固然，社交媒体文化是互联的。但我们要如何脱离互联网信息高度封闭、高度同质的回声室效应引发的恶性循环呢？

（7）**全球压力源的本地化**：全球性的新冠肺炎疫情、气候变化、人口激增、恐怖主义等议题都带来一项考验，即我们要如何构建并适应"新常态"？对于如今不寻常的境况，历史是否已经失去参考价值?

二、第一人称沟通交流法

在本节中，笔者将分别展示两种应用了原因分析模型的策略方法。它们有助于我们积极思考应对修养衰退等一切全人类共同遭遇的考验。它们分别是：

（1）看清向谁诉说：第一人称视角的概念。

（2）从头开始，体悟第一人称视角下的感受

原因分析模型的理论基础是本能模式，也就是我们的"先天本能初稿"。每个人一生的人生经历，则持续编辑着各自的"先天本能初稿"。与生俱来的本能模式影响着我们的道德观，我们解决问题的方式，我们喜欢的人、事、物和我们与外部世界的交互方式。随着年岁渐长，我们构建了指引我们完成未来多变人生的叙事。这些叙事梳理了我们接收到的全部信息，而正是通过这些叙事，我们得以向他人分享自己是怎样的人。

原因分析模型中的社会结合横轴有助于我们以可视化的方式呈现不同观念及其作用。每种观念都是正当的，且没有任何一种观念的正当性要高于其他观念。一个全员都是个人主义者的团队可能有许多好主意，却未能将任何一个主意付诸实践。一个全员都是社会结合论者的团队也许高效审慎，但对差异的接受度不够，不能真正实现团队成员间的和睦共处。而对于一个全员都是中间派的团队而言，即使他们所处的环境与其利益相左，他们仍可能不思进取地原地打转，满足于

得过且过的状态。

我们已探讨过，对于治理和领导，成功解决问题和建立联盟的关键是灵活性。通过竭尽所能广泛吸纳多方观点，我们就能找到多条足以打动他人的渠道。换言之，如果我们希望得到他人的倾听，我们或许需要花心思了解我们在向谁诉说。

举例来说，当为某些机构筹办信息传播活动时，我们会希望以了解活动受众人群为起点，厘清受众人群由哪几个本能模式群体构成，理解他们将如何基于自己的本能模式看待某种服务或提议。这份理解需要在宣传推广活动正式开展前实现。如果能预先知道受众大概率将对具体的信息做何回应，你就可以做出更有效的策略部署。

新冠肺炎疫情肆虐期间，公众缺乏积极健康的信息传播，在非裔社区之中更是如此。在与MEE制作公司的合作项目中，我们曾应用原因分析模型检视这种境况。该合作项目的目标是通过更有效的信息传播呼吁公众做好防疫安全措施，比如戴口罩、居家隔离、保持6英尺（1英尺=30.48厘米）的社交距离等。要达到这一目标有两种途径可供选择。一是执行让许多社区成员感到可疑的一般性市场营销方法，二是尽可能听取社区中的各种意见。

项目的价值主张是分别站在个人主义者的视角（"你的家人深爱着你，为了他们，做好自己的防疫安全措施"）、社会结合论者的视角（"我们曾见识过更糟糕的情况，我们能挺过来"）与中间主义者的视角（"尽可能地居家隔离"）产出一系列不同的信息表达。全盘考虑这些视角之后，MEE制作公司发出了能让全美国人民都有共鸣的信息表达。[6]这个案例证实了第一人称沟通交流法的力量，它省去了我们基于他人视角转译信息的工夫。

通过有意识地表达对他人观念正当性的认同，我们也许能减少自己潜意识的优越感。要知道，很多缺乏修养的粗鄙行径正是源于试图让他人放弃自己的观点——前文已说明，这不太可能实现。那么，基于第一人称交流法的社会运动可以让社会变得更加文明吗？

本书有一个贯穿始终的主题，即如果我们意识到了本能模式可以影响我们的选择、我们的价值观，乃至我们的未来，我们或许就能拥有一种新的力量。将此谨记于心，我们就能更好地感知我们自身思想中的偏误，体察其他人如何看待外部世界，这样或许就有机会去理解人与人之间为何出现隔阂。如果我们能看见并理解这些分歧与差异，就有希望发现一条能够指引文明回归的通途。

基于上述认识，人们或许就不会草率地预设自己的世界观比别人优越。打个比方，某人也许会将一名个人主义者"尝试下一个新事物"的意愿视为不理智的表现。或者，某人也许会推断，一名社会结合论者从另一个角度主张的某种"客观事实"其实包含了巨大的、不可预见的不利因素。如果我们从一开始就秉持各方观点同等正当的原则，并相信人们能"听进去"不同的观点，这能带来什么改变呢？现实情境中存在着诸多阻碍，但确实还有一些振奋人心的事物。

为了实现这一目标，我们建议通过以下方式培养这些思维习惯。

（1）在斟酌如何制定政策或策略的时候，练习站在各个本能模式群体的视角，写下与之相适应的政策或策略。再思考它们之间的区别何在，其中是否有可以汲取的经验与洞见。

（2）尽可能不带任何预设地发起对他人的评估与评价。如果我们致力于让各个本能模式群体友善相处，我们应该率先摒弃讥讽情绪，消除偏见，倾听不同的观点。

（3）有表达"我听到你说的了，但我没有被说服"的勇气。倾听不代表从头至尾附和，但尊重他人、倾听他人所言的做法对建立良好的人际关系大有助益。

如果我们开始根据本能模式与他人沟通交流，这代表我们更真切地接受并认可彼此的存在。我们可以试着将沟通交流行为想象为一种经由第一人称发出的价值主张，它并不塑造客观事实，但它透过第一人称视角下文字、图像、主题表达某人对客观事实的认识。这是一种非常不一样的沟通交流方式。

三、沙漏基金会的经验

尽管当代的部落主义似乎正在敲美国式民主衰亡的丧钟，但希望之火从未熄灭。一些倡议运动代表人民的意志，为人民真正的诉求发声，它们的呼吁也逐渐为人所知。我们建议，在波谲云诡的年代，人们应当将时间和精力投入到那些影响力最大的社会运动中去。这些运动有以下共同的关键属性：

（1）它们确保能代表一个群体。

（2）它们以信任为行动起点。

（3）它们有清晰的事业蓝图。

（4）它们的意图公开透明。

（5）它们相信这项事业是专属于自己的使命。

诸如此类的倡议运动遍布全球，它们有不同的架构、规模、愿景各不相同。下面我将引用托马斯·弗里德曼在《纽约时报》的文章，举例说明如何投入社会资本以实现影响力的最大化。这篇标题为《美国式政治仍在正常运行的地方》（*Where American Politics Can Still Work*）文章发表于2018年7月，讲述了宾夕法尼亚州的兰卡斯特城复兴的故事。兰卡斯特城是一个有59322人的小城镇，与美国其他小城镇一样，它也经历过困难时期。弗里德曼写道，在20世纪90年代末，"兰卡斯特曾是一座饱受犯罪侵扰的鬼镇，当地居民夜晚都不敢出门"。[7]彼时，"当地的工业龙头企业，阿姆斯壮世界工业公司（Armstrong World Industries）正值衰退期"。

沙漏基金会（Hourglass Foundation）是一家致力于促进经济增长与城市发展的非营利性组织。近年来，在沙漏基金会的调度之下，兰卡斯特本地居民和商业领袖证明确有通过夯实基础来破除混乱的方法。成立二十余年以来，沙漏基金会倾力而为，处理了诸如犯罪问题、教育问题、警察执法过程集中体现的种族主义问题、经济不平等问题、文化冲突问题、移民问题、环境恶化问题等这座位于美国东北部的城镇在发展过程中出现的一切弊端。当然，如今的兰卡斯特并非完美无瑕，但兰卡斯获得了2018年《福布斯》（*Forbs*）评选的"值得走访的美国十大最酷城镇"称号，《福布斯》称其为"新型时髦的维多利亚风格之城，距离纽约只有三小时的车程，美国最神秘的地方之一"，并评论道，"此地美食云集，并且正快速成为一处文化温床。当地的建筑尤为值得称赞，你可以沿着铺着鹅卵石的街道在街头巷尾步行探索，欣赏众多修缮后重新投入使用的旧仓库，它们象征着欣欣向荣的商业活动。"[8]上文也仅仅从一个角度描绘了兰卡斯特的发展取得了哪些进展。

沙漏基金会增进了兰卡斯特人民的团结意识，带动了兰卡斯特的经济增长和城市发展，在兰卡斯特旧貌换新颜的进程中发挥了积极作用。这也是对如何在不同情境之中应用原因分析模型的完美诠释。接下来，我们将逐条分析前文提到的五条关键属性是如何体现在本案例之中的。

（1）它们确保自己能代表一群人。弗里德曼将兰卡斯特描述为"美国小城镇的典范"。[9]兰卡斯特的白人聚居区位于城郊，呈环状围绕着中心区。中心区的兴旺程度不如白人聚居区，这里居住着拉丁裔、非裔、东南亚裔。值得留意的是，沙漏基金会的领导层中没有任何一人在当地政府任职。正如沙漏基金会宣称的那样，当它们决定要以非营利性为运营准则之时，就与政治划清了界限。基金会成员当然知道他们彼此有不同的政治立场，他们只是不会将政治立场带到工作中去。

（2）它们以信任为行动起点。沙漏基金会无疑奉行了这条准则。"信任是一切的关键"，弗里德曼解释道，"我们每个人有不同的政治立场和人生经历。唯有得到彼此的信任，才有共同推动事业前进的可能。"弗里德曼在文中引用了兰卡斯特住房与机遇合伙企业主席雷·达戈斯蒂诺（Ray Dagostino）的补充发言："我们仍然坚持保守派的理念，但我可以和自由派朋友们一起工作，因为我们对于必须要实现什么有共识。我不会给他们投票，但是我可以和他们共事。"[10]

（3）它们的事业蓝图日渐清晰。正如沙漏基金会在其官方网站上所陈述的，他们的初衷之一正是充分挖掘当今世界中不断增加的信息，以确保社群做出最优决策。

他们在使命宣言中明确表示："虽然本地的重要历史遗留问题规模庞大、复杂程度高、解决难度大，会让有些人避之不及，但是沙漏基金会作为本地智库，就是要针对本地的重要历史遗留问题开展综合研究与客观分析，并提出创新发展理念，应用有效的经济增长管理手段……我们也是社群的监察人，行使监督事态发展、鼓励众议研讨、制定高标准决策机制等职能。"

（4）它们公开坦荡地表达自己的愿景。沙漏基金会的所有行动（以及反馈）都记录在案，可公开查阅。他们通过双周报告、民意测验、邀请制月度研讨会等形式与社群保持沟通交流。这些行为遵循了以实际表现为导向的交互逻辑：倾听、行动、再倾听。

（5）它们相信这项事业是专属于自己的使命。重申一遍，沙漏基金会的领导层没有任何一人是政府官员。显然，他们不相信一道政令就能解决所有问题。沙漏基金会的部分领导者没有显赫的经历，但他们尽职尽责、值得托付。这些品质是任何事业成功的保障。

四、团结加拿大原住民的经验

另一个真正体现出包容性的社会运动案例是途景公司在加拿大参与的一个联合项目。在过去的四年间，途景公司一直在参加加拿大曼尼托巴省一个与众不同的"复合适应性同盟"牵头的合作项目。曼尼托巴省是该国的草原大省之一，经济很大程度上依赖农业、旅游、电力、原油、矿产与林业。温尼伯市是曼尼托巴省最大的城市，十余个小型城镇和温尼伯湖环绕坐落于温尼伯市外围。与加拿大其他地区一样，温尼伯市经受着原住民和联邦及省级政府之间文化失调的冲突。除此之外，温尼伯市也面临气候变化问题、阶级流动问题、房价控制问题、教育问题和基础设施问题等在加拿大全国各地普遍存在的问题。

不同于与沙漏基金会的合作，本案例中，我们的合作对象是曼尼托巴省的政府官员。他们都致力于与直接对选民负责的地方政府合作解决当地发展过程中出现的困难。2016年，我们受曼尼托巴省省会地区一个非营利性同盟的领导人科琳·斯克拉（Colleen Sklar）邀请到访温尼伯市，协助当地政府开展宣传工作，呼吁当地选民提高环保意识。该同盟成员包括来自温尼伯市及周边地区的各级政府官员，大家都希望了解加拿大人对全球气候变化问题的看法。这是因为温尼伯湖的富营养化（大量藻类繁殖导致水体溶解氧的含量下降）长期以来一直都是该区域面临的重大问题。

我们基于原因分析模型框架，就加拿大草原大省相关的气候变化问题进行了调研，并进一步将调研成果应用于曼尼托巴项目。作为项目牵头人的复合适应性同盟，正式名称是协作领导倡议同盟（Collaborative leadership Initiative），由科琳·斯克拉、梅里尔-安·法尔〔Merrell-Ann Phar，律师、本土环境资源中心（Centre for Indigenous Enviroment Resources）创始人〕、迈克尔·米尔腾伯格尔〔Michael Miltenberger，西北地区史密斯堡（For Smith in the

Northwest Territories）前任地方长官兼地方议会成员〕共同领导。三位领导人在经济发展、冲突化解、水资源权利、原住民权利、社群动员等不同领域有数十年的工作经验。

协作领导倡议同盟最初的价值主张是应对气候变化、阶级流动性、房价控制、教育和基础设施带来的考验。但随后他们调整了自身的价值主张，决定先着手处理区域发展过程中出现的那些最棘手的问题。首要的即为政府与原住民之间长达148年的僵局：曼尼托巴政府和原住民首领之间已有很长时间未进行任何形式的有效直接对话了。显然，这一情况给予了本项目清晰直观的工作目标与价值主张：

（1）**区域经济发展**。建立区域全局经济发展观，摒弃区域内各个城市各自为政的发展理念。

（2）**评价居民生活质量**。准确衡量生活质量水平，要求对每个人的主观感知是否属于客观事实进行检验。

（3）**保护水资源**。水资源和其他资源是人类赖以生存的根本。对曼尼托巴省而言，任何有意义的长期价值主张都应包含水资源保护理念。

可以想到，彼时两个群体之间尚没有足够的信任。为了组建一支有志共赢的队伍，协作领导倡议同盟与在他们看来对这项事业有兴趣的各级政府领导官员和原住民首领分别单独会面。交谈过程中，协作领导倡议同盟将他们认识到的区域发展问题，以及他们担忧和期待的事项坦诚相告。结果是，他们发现，要消弭足足累积了148年的猜忌是一项大工程。

在双方建立信任的过程中，我们得到了有趣的发现。两方的领导人，即各级政府领导官员和原住民首领，在议题讨论中都涉及了相同的本能问题。

（1）**忠诚为先**：任何一方都体会到有必要澄清它们在此过程中代表的是哪个群体。这看起来多此一举，但其实具有重要意义。

（2）**权威性**：一旦关于忠诚的议题得以妥善处置，双方接下来希望尝试订立彼此都能接受的规则，推动协商的过程。双方都明确表示希望能理顺对方表达中那些语焉不详的事项，比如说"当你说起X时，你在表达什么？当我说起Y时，你有何体会？"这样的共同探索有助于双方驱散那些长久以来持续催生猜忌的迷雾。我们察觉到需要给予这个过程充足的时间，以允许双方把握彼此行为和思维中的可预见性。

（3）**公平**：一旦双方明白了彼此的预期，所有人都可以提出质询，以检验整个商讨过程是否公平。而信任关系的严肃性在相互质询时展现了立竿见影的成效。第一，没有任何一位原住民首领或政府官员中途退出。第二，在2019年3月2日，参会者签署了一份谅解备忘录，承诺将协力合作促进区域经济发展。这是加拿大达成的唯一一种此类协议。这份谅解备忘录在2020年推动了一系列项目的立项，这些项目的推进也将进一步检验谅解备忘录26位署名领导的真实意愿。

除了通过各项本能追踪信任建立的过程，我们还将原因分析模型应用于公共形象的塑造。为此，我们分析了三种不同的信息沟通平台上不同社群的信息记录，并始终以符合每个社群本能性论调的表达方式与其沟通。

（1）第一种平台的用户主要为原住民和非政府组织。通过查阅它们的历史沟通记录，我们注意到，这种平台上，个人主义者的声音占主导地位。

（2）第二种平台的用户是企业、贸易组织、商务服务提供商。显然，这种平台上的主流发声是社会结合论的。

（3）第三种平台包括报纸、广播、脸书、推特、照片墙（Instagram）等主流信息源。温和主义者的发声在这种平台上占据主导地位。

我们以分享平台的主流观点意见为契机，分别与各个社群建立友好关系。多数情境中，我们先接触各个社群的领导层，比如原住民首领或各级政府领导官员，再进一步接触达整个社群。我们告诉众人我们在谈论什么（区域经济发展）以及这为什么值得他们关注（关系到生活质量）。

为实现更有效的信息传播，协作领导倡议同盟现场录制它们的每次会议。每次会议的录像将被剪辑成时长45分钟的纪录影片。我们在温尼伯市进行了会议记录的首映。通过这种形式，双方的领导们能够直接向社群表达他们对开展合作协商的愿景。26位来自长达148年文化分隔两端的参会领导人正走在通往合作共赢的旅程中，经过纪录片的展示，这段旅程走进了公众的视野。

自那往后，人们开始逐渐意识到曼尼托巴省出现了一些积极的变化。一项在过去20年间一直杳无声息的倡议终于收到了回应，科琳·斯克拉和她的同盟成员举办了一场盛况空前的午宴。宴会上，温尼伯市和泛曼尼托巴地区的商界人士听取了公共关系领域前沿学术权威罗伯特·穆雷（Robert Murray）博士对如何应对曼尼托巴省气候变化问题、阶级流动问题、房价控制问题、教育问题和基础设施问题的分析意见。要点陈述如下：

（1）有策略地推进区域经济发展。

（2）紧密团结原住民实现共同发展。

（3）保护区域环境和资源。

果不其然，上述观点和协作领导倡议同盟三年前提出的价值主张高度相似。我们是不是经常发现没有实权的领袖通常比"当权者"更早发现必须完成的事情？这就是为什么我们总会看好那些依靠自身辛勤工作所取得的成就获得权威地位的领袖们。

五、如何让自己的声音被他人清楚地听见

令人震撼的是，剖析当今许多摆在全人类面前的难题都可以发现，其痛点皆在于这些问题尚未被人清楚地听见。这种观点不是说在告知某人道路方向，或者问某人我们的肤色与什么颜色相衬，又或者问要买哪辆车等诸如此类情境中我们运用了词不达意的表述方法。我们讨论的是人生中那些需要让另一个人准确地、清晰地听见我们信息表达的重要时刻。这样代表着一段沟通交流获得成功的时刻，足以被视为是人性的胜利。

可是我们战胜了什么呢？当我们无法与他人以准确清晰的方式实

现沟通交流的基本功能之时，我们总会时不时地感到愤怒、无助或者得不到重视；我们会和好友闹僵、变得抑郁或大声呼喝。如果持续地无法沟通交流，我们或许会进而辱骂他人、预设自己的道德制高点而成为网络"喷子"、大吼大叫、对"他们"避而远之、行为粗暴、说服自己其他人根本不懂你、限制自己的社交圈、时刻抗争着内心莫名的焦虑情绪、有时甚至会伤害自己或伤害他人。这些都是不容忽视的严重问题，而这些问题的严重性也说明了为什么我们成功化解它们的时刻，值得被认定为人性的胜利。

美国人如今的处境似乎不容乐观。我们一直在谈论美国公众对国家体制丧失信心的复杂性，谈论如何监管与引导数量庞大的媒体平台，谈论科技的怪异之处，谈论新冠肺炎疫情之中人们对何谓公益感到迷惘的意识危机，谈论经济的脆弱性，谈论美国文化中由来已久的种族问题。

当今社会中的部落主义倾向和人际交往中越来越极端的语言习惯都让现实更加令人担忧，这些弊端阻碍了人类共同前进的步伐。在笔者撰写这本书期间，卡托研究所发起了一项民意调查，结果显示2000名接受调查的美国人中有62%的人认为当今的政治氛围让他们担心自己的政治观点可能会冒犯别人，于是这些人停止与他人分享政治观点。[11]正如那句老话所说：永远不要在需要保持涵养的场合谈论政治和宗教。这已成为一种约定俗成的社交礼仪。然而，实际上，我们其实需要与人探讨政治、宗教或者其他热门话题。我们希望鼓励生动开放的文明交流。反对意见的存在是必要的，它仅会在我们表达的观点意见没有被他人清楚地听见之时才会变成坏事。我们明白，当我们的观点遭到他人否定之时，我们的大脑会诱导我们去否定这个否定了我们观点的人。于是，这场对谈陷入死局。正如本书中多次阐述的，从多种角度来看，当今的部落主义都是因这类冲突而生。

我们选择一支契合自身世界观的队伍紧紧追随。我们为自己所在的队伍投票，因为队伍的损失也是我们个人的损失。我们都会下意识地寻找能巩固自己信念的证据，有时我们还会不自觉地退回道德制高点来维护它们并对其他意见充耳不闻。当我们被一群和我们想法趋同的人围绕时，我们的思维也进一步固化。大数据算法带来千人千面的个性化内容推送，让人们一不留神就陷入与现实脱轨的自我世界。若你愿意，你的人生几乎可以不和那些和你意见不一致的人有任何交集。我们必须形成共同的信念，这些共同的信念引领人们信任针锋相对的观点意见。如此一来，在和其他与我们意见不一致的人合作之时，双方就都不必放弃各自珍视的信念。双方可以就彼此都认可的部分开展合作，并继续坚持贯彻自己的世界观。当今世界之中，有太多的冲突都是来自你死我活的零和游戏，最终的结果往往是两败俱伤。

为了突破这座由复杂性问题构筑的迷宫，我提出如下的思考和行动：

（1）**明确沟通交流的目标**。这是至关重要的第一步。从分辨这场沟通交流的性质开始，厘清它只关乎一般事项，还是会触及双方根深蒂固的信念。大多数的沟通交流属于前一种，在这种情况下，我们可以按常规习惯推进对谈。彼此确认这一点，是任何一场对谈顺畅推进的关键。彼此对事项细节进行确认也是对谈推进的标准程序，这也是一个简

单的好习惯。比方说，如果你打算为某项活动的嘉宾安排
接车，应事先请对方确认你的行程安排细节。

但如果沟通交流的主题关乎某一方根深蒂固的信念，我们
建议在以下几方面再加斟酌：

你和对方的关系如何？

你愿意和对方建立并维系个人关系吗？

你愿意和对方建立并维系工作关系吗？

你是否并不在意本次沟通交流的结果？

如果你对上述前三个问题给出了肯定答案，我建议你进一
步考虑进行第二步。持之以恒的关心能拉近人与人之间的
距离。沟通交流则是关键所在。

（2）**要想被清楚地听见，靠单方面的努力是不够的。**沟通交流
的双方是信息的发送者和接收者。我们需要明白，要让自
己被对方清楚地听见，这需要对方的配合。在这里，我不
再区分沟通交流是发生在生活中还是职场中。无论属于哪
一者，我们都应优先明确这场沟通交流的目标。了解对方
的本能模式也很重要，这有助于让对方更好地理解你的世
界观。优先考虑以下情况：

你和对方处于同一阵线吗？

你不确定。

你十分确定你们不处于同一阵线，但在你看来这并非定局。

你压根不想理他。

要想瞥见对方的本能模式有数不胜数的方法。比如直接询

问对方对某个热点话题的观点，或者在倾听对方描述某个具体事项时用到了哪些能反映其价值体系的关键词。无论采取哪种方法，请明白你们双方都是推进这场沟通交流顺畅进行的关键。

（3）**你的动因是什么？** 这个问题其实是我们被他人清楚地听见及清楚地听见他人的关键所在。在各种人际关系之下的沟通交流过程中，双方都会试着厘清对方是自己的朋友还是敌人，是否与自己处于同一支队伍之内，是否值得自己信任。我们几乎是本能地就形成了对这些问题的看法，而不会仅仅专注于倾听对方说了些什么。在这种情况下，我们缩短了与对方真正沟通交流的进程，也失去了被对方清楚听见的机会。在本书中我们已经多次提及，神经学有证据表明，当我们根深蒂固的信念受到外部质疑时，我们会下意识地排斥这个质疑背后的依据。[12]我们应客观看待并充分应对这种反应机制。要学会将说话之人和他说了什么区别对待，这将对我们大有助益。不管我们对说话之人是否有好感，只有当我们对说话之人的态度不干扰我们对其所说之话的判断时，我们才能客观地评价说话之人及其价值主张。我们可以肯定或否定说话之人，我们也可以接受或回绝这个人所说的话，这两项判断应当是相互独立的。这并非易事，但我认为这种思维方式对人们处理当今的党派关系意义重大。

举个例子，我们假设现在有一位2号元世界观者和一位3号元世界观者正在进行一场以经济为主题的对话，双方都认可由于受到新冠肺炎疫情的消极影响，短期经济发展将遭遇较大阻力。双方都聚焦于一个现实问题，即危机之下的公共防疫政策是否妥当。

2号元世界观者相信复工复产是新冠肺炎疫情久未得到有效控制的罪魁祸首。他们认为复工复产的时间点太早了，而且生产进程恢复得过快。然而，3号元世界观者认为上述观点大大偏离事实。他们认为经济复苏是社会全面复苏的关键，全美只有不到5％的人口将因恢复生产而感染新型冠状病毒，且其中的大部分人都能快速痊愈。3号元世界观者相信我们应该保护经济稳定，避免数万亿美元的经济损失，并提出美国在过往经历其他流行病侵扰时都做过类似的决策。显然，这两种相互冲突的观点都可以被看成对彼此根深蒂固的信念的冒犯。现在，我们应该怎么办？

双方的终极目标都是从国家宏观视角出发，想方设法应对公共健康危机并且保障经济秩序。因此，双方可以尝试对彼此的终极目标予以肯定，以避免这场对话向不欢而散的方向发展。当然，双方都需要尽力克服自己的本能性倾向，克制在交流中只图一时之快的想法，更要克制对对方进行人身攻击的冲动。我已经见识过这种沟通策略的成效，当人们有机会被他人清楚地听见时，会产生更好的结果。通过选择积极的沟通交流方式让彼此的信息表达都能被对方清楚地听见，我们就能避免因无法被对方理解而产生的无助感与绝望感。尽管我尚未目睹任何一场能够一役功成消弭世界纷争的对话，但我确实见证了一些有价值的对话，它们已取得阶段性进展。

------------------------------ 小 结 ------------------------------

　　在这个相互影响、相互依存的现代世界中，人与人的交往成为最具复杂性的节点。以更高远的视角，不局限于自己的思维方式，广纳不同的思维起点，我们就能发现可以连接众人与他们真心珍视之物的新路径。受近几十年来生物本能领域科研成果的启发，我们试着应用原因分析模型，从理解本能模式的概念和规则出发改善沟通交流方式，增进人与人之间的共情并推动解决人们面对的重大问题。当前日益复杂化的市场环境和日益数字化的沟通交流生态让数据获取比以往任何时候都要便利。我们可以在沟通交流时将基本指标层级、心理统计指标层级、行为指标层级三个层级的数据整合为用，在与他人交互之前，运用一种更复杂、更精微的方法来理解个体，我们彼此就能和睦相处，推进各项事情稳步发展。站在道德制高点上抨击他人的观点也许令人酣畅淋漓，但我们都应当意识到成功的文化必须是海纳百川的文化。当我们意识到这一点时，我们的国家（和全世界）就离我们理想的模样近了一步。若当今时代的不文明现象在多年之后看来只是人类历史长河中的一段插曲，那势必是因为我们已经找到了去拥抱人性中的美德与善意的方法，不因为人与人之间的差异而纠缠不休。

参考文献

1. Davide Castelvecchi, "Neutrinos Reveal Final Secret of Sun's Nuclear Fusion," *Nature* 583, no. 7814 (2020): 20–21, doi:10.1038/d41586-020-01908-2.

2. Arthur Stanley Eddington, *The Internal Constitution of the Stars* ((Cambridge, UK: Cambridge University Press, 1999).

3. Campbell Leaper, "More Similarities Than Differences in Contemporary Theories of Social Development?," *Advances in Child Development and Behavior* 40 (2011): 337–378, doi:10.1016/b978-0-12-386491-8.00009-8.

4. Robert D Putnam, *Bowling Alone* (New York, NY: Simon & Schuster, 2007).

5. Ibid.

6. Thomas L Friedman, *Hot, Flat, and Crowded* (New York: Farrar, Straus and Giroux, 2008).

7. "Adhocracy," English Wikipedia, 2020, https://en.wikipedia.org/wiki/Adhocracy.

8. Arnold P Goldstein and Norman Stein, *Prescriptive Psychotherapies* (New York: Pergamon, 1976).

1. Robert M. Sapolsky, *Behave: The Biology of Humans at Our Best and Worst* (New York: Penguin, 2017).

2. "ISI Foundation," 2020, https://www.isi.it/en/home.

3. Ibid.

4. Sapolsky, *Behave*.

5. "History of Microscopy—Timeline," Science Learning Hub, 2016, https://www.sciencelearn.org.nz/resources/1692-history-of-microscopy-timeline.

6. Ibid.

7. Daniel Kahneman, *Thinking, Fast and Slow* (New York: Farrar, Straus and Giroux, 2013).

8. Michael S Gazzaniga, *Who's in Charge?: Free Will and the Science of the Brain* (New York: Ecco, 2011).

9. Robert Wright, *The Moral Animal* (New York: Vintage Books, 1995).

10. Ibid.

11. Gazzaniga, *The Ethical Brain*.

12. "Nielsen Global Connect | Nielsen Global Media," Nielsen.Com, 2020, https://www.nielsen.com/us/en/.

13. Point Bleu Design, "The Evolution of the Coca Cola Slogans: Delicious and Refreshing," retrieved 2020 from pointbleudesign.com.

14. "An Introduction to Market Basket Analysis," *Megaputer Intelligence*, 2000, https://www.megaputer.com/introduction-to-market-basket-analysis/.

15. Simon Sinek, "How Great Leaders Inspire Action," Ted.Com, 2009, https://www.ted.com/talks/simon_sinek_how_great_leaders_inspire_action.

第二章

1. "Nielsen Global Connect | Nielsen Global Media," Nielsen.Com, 2020, https://www.nielsen.com/us/en/.

2. Jonathan Haidt, *The Righteous Mind: Why Good People Are Divided by Politics and Religion* (New York: Pantheon Books, 2013).

3. Jesse Graham, Jonathan Haidt, Sena Koleva, Matt Motyl, Ravi Iyer, Sean P. Wojcik, and Peter H. Ditto, *Moral Foundations Theory: The Pragmatic Validity of Moral Pluralism* (University of Southern California, New York University, University of Virginia, University of California, Irvine, 2014).

4. Ibid.

5. Ibid.

6. "Moral Foundations," Moral Foundations Theory, https://moralfoundations.org/.

7. Gary F. Marcus, *The Birth of the Mind: How a Tiny Number of Genes Creates the Complexities of Human Thought* (New York: Basic Books, 2004).

8. Graham et al., *Moral Foundations Theory*.

9. Haidt, *The Righteous Mind*.

10. Graham et al., *Moral Foundations Theory*.

11. Oliver Scott Curry, Matthew Jones Chesters, and Caspar J. Van Lissa, "Mapping Morality with a Compass: Testing the Theory of 'morality-as-cooperation' with a New Questionnaire," *Journal of Research in Personality* 78 (2019), doi:10.1016/j.jrp.2018.10.008).

12. Gary J. Lewis and Timothy C. Bates, "From Left to Right: How the Personality System Allows Basic Traits to Influence Politics via Characteristic Moral Adaptations," *British Journal of Psychology* 102,

no. 3 (2011), doi:10.1111/j.2044-8295.2011.02016.x.

13. Allison Lehner Eden, *The Influence of Moral Behaviors on Person Perception Processes: An MFRI Investigation*, Michigan State University dissertation, 2011.

14. Marcelo R. Roxo et al., "The Limbic System Conception and Its Historical Evolution," *Scientific World Journal* 11 (2011), doi:10.1100/2011/157150.

15. Lisa Feldman Barrett and W. Kyle Simmons, "Interoceptive Predictions in the Brain," *Nature Reviews Neuroscience* 16, no. 7 (2015), doi:10.1038/nrn3950.

16. Joe O'Connell, "Researchers Pinpoint Epicenter of Brain's Predictive Ability," *News@Northeastern*, Comments, June 2, 2015, accessed August 27, 2020, https://news.northeastern.edu/2015/06/02/researchers-pinpoint-epicenter-of-brains-predictive-ability/.

17. Barrett and Simmons, "Interoceptive Predictions in the Brain."

18. Jeremy Frimer, "Moral Foundations Dictionary," OSF, August 19, 2018, https://osf.io/2vpzu/.

19. Ibid.

第三章

1. Allison Lehner Eden, *The Influence of Moral Behaviors on Person Perception Processes: An MFRI Investigation*, Michigan State University dissertation, 2011.

2. Jesse Graham, Jonathan Haidt, Sena Koleva, Matt Motyl, Ravi Iyer, Sean P. Wojcik, & Peter H. Ditto, *Moral Foundations Theory: The Pragmatic Validity of Moral Pluralism* (University of Southern California, New York

University, University of Virginia, University of California, Irvine, 2014).

3. Dan P. McAdams, "The Development of a Narrative Identity," *Personality Psychology* (1989), doi:10.1007/978-1-4684-0634-4_12.

4. Andrea V. Breen, Christine Scott, and Kate C. Mclean, "The 'Stuff' of Narrative Identity: Touring Big and Small Stories in Emerging Adults' Dorm Rooms," *Qualitative Psychology* (2019), doi:10.1037/qup0000158.

5. Robert Shiller, "Economics and the Human Instinct for Storytelling," Chicago Booth Review, May 8, 2017, https://review.chicagobooth.edu/economics/2017/article/economics-and-human-instinct-storytelling)

6. Jesse Graham, Jonathan Haidt, and Brian A. Nosek, "Liberals and Conservatives Rely on Different Sets of Moral Foundations," *Journal of Personality and Social Psychology* 96, no. 5 (2009), doi:10.1037/a0015141.

第四章

1. Dana R. Carney et al., "The Secret Lives of Liberals and Conservatives: Personality Profiles, Interaction Styles, and the Things They Leave Behind," *Political Psychology* 29, no. 6 (2008), doi:10.1111/j.1467-9221.2008.00668.x.

2. Ece Sagel, "Age Differences in Moral Foundations Across Adolescence and Adulthood," thesis, 2015, http://etd.lib.metu.edu.tr/upload/12619122/index.pdf.

3. Cheryl Staats, "Understanding Implicit Bias—What Educators Should Know," *American Educator*, 2015.

4. Patricia G. Devine et al., "Long-Term Reduction in Implicit Race Bias: A Prejudice Habit-Breaking Intervention," *Journal of Experimental Social*

Psychology 48, no. 6 (2012), doi:10.1016/j.jesp.2012.06.003.

5. Walter S. Gilliam, PhD, et al., "Do Early Educators' Implicit Biases Regarding Sex and Race Relate to Behavior Expectations and Recommendations of Preschool Expulsions and Suspensions?," Yale Child Study Center, September 28, 2016, https://medicine.yale.edu/childstudy/zigler/publications/Preschool Implicit Bias Policy Brief_final_9_26_276766_5379_v1.pdf.

6. Kimberlé Crenshaw, "Mapping the Margins: Intersectionality, Identity Politics, and Violence Against Women of Color," Stanford Law Review 43, no. 6 (1991), doi:10.2307/1229039.

7. Angela Allan, "What 'Norma Rae' Understood About Unions and Racial Solidarity," *Atlantic*, March 2, 2019, https://www.theatlantic.com/entertainment/archive/2019/03/norma -rae-40th-anniversary-racial-solidarity-unions-labor-movement/583924/.

8. Allison Lehner Eden, *The Influence of Moral Behaviors on Person Perception Processes: An MFRI Investigation*, Michigan State University dissertation, 2011.

9. Jonathan Haidt, *The Righteous Mind: Why Good People Are Divided by Politics and Religion* (New York: Pantheon Books, 2013).

第五章

1. "U.S. Census Bureau QuickFacts: United States," Census Bureau QuickFacts, https://www.census.gov/quickfacts/fact/table/US/PST045219.

2. Vincent Canby, "The Screen: 'Patton: Salute to Rebel'," *New York Times*, February 5, 1970.

第六章

1. Tiffany Green, "Forrest Gump Facts No One Saw Coming," *Collider*, July 20, 2020, https://collider.com/galleries/forrest-gump-behind-the-scenes-facts/).

2. Bill Keveney, "How Lovable 'Big Bang Theory' Pals Matured (Well, Not Always) over the Show's 12 Seasons," *USA Today*, May 8, 2019, https://www.usatoday.com/story/life/tv/2019/05/08/thebigbangtheory-chuck-lorre-actors-praise-character-evolution/1126047001/.

第七章

1. Erving Goffman, *The Presentation of Self in Everyday Life* (New York: Anchor Books, 1959).

2. Ibid.

3. "Motivational Educational Entertainment," MEE Productions, https://www.meeproductions.com/.

4. Ibid.

5. A. Tversky and D. Kahneman, "The Framing of Decisions and the Psychology of Choice," Science 211, no. 4481 (1981), doi:10.1126/science.7455683.

6. Ibid.

7. Richard H. Thaler and Cass R. Sunstein, *Nudge: Improving Decisions about Health, Wealth, and Happiness* (London: Penguin Books, 2009).

8. Cass R. Sunstein and Richard Thaler, Elizabeth Kolbert, and Jerome Groopman, "The Two Friends Who Changed How We Think About How We Think," *New Yorker*, December 7, 2016, https://www.newyorker.com/

books/page-turner/the-two-friends-who-changed-how-we-think-about-how-we-think.

9. Ibid.

10. David Brooks, "Five Lies Our Culture Tells," *New York Times*, April 15, 2019, https://www.nytimes.com/2019/04/15/opinion/cultural-revolution-meritocracy.html.

11. Shalom H. Schwartz, "An Overview of the Schwartz Theory of Basic Values," *Online Readings in Psychology and Culture* 2, no. 1 (2012), doi:10.9707/2307-0919.1116.

12. Erik Lundegaard, "Truth, Justice and (Fill in the Blank)," *New York Times*, June 30, 2006, https://www.nytimes.com/2006/06/30/opinion/30lundegaard.html.

13. G. Feldman, "Personal Values and Moral Foundations: Towards an Integrated Perspective by Examining Meaning, Structure, and Relations," DOI: 10.13140/RG.2.2.32570.49600/1.

14. Schwartz, "An Overview of the Schwartz Theory."

15. Ibid.

16. Feldman, "Personal Values and Moral Foundations."

第九章

1. Jonathan Haidt, *The Righteous Mind: Why Good People Are Divided by Politics and Religion* (New York: Pantheon Books, 2013).

2. Donelson R. Forsyth, *Group Dynamics* (Belmont, CA: Wadsworth Cengage Learning, 2014).

3. Steve Stoute and Mim Eichler Rivas, *The Tanning of America: How Hip-*

Hop Created a Culture That Rewrote the Rules of the New Economy (New York: Gotham Books, 2012).

4. Jonas T. Kaplan, Sarah I. Gimbel, and Sam Harris, "Neural Correlates of Maintaining One's Political Beliefs in the Face of Counterevidence," *Scientific Reports* 6, no. 1 (2016), doi:10.1038/srep39589.

5. Lisa F Barrett, Nathan L. Williams, and Geoffrey T. Fong. "Manual for the Defensive Verbal Behavior Ratings Scale," Interdisciplinary Affective Science Laboratory, 2002. https://www.affective-science.org/pubs/2002/FBWilliamsFong2002.pdf.

6. George Lakoff, "Why Trump?," March 03, 2016, https://georgelakoff.com/2016/03/02/why-trump/.

7. Ibid.

第十章

1. Karen Page Winterich, Yinlong Zhang, and Vikas Mittal, "How Political Identity and Charity Positioning Increase Donations: Insights from Moral Foundations Theory," *International Journal of Research in Marketing* 29, no. 4 (2012), doi:10.1016/j.ijresmar.2012.05.002.

2. Karen Page Winterich, Vikas Mittal, and Karl Aquino, "When Does Recognition Increase Charitable Behavior? Toward a Moral Identity–Based Model," *Journal of Marketing* 77, no. 3(2013), doi:10.1509/jm.11.0477.

3. Zach Morrow, "Guilt Appeals in Nonprofit Marketing: How to Do It Right," The RoundUp App: Donate Your Change to a Nonprofit, https://roundupapp.com/guilt-appeal-fundraising/.

4. "Which Came First: Nike's Cortez or Onitsuka Tiger's Corsair?" Sneaker Freaker, https://www.sneakerfreaker.com/features/which-came-first-nikes-cortez-or-onitsuka-tigers-corsair.

5. Douglas C. Mcgill, "Nike Is Bounding Past Reebok," *New York Times*, July 11, 1989, https://www.nytimes.com/1989/07/11/business/nike-is-bounding-past-reebok.html.

6. Anwar Majda, "26 Statistics on Why You Should Consider Omni Channel Marketing," Business 2 Community, January 26, 2017,https://www.business2community.com/marketing/26-statistics-consider-omni-channel-marketing-01765352.

第十一章

1. "The Discovery of Global Warming," Global Warming Timeline, January 2020, https://history.aip.org/history/climate/timeline.htm.

2. "National Cancer Act of 1971," National Cancer Institute, https://www.cancer.gov/about-nci/overview/history/national-cancer-act-1971.

3. "The Origins of EPA," Environmental Protection Agency, https://www.epa.gov/history/origins-epa.

4. Dominik Stecula and Eric Merkley, "An Inconvenient Truth About *An Inconvenient Truth,*" *Conversation*, https://theconversation.com/an-inconvenient-truth-about-an-inconvenient-truth-81799.

5. Ibid.

6. Dana Goldstein, "Two States. Eight Textbooks. Two American Stories," *New York Times*, January 12, 2020, https://www.nytimes.com/interactive/2020/01/12/us/texas-vs-california-history-textbooks.html.

第十二章

1. *Civility in America—A Nationwide Study*, Weber Shandwick, 2010, https://www.webershand wick.com/uploads/news/files/Civility_2010_ SocialMediaImplications.pdf.

2. *Civility in America 2018: Civility at Work and in Our Public Squares*, Weber Shandwick /Powell Tate / KRC Research, 2018, https://www. webershandwick.com/wp-content/uploads/2018/06/Civility-in-America-VII-FINAL.pdf.

3. Jonathan Haidt and Marc J. Hetherington, "Look How Far We've Come Apart," *New York Times*, September 18, 2012, https://campaignstops. blogs.nytimes.com/2012/09/17/look-how-far-wevecomeapart/?mtrref=un defined&gwh=C64931A1E8E44EAE92AF8E012EE3EB8D&gwt=pay& assetType=REGIWALL.

4. Robert D Putnam, *Bowling Alone* (New York, NY: Simon & Schuster, 2007).

5. James Fallows, "First Bowling Alone, Now Vaulting Together," *Atlantic*, March 15, 2015, https://www.theatlantic.com/national/archive/2014/09/ first-bowling-alone-now-vaulting-together/380481/.

6. "Motivational Educational Entertainment," MEE Productions, https:// www.meeproductions.com/.

7. Thomas L. Friedman, "Where American Politics Can Still Work: From the Bottom Up," *New York Times*, July 3, 2018, https://www.nytimes. com/2018/07/03/opinion/community-revitali zation-lancaster.html.

8. Ann Abel, "The 10 Coolest U.S. Cities to Visit in 2018," *Forbes*, February 26, 2018, https://www.forbes.com/sites/annabel/2018/02/26/the-10-

coolest-u-s-cities-to-visit-in-2018/#5bc95197663b.

9. Friedman, "Where American Politics Can Still Work."

10. Ibid.

11. Emily Ekins, "New Poll: 62% Say the Political Climate Prevents Them from Sharing Political Views," Cato Institute, July 22, 2020, https://www.cato.org/blog/poll-62-americans-say-they-have-political-views-theyre-afraid-share.

12. Jonas T. Kaplan, Sarah I. Gimbel, and Sam Harris, "Neural Correlates of Maintaining One's Political Beliefs in the Face of Counterevidence," *Scientific Reports* 6, no. 1 (2016), doi:10.1038/srep39589.